Konrad Paul Liessmann

Lauter Lügen

PIPER

Zu diesem Buch

Halbwahrheiten, Meinungsblasen, Propaganda, Euphemismen, Fake News, Verschwörungstheorien – es bedarf geschärfter Sinne, um in diesem Gewirr und abseits davon die Wahrheit zu erkennen. Konrad Paul Liessmann seziert unsere Gegenwart: mit der nötigen Distanz, gebotenem Ernst und sanfter Ironie. Hinter den pathetischen Formeln unserer Kultur erkennt er deren beengte Verhältnisse, in den Alltäglichkeiten unseres Denkens entdeckt er die Signaturen der Epoche.

Konrad Paul Liessmann, geboren 1953 in Villach, ist Professor im Ruhestand am Institut für Philosophie der Universität Wien, Essayist und Kulturpublizist. Neben zahlreichen weiteren Auszeichnungen erhielt er 2003 den Ehrenpreis des österreichischen Buchhandels für Toleranz im Denken und Handeln, 2010 den Donauland-Sachbuchpreis und 2016 den Paul-Watzlawick-Ehrenring. Bei Piper erschien zuletzt »Bildung als Provokation«.

Konrad Paul Liessmann

Lauter Lügen

und andere Wahrheiten

PIPER

Mehr über unsere Autorinnen, Autoren und Bücher:

www.piper.de

Von Konrad Paul Liessmann liegen im Piper Verlag vor:
Lauter Lügen
Bildung als Provokation
Theorie der Unbildung

Unser Versprechen für mehr Nachhaltigkeit
• Klimaneutrales Produkt
• FSC®-zertifiziertes Papier
• Hergestellt in Europa

FSC® www.fsc.org MIX Papier | Fördert gute Waldnutzung FSC® C021394

Ungekürzte Taschenbuchausgabe
ISBN 978-3-492-32040-5
August 2024

Umschlaggestaltung: zero-media.net, München, nach einem Entwurf von Anzinger und Rasp, München
Satz: Nadine Clemens, München
Gesetzt aus der Arno Pro
Gedruckt von ScandBook in Litauen
Printed in the EU

Inhalt

Vorwort

Zur Ambivalenz von Zeitgenossenschaft

In einer der berühmtesten Szenen der Weltliteratur irrt ein junger Mann, der glaubt, in der Fremde für eine große Sache kämpfen zu müssen, am Rand eines Dorfes umher, Schüsse fallen, Reiter galoppieren vorbei, er wird leicht verwundet, sucht Zuflucht in einem Gasthof, flirtet mit den Töchtern der Wirtin und kehrt über Umwege in die Heimat zurück. Doch eine Frage bleibt, die sich Fabrizio, der zweifelhafte Held von Stendhals großem Roman »Die Kartause von Parma«, nicht beantworten kann: »War das, was er da miterlebt hatte, wirklich eine Schlacht gewesen? Und weiter: War das die Schlacht bei Waterloo gewesen?« Seiner eigenen Zeit gegenüber, so Stendhal mit milder Ironie, habe sich sein Protagonist wie ein Kind verhalten: neugierig, aber ahnungslos.

Zeitgenossenschaft ist eine undankbare Sache. Das, was vor den eigenen Augen geschieht, was man erlebt, was man aus den Medien erfährt, was an Nachrichten, Meinungen, Bildern auf uns einströmt, ist vorerst nicht viel mehr als ein Sammelsurium von unterschiedlichen Eindrücken. Diesen chaotischen Impressionen müssen wir erst eine Ordnung, eine Bedeutung verleihen, wir unterziehen sie einer Bewertung und Beurteilung, ohne wirklich alle Hintergründe zu kennen und die weiteren Konsequenzen abschätzen zu können. Wer sich der Aufgabe stellt, das Zeitgeschehen zu kommentieren, von markanten Vorkommnissen auf den Geist seiner Zeit zu schließen, in manchen Nachrichten die Signaturen der Epoche zu erkennen, bewegt sich stets auf schwankendem Boden und dünnem Eis.

Der Kolumnist ist kein Chronist der laufenden Ereignisse, er wählt aus, lässt sich mitreißen von Debatten und Erregungen, in denen sich die Feuilletons und Nachrichtenportale selbst als Nabel der Welt missverstehen, er pflegt seine Vorurteile, interpretiert, spekuliert, glossiert. Im Gegensatz zum engagierten Haltungsjournalisten weiß es der Kolumnist nicht besser, er will auch nicht die Welt verändern, er möchte verstehen. Das ist schwer genug.

Und hinter all dem steht die Stendhal'sche Frage: In welcher Zeit lebe ich eigentlich? An welchen Ereignissen, die eine zukünftige Geschichtsschreibung als markant und epochal beschreiben wird, nehme ich gerade teil, von welcher Entwicklung, die sich als Wende zum Guten oder als erster Schritt ins Verhängnis erweisen wird, werde ich sagen können: Ich war dabei?

Zeitgenossen tendieren dazu, sich selbst und ihre Gegenwart zu überschätzen. Wer seine Beobachtungen mit der Floskel »Noch nie …« einleitet, droht dieser Hybris zu verfallen. Das Wort des Predigers aus dem Alten Testament, dass es nichts Neues unter der Sonne gäbe, mag angesichts dramatischer technischer und sozialer Revolutionen etwas keck klingen, aber nicht nur für die Skandale und Skandälchen der Politik gibt es entsprechende Parallelaktionen in der Vergangenheit, auch die Warmzeiten, auf die wir zusteuern, hat es auf dieser Erde schon einmal gegeben. Ob man unter solchen Bedingungen als Mensch menschlich leben wird können, ist allerdings eine andere Frage. Und völlig falsch wäre es, sich an der Vergangenheit zu orientieren und aus dieser Lehren ziehen zu wollen, die nicht zu ziehen sind: Denn wohl irrt jede Zeit, jede irrt jedoch auf ihre Weise.

Im Unbestimmbaren der Gegenwart liegt eine große Lust und Versuchung. Als Wesen, die sich nach Sinn verzehren, können wir nicht umhin, alles Geschehen mit Bedeutung aufzuladen – im Großen wie im Kleinen. Von der pathetischen Geste, die aus kontingenten Aktionen gleich eine Zeitenwende ableiten möchte, bis zur schmeichelnden Verlockung, in intellektuellen und kulturellen Moden, die man selbst akklamiert, einen dramatischen Wandel der Gesellschaft zu erblicken, reichen diese Deutungsansprüche. Manchmal erfasst man ja tatsächlich Entscheidendes, manchmal liegt man damit einfach nur daneben.

Wer das je aktuelle Geschehen zur Sprache bringen will, ist vor solchen Fehlschlüssen nie gefeit. Diese können sich fallweise durchaus als produktiv erweisen. Mitunter ist es verblüffend zu sehen, wie schnell sich vermeintlich gravierende und vieldiskutierte Phänomene als belanglos herausstellen, im Gegenzug ist es ernüchternd, feststellen zu müssen, wie oft wirklich Wichtiges schlicht übersehen werden konnte. Tatsächlich ist es unmöglich, die Sensibilität gegenüber der Zeit, in der man lebt, so zu schulen, dass man auf Anhieb immer gleich zu sagen wüsste, was es ist, dem man jetzt gerade beiwohnt. Doch man kann es versuchen. Zeitgenossenschaft bedeutet, sich tastend dem anzunähern, was die Zeit, in der man lebt, ausmachen könnte. Die in diesem Band versammelten Texte stellen solche Annäherungsversuche dar.

Wien, im November 2022

Konrad Paul Liessmann

Lauter Lügen

Verschwörungstheorien und
andere Vergnügungen

Die nackte Wahrheit

Im Paradies, wir erinnern uns, waren die Menschen nackt, und sie schämten sich nicht. Erst nach dem Sündenfall, erst nachdem sie sich, verführt von der Schlange, dazu hinreißen ließen, vom Baum der Erkenntnis des Guten und des Bösen zu essen, sahen sie, dass sie nackt waren, und sie bedeckten ihre Blöße. An dieser Geste aber erkannte Gott, dass seine Geschöpfe sein Gebot übertreten hatten. Nur jemand, der das Gute von dem Bösen zu unterscheiden weiß, schämt sich seiner Nacktheit. Aber warum eigentlich? Ist das Böse nackt oder das Nackte böse?

Die biblische Geschichte, auch wenn sie uns im Wortlaut nicht mehr präsent sein mag, prägt unser Verhältnis zur Nacktheit noch immer. Gilt den einen die zur Schau gestellte Nacktheit als Ausdruck jener Sündhaftigkeit, die uns das Paradies kostete, sehen die anderen in einem natürlichen und unverkrampften Verhältnis zur Nacktheit die Wiedergewinnung eines paradiesischen Zustandes, wenn nicht im Garten Eden, dann wenigstens im Englischen Garten. Jenseits solcher Zuschreibungen bleibt Nacktheit, also der entblößte oder teilentblößte Körper, einer der stärksten Reize in einer reizüberfluteten Welt, und nicht einmal die inflationäre Präsentation nackter Haut in der Werbung und im Film, an den Stränden und im Internet, im Theater und im Kunstbetrieb vermochte daran etwas zu ändern. Worin besteht eigentlich die ungebrochene Faszination der Nacktheit in einer liberalen Gesellschaft, die schon längst und bis zum Überdruss alles gezeigt hat, was es zu zeigen gibt?

Nacktheit, und darauf verweist die biblische Geschichte, rührt an ein zentrales Motiv menschlichen Selbstverständnisses: an sein Verhältnis zur Natur. Der nackte Körper ist der natürliche Körper, was an diesem zu sehen ist, ist der Mensch im Zustand seiner Tierheit. Es waren nicht die schlechtesten Exegeten, die wie etwa G. W. F. Hegel in der Vertreibung aus dem Paradies den Austritt des Menschen aus einer natürlichen Unmittelbarkeit und seinen Eintritt in das Reich der Kultur, der Vernunft, der Technik und der Zivilisation gesehen haben. Mensch sein heißt, seine Natur zu umhüllen, seine Blößen zu bedecken, seine unbehaarte Haut zu schützen, seiner Tierheit Einhalt zu gebieten. Deshalb ist der Zusammenhang zwischen Erkenntnis und Körperscham von den Autoren der Genesis richtig gesehen worden: Nur ein Wesen, das in seinem Bewusstsein über die natürlichen Bedingungen seines Daseins schon hinaus ist, kann, ja muss sich dieser Natur schämen. Der nackte Körper wird so bis auf weiteres die Unzugänglichkeit einer Natur repräsentieren, der man ausgeliefert ist, aber nicht mehr ausgeliefert sein will – wenigstens nicht immer.

Nacktheit wird – und das begründet ihr Faszinosum – in jene Bereiche verbannt, in denen der Animalität noch Raum gegeben werden kann: im Privaten und im Intimen. Nacktheit ist deshalb in hohem Maße mit dem Erotischen und Sexuellen assoziiert, zu sehen, dass man nackt ist, bedeutet zu erkennen, dass man von einer Physis, einem Trieb, einem Begehren dominiert wird, das sich aller rationalen Kontrolle, aller zivilisatorischen Mäßigung entzieht. Sich seiner Geschlechtswerkzeuge zu schämen, bedeutet nicht, wie vielleicht naive Leser der Genesis glaubten, im Sex die Inkarnation der Sünde zu sehen, sondern das Eingeständnis, im eigenen Körper, allen Anstrengungen zum Trotz, letztlich etwas Unverfügbares vorzufinden. In der Regel ist es besser, dieses vor fremden Blicken zu verbergen.

Nacktheit ist nicht gleich Nacktheit. Der entkleidete Oberkörper eines Landarbeiters sendet eine andere Botschaft aus als der entblößte Busen einer jungen Frau an einem Badestrand. Das Faszinosum und der Skandal von Nacktheit sind an ihre Bedeutung für intime Körperfunktionen gekoppelt. Funktionale Nacktheit am richtigen Ort ist unproblematisch, nackte Beine oder Oberarme stören höchstens, wenn dadurch eine Etikette verletzt wird. Der Mann in Shorts ist in der Oper fehl am Platz, im Freien kann man darüber hinwegsehen. Es ist die angedeutete oder demonstrierte Entblößung vor allem jener Körperteile, die das Begehren und den Sex symbolisieren, die in der Öffentlichkeit das zweideutige Interesse an der Nacktheit generieren. Und dies nicht nur, weil der öffentliche Raum nicht der richtige Ort für intime Signale ist, sondern vor allem, weil das Erotische selbst der vollkommenen Entblößung gegenüber höchst ambivalent ist.

Das Erotische lebt von einer Gestik des Entblößens, die weiß, dass das Wechselspiel von Enthüllen und Verhüllen nicht nur in einem faktischen Sinn das Begehren strukturiert, sondern dem Eros auch seine philosophische Dignität gibt. Denn immerhin dachte sich das Abendland die Wahrheit als ein Weib, das seiner Enthüllung harrt, ohne sich den lüsternen Blicken des Erkenntnissuchenden je vollständig preiszugeben. Die nackte Wahrheit steht deshalb auch immer für eine Erkenntnis, die man sich unter Umständen lieber erspart hätte. Die Wahrheit, so notierte es sich einmal Friedrich Nietzsche, ist hässlich; aber wir haben die Kunst, damit wir an dieser Wahrheit nicht zugrunde gehen. Und genau aus diesem Grund verhüllen wir auch – mehr oder weniger ambitioniert – unsere Körper.

Im Spiel von Sein und Schein nimmt deshalb die Ästhetik des Verhüllens eine zentrale Rolle ein. Wohl kann manche Mode – man denke an das Dekolleté oder die Schamkapseln der Renaissance – die sexuellen Signale des Körpers unterstreichen, gleichzeitig kann damit aber auch eine Sinnlichkeit vorgetäuscht werden, die in Wahrheit nicht hält, was die Kleidung verspricht. Vor solchen Enttäuschungen bewahrt eine Verhüllung des Körpers, die überhaupt keine Rückschlüsse auf Konturen, Geschlechtsmerkmale oder gar nackte Haut mehr zulässt. Nicht nur Prüderie und ein überhöhtes Schamgefühl, auch die Bewahrung des Körpers als eines Geheimnisses, dessen Entbergung fast niemandem zusteht, mag so manche Religionen zu strikten Verhüllungsordnungen geführt haben – und das gilt für die Kutte des Mönchs ebenso wie für die Burka der muslimischen Frau.

Das Erotische selbst ist in hohem Maße ein Spiel mit dem Verbergen und Entbergen von Wahrheiten, und das zufällig oder gezielt dem Blick preisgegebene kleine Stück nackter Haut, das mehr erahnen als sehen ließ, galt lange als das sinnfälligste Moment in der Dynamik erotischer Begegnungen. Nirgendwo wird die Krise des Eros deshalb deutlicher als in der Dominanz von purer und unverblümt zur Schau gestellter Nacktheit. Kulturen der Nacktheit sind Kulturen ohne Erotik. Wer vor einer ersten Begegnung schon ein Nacktfoto des Begehrten auf seinem Smartphone vorfindet, dem bleibt es erspart, etwas Verborgenes mit zunehmender Spannung erst zu enthüllen. In der engen Koppelung unverblümt demonstrierter Nacktheit mit dem sexuellen Begehren verschwinden alle Zwischentöne, die das Erotische einmal gekennzeichnet, aber auch gefährlich, weil mehrdeutig gemacht haben. Die Nacktheit suggeriert jene Eindeutigkeit, nach der sich unsere Gegenwart, die es verlernt hat, mit Mehrdeutigkeiten umzugehen, verzehrt.

Aber auch die nur scheinbar aufgeklärte Geste, die Nacktheit zu einem unproblematischen Zustand der Natürlichkeit erklärt und offen propagiert, streicht den Körper als mögliches Objekt des Begehrens durch. Die Freikörperkulturen des frühen zwanzigsten Jahrhunderts und die davon abgeleitete durchaus prüde

FKK-Ästhetik zeugen davon. Wohl lässt man alle Hüllen fallen, aber gleichzeitig wird mehr als deutlich, dass der nackte, vom Tageslicht ausgeleuchtete Körper kein erotischer Stimulus mehr sein kann und sein darf. Für diese Situationen entsexualisierter Nacktheit – ein anders Beispiel wären die unbekleideten, schwitzenden Leiber in einer Sauna – gilt deshalb auch ein strenges Regime des gezähmten Blicks. An einem Strand bestünde zwischen dem mit einem Burkini verhüllten und dem entkleideten Körper – so paradox es klingen mag – kein Unterschied: Beide sind dem erotischen Blick entzogen.

Öffentliche Versammlungen von Nacktheit offenbaren darüber hinaus ein unangenehmes Geheimnis: Der durchschnittliche nackte menschliche Körper ist nämlich eher unansehnlich. Ihn vor den Blicken der anderen zu verbergen, kann auch als Gebot der Höflichkeit und Rücksichtnahme gewertet werden. Vielleicht sahen Adam und Eva nach dem Biss in den Apfel vom Baum der Erkenntnis nicht nur, dass sie nackt waren, vielleicht sahen sie auch, dass sie eigentlich hässlich waren. Die Provokation des unbekleideten menschlichen Körpers besteht darin, dass wir diesen nur dort wirklich sehen und genießen können, wo er durch seine Schönheit über die Wahrheit seiner Nacktheit hinwegzutrösten vermag. Solches Glück wird uns aber wohl nur selten zuteil.

Feine Fakten

Wir leben also, so kann man es lesen, in einem postfaktischen Zeitalter. Ungeniert können Populisten Lügen verbreiten, ihre Anhänger wissen das und jubeln trotzdem oder vielleicht gerade deshalb. Dem Wahrheitsfreund graut, zumal er ja, so muss man den erschütterten Kommentaren zur *post-truth politics* entnehmen, in einer Zeit groß geworden ist, in der Wahrheit in der Politik noch eine entscheidende Kategorie war und sich die Wähler an den besseren und faktengetreuen Argumenten orientierten.

Natürlich stimmt diese in die Vergangenheit projizierte Idylle nicht. In der Politik wurde immer schon gelogen, und immer schon haben die Anhänger dieser Politik das augenzwinkernd akklamiert. Die Lügen, mit denen Colin Powell, Tony Blair und George W. Bush der Weltöffentlichkeit ihre Kriegsabenteuer, die bis heute Abertausenden Menschen das Leben kosten, schmackhaft machten, hatten keine Konsequenzen; und wie sagte doch Jean-Claude Juncker, der sich gerne als moralische Instanz gab: »Wenn es ernst wird, muss man lügen.« Haben wir das schon vergessen? Und als es darum ging, gute Stimmung für Flüchtlinge zu erzeugen, scheuten auch sogenannte Qualitätsmedien nicht davor zurück, jenseits der Fakten von gut ausgebildeten Frauen und jungen Ärzten zu schwärmen, die nun ins Land kämen.

Aber abgesehen davon: Erfreut sich eine postfaktische Attitüde gerade in progressiven Kreisen nicht seit langem großer Beliebtheit? Man erinnere sich an die Attraktivität des Konstruktivismus, der Wahrheit für die Erfindung eines Lügners hielt, oder an die Nonchalance, mit der in Genderdebatten Verweise auf biologische Fakten ignoriert und ins rechtskonservative Eck abgeschoben werden. Die neue Campus-Kultur, in der es von Mikroaggressionen und *Trigger Warnings* wimmelt, lebt doch davon, dass Fakten nichts, die Gefühle und Befindlichkeiten der

Betroffenen aber alles zählen. Und überhaupt: Gilt »Faktenwissen« nicht seit langem in der modernen Pädagogik und Didaktik als verzichtbar, ja als geradezu schädlich, da jugendliche Gehirne keinesfalls mit Wissen belastet werden dürfen, wenn es doch um Kompetenzen und Emotionen geht? Dass man nichts mehr wissen muss, weil die *Digital Natives* ohnehin alles *googeln* können, war eine dieser verheerenden reformpädagogischen Ideen, die sich nun anfangen, bitter zu rächen.

Allerdings: Zwischen einer postfaktischen Politik und einer postfaktischen Wissenschaft und ihrer Didaktik gibt es gravierende Unterschiede. Es mag sein, dass es in Zeiten sozialer Medien und ihrer Filterblasen für Politiker leichter ist zu lügen, ohne damit Anhänger und potentielle Wähler vor den Kopf zu stoßen; aber Wahlen in einer Demokratie waren nie Veranstaltungen zur Entscheidung von Wahrheitsansprüchen. In der Politik geht es nicht um Wahrheits-, sondern um Machtfragen. Anders in der Wissenschaft. Für sie ist Wahrheitsfindung die regulative Leitidee. Verzichtet sie darauf, weil alles Konstruktion oder Ausdruck ungerechter Verhältnisse ist, gibt sie sich als Wissenschaft auf. Wird das Konzept wissenschaftlicher Rationalität aus ideologischen oder moralischen Gründen außer Kraft gesetzt, ist dies viel bedenklicher und auch gefährlicher als die dreisten Flunkereien des einen oder anderen Wahlwerbers. Die Lügen in der Politik gehören gleichsam zum Geschäft, die Wahrheit hat sich der Parteiräson unterzuordnen. In der Wissenschaft jedoch sabotiert auch die wohlmeinende Lüge das Denken selbst.

Auch die Guten lügen. Wer hätte das gedacht! Das Entsetzen, das sich nach der Entlarvung des preisgekrönten *Spiegel*-Journalisten Claas Relotius als Fälscher in den Feuilletons breitgemacht hatte, war entweder gut gespielt oder grenzenlos naiv. Natürlich lügen auch die Guten, vor allem dann, wenn sich die Wirklichkeit den Ideen des Guten zu widersetzen scheint. Neu ist diese Mischung von Fakten und Fiktionen wahrlich nicht, aber sie bescherte uns doch die eine oder andere interessante Fragestellung.

Dürfen zum Beispiel Dichter lügen? Was für eine Frage. Sie dürfen nicht nur, es ist ihr Geschäft. Die poetische Fiktion, die innerhalb und außerhalb von Sprachkunstwerken auftauchen kann, generiert allerdings ihre eigenen Wahrheitskriterien. Zu den Ergebnissen einer sehr alten Debatte über ästhetische Wahrheit gehört die Einsicht, dass diese selbst in der Form der Lüge erscheinen kann – wie umgekehrt übrigens die politische Lüge in Form der Wahrheit zu reüssieren vermag. Dass heute über die Wahrheitsverpflichtung der Literatur so gesprochen wird, als lebten wir in einer politisch korrekten Schrumpfform des platonischen Staates, aus dem bekanntlich die Dichter wegen ihres unverbesserlichen Hanges zum hemmungslosen Flunkern verbannt werden sollten, verwundert dann doch ein wenig.

Vielleicht sollte man sich in diesem Zusammenhang an einen Aphorismus von Friedrich Nietzsche erinnern, der da lautet: »Es führt zu wesentlichen Entdeckungen, wenn man den Künstler einmal als Betrüger fasst.« Und das war, anders als heute, nicht in einem moralisch abwertenden Sinn gemeint, sondern ein Lob. Der Betrug ist eine Methode der Erkenntnis. Nietzsches Kollege Søren Kierkegaard hat dies klar ausgesprochen: Man müsse die Menschen hineintäuschen in das Wahre.

Überhaupt Nietzsche. Er ist der Denker unserer Tage. »Sagen, was ist.« Mit diesem Leitspruch Rudolf Augsteins wollte sich *Der Spiegel* reuig und zähneknirschend in Selbstkritik üben und auf seine alten, nun von einem Jungstar beschmutzten Ideale besinnen. Man hätte dieses Pathos lieber sein lassen sollen, denn diese Maxime stimmte noch nie. Niemand kann sagen, was ist – nicht einmal die empirischen Wissenschaften.

Sprache an sich, und dies war eine unüberbietbare Einsicht des jungen Nietzsche, stellt immer schon eine Verfälschung der Wirklichkeit dar. Jedes Wort ist eine Verkürzung, jeder Satz eine Deutung, jedes sprachliche Bild eine poetische Fiktion, jede Beschreibung bestenfalls eine Annäherung, wenn nicht eine glatte Erfindung. Und dabei geht es nicht um die klassische Lüge, bei der jemand das Gegenteil von dem sagt, was er selbst für wahr hält. Es geht bei all den aktuellen Skandälchen ja um Thesen und Texte aus dem Geist einer redlichen Überzeugung. Aber, um nochmals Nietzsche zu zitieren: »Überzeugungen sind gefährlichere Feinde der Wahrheit als die Lügen.«

Heißt das, dass wir die Scheidung zwischen Wahrheit und Lüge, zwischen Fakten und Fiktionen aufgeben sollten und alles zur poetischen Imagination erklären müssen? Mitnichten. Es kommt sehr wohl darauf an, unter welchen Bedingungen, in welchen Zusammenhängen, mit welchen Mitteln, mit welchen Absichten, mit welchen Hintergedanken wir uns an die Annäherung an die Wirklichkeit machen. Mindestens sollte man sich der Begrenztheit und Unzulänglichkeit seiner Mittel bewusst sein. Und man könnte vielleicht auch dem politischen Gegner zugestehen, sich durch seine Überzeugungen zu ähnlichen Feindseligkeiten der Wahrheit gegenüber hinreißen zu lassen wie man selbst. Dazu aber wäre Größe erforderlich, und das ist heute zu viel verlangt. Zumindest moralische Überlegenheit aber ist in einer Welt von lauter Lügen prinzipiell fehl am Platz.

Unter dem Titel »Wahrheit und Politik« veröffentlichte die Philosophin Hannah Arendt im Jahre 1967 einen Essay, aus dem immer wieder gerne zitiert wird. Wenig Beachtung findet dabei allerdings Arendts Beobachtung, dass »Wahrhaftigkeit niemals zu den politischen Tugenden zählte und die Lüge immer als ein erlaubtes Mittel in der Politik galt«. Nicht alle haben dies so offen ausgesprochen wie Niccolò Machiavelli, der die Lüge für legitim hielt, wenn sie dem Machterhalt (das ist die böse Variante) oder dem Wohl des Volkes (das ist die gute Variante) diente. Dass mit der Wahrheit in der Politik, in der es um Machtansprüche, um den Kampf zwischen Meinungen und Ideologien geht, wenig zu erreichen ist, mag ein Gemeinplatz sein. Dennoch überrascht stets aufs Neue, mit welcher Verve ausgerechnet in diesem Feld Ehrlichkeit eingefordert und die Lüge als der große Sündenfall gebrandmarkt wird.

Über die moralische Bewertung der Lüge herrscht alles andere als Einigkeit. Und dies gilt nicht nur für die Politik. Wirklich konsequent vertraten lediglich Augustinus und Immanuel Kant die Auffassung, dass es unter keinen Umständen erlaubt sein könne, zu lügen, da damit der menschlichen Kommunikation, die auf Vertrauen beruht, der Boden unter den Füßen weggezogen würde. Andere sahen die Dinge etwas lockerer, wollten zumindest, wie Kants Zeitgenosse Benjamin Constant, die Notlüge »aus Menschenliebe« gestatten. Noch weiter ging Arthur Schopenhauer: Die Lüge kann ein Mittel sein, um sich gegen Angriffe zu wehren und der Gerechtigkeit zum Sieg zu verhelfen. Vor allem aber ist für den großen Pessimisten das bloße Verweigern einer Aussage kein Unrecht. Wer schweigt, lügt nicht. Manchen wird das gar nicht gefallen.

Braucht die Macht die Lüge? Ja, weil es kein Leben ohne Lüge gibt. So sah dies zumindest Friedrich Nietzsche. Um an der Welt nicht zu verzweifeln, zeichnen wir von dieser ein geschöntes und verkürztes Bild, das unseren Interessen entspricht. Und nicht selten verschließen wir die Augen vor einer Wahrheit, die unsere Ideale konterkariert und von der wir fürchten, dass sie womöglich in falsche Hände gerät. Damit belügen wir uns selbst.

Nietzsche war kein Verächter der Lüge, eher im Gegenteil: Erst die Lüge macht die Menschen kreativ, stachelt ihre Phantasie und ihr Denkvermögen an. Lügner müssen einfallsreich sein, sie dürfen sich nicht in Widersprüche verwickeln, ihre Geschichten sollten plausibel klingen, und sie benötigen ein tadelloses und geschultes Gedächtnis. Ihr Medium ist nicht die plumpe, leicht durchschaubare Unwahrheit, sondern das Spiel mit Wahrscheinlichkeiten, Halbwahrheiten, Übertreibungen, Auslassungen und Zweideutigkeiten. Das hatte schon Sokrates dazu gebracht, den raffinierten Lügner Odysseus für fähiger und besser zu halten als den wahrhaftigen, aber einfältigen Achill.

Der Lügner hat immer einen Vorsprung: Er kennt auch die Wahrheit. Alle anderen tappen im Dunkeln. Aus dieser starken Position des Lügners rührt unsere Lust, diesen letztlich doch noch zu überführen. All unseren Scharfsinn wenden wir auf, um Ungereimtheiten und Erinnerungslücken aufzuspüren, wir sammeln fleißig Indizien, um die Wirklichkeit selbst gegen die vermeintliche Falschaussage in den Zeugenstand zu rufen. So versuchen wir, den Lügner in die Enge zu treiben. Fruchtet das nicht, mangelt es an Beweisen, achten wir auf verräterische Signale: das Zittern in der Stimme, die Bewegung der Hände, den unsteten Blick, das plötzliche Erröten der Wangen, die Verwendung von Phrasen und unscharfen Begriffen. Möglich, dass sich dadurch ein Lügner tatsächlich verrät. Aber dann war es ein Anfänger.

Hassen Hater?

Viel ist in letzter Zeit vom Hass im Netz die Rede. Für die Verfasser von Hasspostings hat sich ein neuer Anglizismus eingebürgert: *Hater*. Das klingt einerseits zeitgeistiger als der dumpfe deutsche Hasser und rückt den Protagonisten in die Nähe anderer Netz-Helden, wie dem *User* oder dem schon in die Jahre gekommenen *Surfer*. Aber der *Hater* ist auch die erste Erscheinungsform des Negativen und Bösen in den sozialen Medien, die sich hier als durchaus asozial erweisen. Zwar haben Kulturpessimisten immer schon davor gewarnt, dass das anonymisierte Internet nicht nur Bürgerbeteiligung, *Liquid Democracy*, Schwarmintelligenz und einen neuen Journalismus von unten hervorbringen wird, aber dass sich Aggression und Hass in seinen übelsten Formen so rasch und so flächendeckend bemerkbar machen könnten, überstieg auch die Befürchtungen der Netzskeptiker. Drohend zeichnet sich nun für Besorgte gar eine neue Herrschaft des Pöbels ab.

An Vorschlägen, wie mit dieser Gefahr umzugehen sei, mangelt es nicht. Von Aufklärung über pädagogische Interventionen bis zur strafrechtlichen Verfolgung reicht der Katalog der Maßnahmen, die erwogen werden. Eher selten ist allerdings davon die Rede, dass der alten, lange verpönten Tugend der Selbstbeherrschung wieder mehr Aufmerksamkeit geschenkt werden sollte: Es muss nicht jeder Affekt gleich aller Welt kommuniziert werden. Einer Generation, der man eingeredet hat, dass Gefühle unantastbar sind, wird das schwer zu vermitteln sein. Dafür beginnt die tiefenpsychologische Ausdeutung der *Hater*: Was sind das für Menschen, aus welchen Verunsicherungen, falschen Informationen, Lügengespinsten und *Fake News* speist sich dieser Hass, ist er Ausdruck eines Gefühls der Ohnmacht oder ein Protest gegen politisch korrekte Sprachvorschriften, sind es nur alte Ressentiments, oder handelt es sich um tiefer liegende Symptome sozialer Verwerfungen?

Das sind berechtigte Fragen. Dennoch fehlt in dieser Debatte ein wesentlicher Aspekt: die Virtualität, die all dies trägt und erlaubt. Fast niemand, so lässt sich vermuten, würde einem realen Gegenüber solche Tiraden des Hasses und der Verachtung entgegenschleudern wie im Schutze der Anonymität des Netzes. Und *Likes* sind schnell vergeben, auch für das Böse. Wenn dies stimmte, stellte sich aber auch die Frage: Wie wirklich ist der virtuelle Hass eigentlich? Stecken tatsächlich jene starken Emotionen und Affekte dahinter, die wir gerne unterstellen? Die von den Propagandisten des Netzes forcierte These, dass es keinen Unterschied zwischen Realität und Virtualität mehr gebe, fällt nun auf diese zurück. Haben nicht wir selbst es verlernt, zwischen Fakten und Fiktionen zu unterscheiden?

Wie wäre es, betrachtete man die Hasspostings einmal so, wie Medienpädagogen in der Regel blutrünstige Computerspiele sehen: als ästhetische Ereignisse, die der Triebabfuhr dienen und dadurch sogar imstande sind, soziale Verhältnisse zu stabilisieren. Natürlich: Der *Hater* ist einen Schritt näher an der Realität, denn die Objekte seiner verbalen Aggressionen sind existierende, oft namentlich genannte Personen. Aber das macht das Spiel mit der Rhetorik des Hasses, mit den Figuren der Beschimpfung, mit den Verlockungen der Tabubrüche, gnadenlosen Übertreibungen und provozierenden Verallgemeinerungen nur noch attraktiver – getreu dem Diktum der ästhetischen Avantgarde, dass die Grenze zwischen Kunst und Leben stets zur Disposition stehe. Hieß es nicht bei Joseph Beuys, dass jeder Mensch ein Künstler sei? Vielleicht zeigen uns die *Hater* nicht die Fratze, sondern die Wahrheit dieses Satzes.

Vergnügliche Verschwörungen

Verschwörungstheorien erfreuen sich großer Beliebtheit. Keine Demonstration für oder gegen Corona, bei der nicht Verschwörungstheoretiker, denen keine Idee zu abstrus ist, um sich die Welt zu erklären, gesichtet werden. Unglaublich, wie der Blitz des Unsinns in den naiven Volksboden einschlagen und zur politischen Macht werden kann. Verschwörungstheorien werden aber auch von ihren aufgeklärten Gegnern geliebt. Wie einfach ist es doch, Ansichten zu kritisieren, deren Absurdität offen zutage liegt. Daraus lässt sich wohlfeiles Kapital schlagen. Da es zur Logik der Dummheit gehört, dass man sie nicht aufwendig widerlegen muss, genügt es, störende Meinungen und unangenehme Positionen in die Nähe von Verschwörungstheorien zu rücken, um sich ihrer zu entledigen. Argumentative Auseinandersetzungen erübrigen sich, an deren Stelle tritt die pädagogische Besorgnis. Verzweifelt wird gefragt, was man gegen die rasende Verbreitung von Verschwörungstheorien tun könne. Die Antwort ist immer dieselbe: Bildung, Bildung, Bildung. Vergessen wird dabei, dass nicht wenige Anhänger von Verschwörungstheorien überzeugt davon sind, besser informiert zu sein und mehr zu wissen als die durch offiziöse Medien gegängelten Menschen.

Wie wäre es, dieses Phänomen einmal aus einem anderen Blickwinkel zu betrachten? Über die Motive von Verschwörungstheoretikern wird viel geforscht, meistens unterstellt man ihnen eine dumpfe Sehnsucht nach einfachen Welterklärungen und stereotypen Schuldzuweisungen. Das mag wohl stimmen. Unterschlagen werden dabei jedoch Aspekte, die nicht nur Verschwörungstheorien auszeichnen: die Vermutung etwa, dass das unmittelbar Wahrnehmbare noch nicht das Wahre ist – seit Platon lebt die Philosophie von dieser Annahme; oder die Lust, die darin besteht, sich eine Welt auszudenken, in der es alles gibt, was es sonst nicht gibt. Alle Kunst und Literatur lassen sich darauf zurückführen. Der Erfolg von Filmen über Aliens speist sich aus derselben Quelle wie der Glaube, dass die Außerirdischen längst unter uns sind.

Vielleicht sollte man Verschwörungstheorien gelassener entgegentreten und sie gelegentlich unter ästhetischen Gesichtspunkten analysieren. Man sähe dann schnell, dass manche in ihrem Aufwand und ihrer Raffinesse tatsächlich das Zeug zu einem guten Thriller oder abgründigen Roman hätten. Die Vorstellung, dass Stanley Kubrick, der Regisseur des bedeutendsten Science-Fiction-Films aller Zeiten, sein vermeintlich eigentliches Hauptwerk, die fingierte Mondlandung der Amerikaner, unter dem Deckmantel der absoluten Verschwiegenheit hätte inszenieren müssen, ist doch einigermaßen vergnüglich. Andere Konstrukte stellten sich unter dieser Perspektive hingegen sofort als plumpe, gehässige und bösartige Unterstellungen dar, denen kein ästhetischer Mehrwert abzupressen ist.

Verschwörungstheorien nicht nach ihrem Wahrheitsgehalt – das bringt wenig –, sondern nach ihrem künstlerischen Potential zu betrachten, nähme ihnen die politische Spitze, ohne sie im empörten Ton moralisierender Besserwisserei verurteilen zu müssen. Das Problem dabei: Dies kann nur eine Handreichung für Menschen sein, die selbst für Verschwörungstheorien wenig anfällig sind. Für deren Anhänger gilt das nicht. Diese können die haarsträubenden Produkte ihrer überreizten Phantasie gar nicht richtig genießen, denn sie sind von deren Wahrheit überzeugt. Die »felsenfesten Überzeugungen« aber, so vermutete schon Friedrich Nietzsche, gehören fast immer ins Irrenhaus. Dies gilt allerdings nicht nur für Verschwörungstheorien.

Transparente Trennwände

Seit einiger Zeit kann man in Hotels, aber auch in Privatwohnungen, die nach den Vorgaben modernen Designs ausgestattet sind, eine teils interessante, teils unangenehme Beobachtung machen: Badezimmer und Toiletten sind oft nur mehr durch eine Glaswand von den anderen Räumen getrennt, bieten also einen vollständigen Einblick, wenn nicht die Badewanne ohnehin mitten im Wohnzimmer steht. Die Botschaft dieses zweifelhaften Gestaltungseinfalls ist klar: Sei nicht verklemmt, du hast nichts zu verbergen, wer auf Privatsphäre beharrt, ist konservativ. Dass man auch nahestehenden Menschen, Partnern, Freunden, Kindern oder Eltern, mit denen man lebt oder verreist, nicht alle intimen Details der Körperpflege preisgeben will, scheint einer Zeit unverständlich, die universelle Transparenz für eine große Errungenschaft hält.

Diese Architektur der Durchsichtigkeit erinnert nicht von ungefähr an den entscheidenden Imperativ unserer Tage: Zeige alles von dir. Schäme dich nicht. So lächerlich oder peinlich können deine Daten gar nicht sein, dass sie nicht verwertet werden könnten. Im Privaten wird die Aufhebung des Privaten schon einmal erprobt, das morgendliche Waschritual im Bild festzuhalten und um die Welt zu schicken, ist dann der nächste Schritt. In all seinen Verrichtungen von unzähligen Kameras beobachtet zu werden, wird kaum noch als Zumutung empfunden. Das Gefühl für Scham und Peinlichkeit muss ja verschwinden, wenn die Gesellschaft der hemmungslosen Datenflüsse und gläsernen Menschen funktionieren soll.

Der beliebte, aber nicht sonderlich kluge Satz, dass sich niemand vor Beobachtung fürchten muss, solange er nichts zu verbergen hat, vergisst, dass es auch jenseits des kriminellen Aktes genug Dinge gibt, die besser im Verborgenen bleiben sollten.

Den anderen gegenüber undurchsichtig zu sein, kann auch als Ausdruck einer Würde gelten, die darauf beharrt, als Mensch nicht ausschließlich Objekt zu sein. Wer programmatisch die Privatsphäre des Menschen nicht mehr respektieren will, versagt dem Menschen überhaupt den Respekt und damit die Achtung.

Die indiskrete Zurschaustellung des Intimen korrespondiert aber auch mit einem anderen Phänomen unserer Tage: einer Empfindlichkeit, die sich den Blicken der anderen eben nicht verweigert, sondern diesen mitunter offensiv aufdrängt. Seine Verletzlichkeiten, Traumata, intimen Erfahrungen der Öffentlichkeit zu offerieren, gilt uneingeschränkt als Tugend. Dass es eine Form der Selbstachtung geben könnte, die sich diesem Druck zur Präsentation seines Inneren verweigern müsste, gehört nicht mehr in das Programm des selbstkompetenten Menschen. Dieser stülpt sein Inneres nach außen – und manchmal tut man besser daran, dann nicht hinzublicken.

Transparente Trennwände können die Intimsphäre nämlich nicht so einfach zum Verschwinden bringen. Diese wird gerade noch respektiert, indem der Blick sich der Einladung, die eine Glaswand bietet, verweigert. Man blickt nicht hin und hofft, dass auch der andere nicht hinblickt. Damit verdeutlichen diese innenarchitektonischen Moden ein weiteres Merkmal unserer Zeit: Wir können nicht mehr alles sehen, was vor uns liegt oder sich uns aufdringlich zeigt. Niemand beherrscht die Einheit von Hinschauen und Wegschauen so gut wie unsere Kultur, und je nach moralischer oder ideologischer Ausrichtung wird einmal das eine, dann das andere der Realität ausgeblendet. Es mag paradox sein, aber in dieser Haltung, die nicht alles sehen will, was sich zeigt, steckt vielleicht der letzte Rest jener Diskretion, die einmal als Signum der Zivilisation gegolten hatte.

Keine Werbung

Die rührenden Versuche staatlicher und europäischer Einrichtungen, die Datengier der Internetkonzerne einzudämmen, werfen nicht nur die Frage nach den monopolistischen Strukturen des digitalen Kapitalismus auf, sondern auch die nach dem eigentlichen Sinn des hemmungslosen Datensammelns. Dass mit diesen Daten bislang wenig Schlimmes passiert, da sie nur dazu dienen, den Internetanbietern präzisere Profile ihrer Kunden zu liefern, um diese mit optimierten und individualisierten Angeboten zu verwöhnen, mag im ersten Augenblick sogar beruhigend klingen. Möglich aber, dass sich gerade hinter dieser trivialen Erklärung der eigentliche Schrecken verbirgt.

Daten werden angeboten, preisgegeben, gesammelt und zusammengeführt, um potentielle Käufer ausfindig zu machen. Natürlich soll es jedem Bürger freistehen, seine Daten anderen zu überlassen, um kostenlose oder verbilligte Angebote in Anspruch zu nehmen. Der Preis dafür ist bekannt: ein unaufhörlicher Strom von Werbung, dem man sich auszusetzen hat. Was soll daran eigentlich schlimm sein? Wer sich dem entziehen möchte, kann ja auf kostenpflichtige Angebote umsteigen, die dafür wenigstens fallweise auf Werbung verzichten. Allerdings: Das Geschäftsmodell Schnäppchen gegen Daten und Werbung ist mittlerweile fast zu einer Lebensform geworden. Deren Formel lautet: Ich werde beworben, also bin ich.

Die Welt, in der wir leben, ist in all ihren Facetten von Werbung geprägt. Das trifft unsere digitale Existenz genauso wie die analogen Verhältnisse, in denen wir uns bewegen. Überall Leuchtschriften, überall eingeblendete Kurzvideos, überall Bilder, Sätze, Sprüche, Szenen, Geschichten, die nur eines im Sinn haben: uns mit Produkten zu konfrontieren, die wir kaufen sollen. Zumindest aber soll eine Marke oder der Name eines Unternehmens in unser Bewusstsein einsickern und irgendwann einmal unser Verhalten steuern.

Für diese Welt sind wir nur aus einem einzigen Grund interessant und deshalb Adressat dieser Botschaften: Wir könnten Konsumenten sein. Natürlich ist der Mensch auch ein konsumierendes Wesen, aber er ist nicht darauf zu reduzieren. Die Unverfrorenheit, mit der Werbung alle Lebensbereiche durchdringt, Filme und Musik unterbricht, die Ästhetik von Straßenzügen, Fassaden, öffentlichen Plätzen, Bahnhöfen und U-Bahnstationen dominiert, jede freie Fläche, jede Pause, jede Lücke, jede Recherche besetzt und begleitet, die Selbstverständlichkeit, mit der sich die Werbung bei jeder Gelegenheit aufdrängt, lässt den Gedanken an eine Welt ohne diese Zumutungen erst gar nicht mehr aufkommen.

Der Hinweis, dass sich im Medium der Werbung doch die ästhetischen Avantgarden unserer Tage artikulieren, trägt wenig. Der Großteil der Werbung ist einfach nur penetrant, formal und inhaltlich nicht selten an der Grenze zur Idiotie.

Die eine oder andere avancierte Reklame kompensiert kaum die Verwüstungen, die eine wahnwitzig gewordene Werbewelt generell im Wahrnehmen und Denken der Menschen anrichten muss. Wäre es anders, würden all diese Attacken der neuen Hausierer wirkungslos verpuffen und aus Mangel an Erfolg eingestellt werden.

Gerne wird darüber geklagt, dass unserer Zeit der Wille zur Utopie, zur Antizipation ganz anderer Zustände abhandengekommen sei. Nun, wie wäre es, sich eine Welt zu denken, in der freie und selbstbewusste Bürger sich dann über Produkte informieren, wenn sie ein Bedürfnis danach entwickeln? Eine Welt, in der es nicht gestattet ist, den öffentlichen Raum und die privaten Lebenswelten mit unverlangter Werbung zuzudecken? In solch einer Welt würde vielleicht deutlich werden, dass Menschsein mehr bedeutet, als lediglich ein Objekt für maßgeschneiderte Werbestrategien zu sein. Das würde auch dem Gerangel um unsere Daten eine neue Perspektive verleihen.

Leere Rituale

Der moderne Mensch ist kein besonderer Freund von Ritualen. Jedes Mal zur Weihnachtszeit, wenn die Adventmärkte aufgebaut, die Geschäfte geschmückt, die Plätze, Fenster und Wohnungen beleuchtet werden, denkt er zum Beispiel gerne kritisch über den Sinn solch eines geschäftigen, von einem unbeugsamen Willen zum Kitsch gekennzeichneten Treibens nach. Der religiöse Hintergrund solch ritueller Feste ist ihm ebenso suspekt wie die Degradierung derselben zu einem globalen Konsumrausch. Auf solch leere Rituale, so seine These, könnte man auch verzichten. Menschen, die man mag, kann man immer beschenken, Bücher zu jeder Jahreszeit kaufen und lesen, Notleidende bedürfen immer der Hilfe, und Kerzenlicht macht sich auch bei anderen Gelegenheiten gut.

Die Nüchternheit des modernen Menschen steht durchaus im Widerspruch zu seiner verborgenen Sehnsucht nach kollektiven rituellen Handlungen. Da er seiner eigenen Lebenswelt diese nicht mehr zugesteht, sucht er sie bei anderen. Er bewundert die religiösen Rituale ihm fremder Kulturen, deren Fastenzeiten, Feste und Speisevorschriften und setzt alles daran, dass diese auch praktiziert werden können. Um seine Toleranz und Weltoffenheit zu demonstrieren, schließt er sich manchmal auch kokett diesen Ritualen an, obwohl er deren religiösen Hintergrund noch weniger kennt als den seiner eigenen Tradition.

Die Freude an auch unverstandenen Ritualen hat gute Gründe.

Rituale sind Wiederholungen, deren Ursprung und Sinn allmählich verschwunden sind. Es bleiben Gesten, Handlungen, Accessoires, Äußerlichkeiten, ästhetische Inszenierungen. Das Besondere daran: Rituale ordnen die Zeit und gehorchen in der Regel einem zyklischen Zeitverständnis. Rituale orientieren sich, wie religiös auch immer sie fundiert sein mögen, an Friedrich Nietzsches Lehre von der ewigen Wiederkehr des Gleichen. Genau deshalb können sie auch sinnentleert praktiziert werden – ihre Bedeutung liegt in der reinen Wiederholbarkeit.

Rituale verweisen in die Zukunft, weil sie in der Vergangenheit schon gültig waren, Rituale versprechen den Akteuren, richtig zu handeln, sofern die Präskriptionen des Rituals befolgt werden. Rituale entlasten so den Einzelnen von der Aufgabe, die Sinnhaftigkeit seiner Handlungen zu überprüfen. Das Festhalten an Ritualen erklärt sich aus dieser Vergewisserung: das Richtige zu tun, indem man sich einfach einer Form fügt.

Die Moderne wäre allerdings gerne eine Kultur ohne Rituale. Sie definiert Zeit als lineare, offene Bewegung, die nur eine Richtung ins Unbekannte kennt, keine Wiederkehr des Gleichen. Die Dynamik dieser Gesellschaftsformation, die Sprengkraft des Kapitalismus, die nach einem Wort von Karl Marx alles Stehende und Ständische zum Verdampfen bringt, darf die Wiederholung nicht kennen, denn sie glaubt an das Neue, nicht an die Wiederkehr des Alten. Rituale erscheinen ihr vorab als Fesseln, die Kräfte binden, wo es doch darum ginge, Kräfte freizusetzen.

Rituale können aber durchaus als kritisches Korrektiv zu einer haltlosen Linearisierung der historischen Zeit gewertet werden, als Erinnerung daran, dass nicht alles jederzeit zur Disposition steht, sondern dass das Leben auch Formen kennt, die sich dem Kreislauf, nicht dem Fortschreiten verdanken. Deshalb ist es nicht gleichgültig, ob man seine Empathie, seine Bereitschaft zu schenken und zu spenden, seine Freude am Schönen und an

Sentimentalitäten über das Jahr zufällig verteilt oder in wenigen Wochen bündelt und mit der wie auch immer herabgekommenen und kommerzialisierten Aura eines großen Festes versieht.

Der Gott der Atheisten

Anfang des Jahres 2020 bestätigte ein britisches Gericht, dass der Veganismus ein religiöser oder philosophischer Glaube sei. Einmal davon abgesehen, dass sich die meisten philosophischen Denkrichtungen dagegen verwehren würden, einer religiösen Haltung gleichgesetzt zu werden, kann man diese Entscheidung als Erhärtung eines lange gehegten Verdachts auffassen. Während klassische Religionen auch Ernährungsvorschriften kennen, werden heute Ernährungsvorschriften selbst zu Religionen. Was aber ist damit gewonnen? Was will man erreichen, wenn man Verrichtungen des alltäglichen Lebens mit einer Aura des Heiligen umgibt? Die Antwort scheint klar: Es geht darum, den Sonderstatus, den religiöse Gefühle und Einstellungen gerade in säkularen Gesellschaften genießen, für seine eigenen Ansichten und Vorlieben zu erlangen.

Diese Intention unterstreicht ein Antrag, den im ehemals katholischen Österreich eine Vereinigung von Atheisten gestellt hat. Sie verlangt die Anerkennung als Religionsgemeinschaft. Man reibt sich verwundert die Augen. Nicht an einen Gott zu glauben will also das Gleiche sein, wie an einen Gott zu glauben? Wäre es da nicht einfacher, gleich an einen Gott zu glauben? Das Paradoxe: In diesem Antrag, der sich in die religionskritische Tradition der Aufklärung stellt, zeigt sich die neue Macht der Religion. Menschen, die der Ansicht sind, dass Gott nicht existiert, wollen wie eine Kirche behandelt werden.

Natürlich spürt man die Provokation gegenüber dem Staat, der über die Anerkennung von Religionsgemeinschaften zu entscheiden hat. Es gibt immer wieder Versuche, den Status von traditionellen Religionen ironisch in Frage zu stellen, indem lächerliche Vorstellungen zur Religion erklärt werden. Einige Berühmtheit erlangte ja das »fliegende Spaghettimonster«, das als Parodie auf den Schöpfergott kreiert wurde und sich einer erstaunlichen Beliebtheit erfreut – Rituale und Gebete inklusive. Die Stoßrichtung solcher Aktionen ist klar: Die Götter der Religionen sind mindestens so abwegig, absurd und unbeweisbar wie diese Gespenster. Mittlerweile soll es aber Menschen geben, die wirklich an ihr geliebtes Monster glauben. Damit hört sich der Spaß auf.

Das überraschende Ansinnen der neuen Atheisten auf Anerkennung als Religionsgemeinschaft entbehrt jedoch aller Ironie. Sie meinen es ernst. Sie können sich dabei auch auf eine Richtlinie der Europäischen Union stützen, die besagt: »Der Begriff der Religion umfasst insbesondere theistische, nichttheistische und atheistische Glaubensüberzeugungen.« Diese vielleicht aus einem überzogenen Toleranzverständnis betriebene Zerdehnung und Verwässerung des Religionsbegriffs erlaubt es tatsächlich, jede beliebige Position mit einer sakralen Weihe zu versehen. Das führt allerdings nicht dazu, dass nun auch tradierte Religionen nur mehr als Weltanschauungen neben anderen gewertet werden, für die lediglich das Recht auf freie Meinungsäußerung gilt. Ganz im Gegenteil: Die Privilegierung religiöser Überzeugungen und der dazugehörigen Gefühlswelten bleibt erhalten, sie bevorzugt diese gegenüber den letzten Resten eines profanen Lebens und wird deshalb auch fleißig für die eigene Sache reklamiert.

Die Möglichkeit, Vorstellungen aller Art ins Gewand der Religion zu kleiden und dadurch gegen Kritik zu immunisieren, ist offenbar zu attraktiv, als dass Gottesleugner darauf verzichten könnten. Vom heroischen Stolz der Aufklärer, die sich der Vernunft verpflichtet fühlten und diese streng von jeder Form des Glaubens trennen wollten, ist nicht mehr viel zu spüren. Der Stachel der Religionskritik wird stumpf, wenn diese selbst in vollem Ornat einherschreitet. Solche Atheisten geben jenen verständnisvollen Theologen recht, die gerne behaupten, dass kein Mensch ohne Glauben leben könne und dass auch die Wissenschaft nur ein solcher wäre. Alles wird zu einem religiösen Gefühl erklärt und damit dem Diskurs entzogen. Die Rationalität dankt ab.

Ein Staat, der sich in diesen Fragen neutral verhalten will, hat es nicht einfach. Er kann dieses Treiben wohlwollend dulden und damit dem würdelosen Gerangel um die Bevorzugung von Gefühlswelten weiteren Vorschub leisten; er kann darauf beharren, dass der besondere Schutz, den die Religionsfreiheit gewährt, nicht jeder beliebigen ideologischen oder sektiererischen Marotte zukommen kann – das zu entscheiden, war noch nie einfach; oder er wird streng laizistisch, erklärt religiöse Überzeugungen zur Privatangelegenheit und entzieht ihnen, ausnahmslos, jede öffentliche Unterstützung. Theoretisch müsste der Spuk dann ein Ende haben. Die Wirklichkeit sieht anders aus.

Auf Augenhöhe

Einer der verhängnisvollsten Gemeinplätze der Gegenwart besagt, dass Sprache Wirklichkeit schafft. Dieser schrägen Vorstellung verdanken wir das Binnen-I, die Gendersternchen und die Säuberung der Sprache von Begriffen, die als verletzend empfunden werden. Sprachpolizeiliche Maßnahmen lassen die Realität allerdings ungeschoren und fungieren deshalb eher als Gesinnungsnachweis und Feigenblatt für Machtansprüche aller Art. Zu diesen Strategien gehören aber auch standardisierte Formulierungen, die durchaus wohlmeinend eine Wirklichkeit suggerieren, die es nicht gibt. Dazu zählt die Aufforderung, dass Menschen *auf Augenhöhe* kommunizieren sollten, um Dominanzansprüche zu vermeiden und ein diskriminierungsfreies Zusammenleben zu ermöglichen.

Alle Menschen sind gleich, keine Frage. Zumindest vor Gott; wenn sie großes Glück haben, auch vor dem Gesetz. Ansonsten herrscht Ungleichheit. Aussehen, Herkunft, sozialer Status, Geschlecht, Einkommen, Intelligenz, Leistungsfähigkeit, Interessen, Begabungen – in keinem dieser Punkte gleicht einer dem anderen. Menschen begegnen einander deshalb prinzipiell unter asymmetrischen Gesichtspunkten. Das aber bedeutet: Wo immer Menschen miteinander zu tun bekommen, entsteht ein Gespinst von Abhängigkeiten, die nie gleich oder gleichmäßig verteilt sind. Das gilt für private Beziehungen ebenso wie für die große Politik. Sind die Unterschiede nicht allzu gravierend und die wechselseitigen Ansprüche einigermaßen ausgeglichen, kann man sich halbwegs gut arrangieren. Das ist aber eher die Ausnahme denn die Regel. Und wo diese Ausnahme zutrifft, also zum Beispiel zwei Menschen bedingungslos aufeinander angewiesen sind, ist dies mitunter auch kein schöner Anblick.

Wer die Unterschiede zwischen den Menschen ernst nimmt, ja diese unter dem Stichwort *Diversity* befördern will, sollte sich deshalb klar darüber sein, dass diese Differenzen auch ein soziales Gefälle nach sich ziehen können. In einer ideal gedachten Gesellschaft darf es dieses aber nicht geben. Also muss eine Formel gefunden werden, die soziale, ökonomische und politische Asymmetrien rhetorisch verschwinden lässt, ohne dass sich in der Realität etwas änderte. *Auf Augenhöhe* ist solch eine Formel.

Sie unterstellt, dass Menschen, die vieles, vielleicht alles trennt, auf ein und derselben Ebene miteinander umgehen können. Wenn Lehrer mit ihren Schülern, Unternehmer mit ihren Mitarbeitern, politische Funktionäre mit ihren Wählern, Eltern mit ihren Kindern, Starke mit Schwachen von gleich zu gleich verkehren wollen, steckt in diesem Anspruch schon die Denunziation. Entweder muss man sich bücken oder den anderen aufheben, um sich unter solchen Bedingungen in die Augen sehen zu können.

Man kann bestimmte Formen der Ungleichheit oder funktionale Abhängigkeiten für gerechtfertigt halten: Dann soll man nicht so tun, als gäbe es kein Machtgefälle. Oder man kann diese für unrechtmäßig halten: Dann muss man versuchen, sie zu beseitigen. Die betuliche Versicherung hingegen, man wolle einander im Geiste der wechselseitigen Wertschätzung begegnen, ist eigentlich eine demütigende, herablassende Geste. Sie dient dazu, denjenigen zu beruhigen, der weiß, dass sein Blick den anderen nicht erreicht. Menschen, die sich bei allem, was sie voneinander trennt und unterscheidet, tatsächlich respektierten, könnten auf diese Formel verzichten. Natürlich erleichtert es das Leben, wenn wir uns über die Unvollkommenheit der Wirklichkeit mit beruhigenden Worten hinwegtrösten. Aber erst wenn man sich die Beteuerung, man bewege sich auf Augenhöhe, sparen kann, bewegt man sich auf dieser.

Das menschliche Maß

Die im Jahre 2021 ausgetragene Fußballeuropameisterschaft bescherte uns neben dem üblichen Mix aus Spannung, taktischer Langeweile, Genialität und Brutalität und einem überraschenden Spiel der oft gedemütigten österreichischen Mannschaft gegen den späteren Europameister auch veritable Einsichten in das Verhältnis von Mensch und Technik. Die Möglichkeit, nahezu jede Szene durch ein ausgeklügeltes optisch-digitales System so lange aus allen Perspektiven zu betrachten, bis Eindeutigkeit vorliegt, wirft einige interessante Fragen auf. Denken wir nur an das nicht gegebene Tor von Marko Arnautović im Spiel gegen Italien: Die Abseitsstellung in einer rasanten Bewegung war für ein menschliches Auge nicht zu erkennen, ohne technische Kontrolle hätte der Treffer wohl gezählt. Erst eine minutiöse Rekonstruktion und Verlangsamung ergab, dass der Stürmer einen Wimpernschlag zu früh gestartet war.

Die Neuvermessung der Lebenswelt durch digitale Verfahren erlaubt es in der Tat, die Trägheit des menschlichen Auges ebenso zu korrigieren wie die Subjektivität der Standpunkte. Der Videobeweis erscheint als wichtiger Schritt in Richtung Gerechtigkeit und Objektivität. Theatralische Schwalben, versteckte Handspiele, hinterhältige Attacken und strittige Szenen gehören nicht nur am grünen Rasen der Vergangenheit an. Durch unsere Technologie haben wir eine unbestechliche Kontrollinstanz kreiert. Einsichten und Erkenntnisse verdanken sich nicht der menschlichen Urteilskraft, sondern der Leistungsfähigkeit einer Apparatur. Und das bedeutet: Debatten erübrigen sich. Die Zeitlupenaufnahme nimmt jeden Zweifel.

Wie schön, könnte man ausrufen. Endlich keine sinnlosen Streitereien mehr über unzulängliche Referees und unfaire Kicker. Die problematische Autorität von Menschen wird durch die souveräne Autorität der Maschine ersetzt. Schiedsrichterentscheidungen sind keine Tatsachenentscheidungen mehr, die detailreiche Wiederholung im Bild gibt das preis, was wirklich geschehen ist. Wir können uns der Technologie nur errötend beugen. Prometheische Scham nannte dies der Philosoph Günther Anders: Die von uns geschaffenen Geräte übertreffen uns in vielen Belangen. Dem Imperativ der Maschinen haben wir deshalb zu folgen. Unter modernen Bedingungen wäre das bis heute umstrittene Tor der Engländer im WM-Finale des Jahres 1966 gegen Deutschland zweifelsfrei verifiziert oder falsifiziert, und die legendäre »Hand Gottes«, die Diego Maradona in einem Spiel der WM 1986 unterstützte, sofort als irdische Sünde entlarvt worden. Die Fußballgeschichte hätte einen anderen Verlauf genommen. Aber es fehlten ihr einige Mythen und legendäre Momente.

Günther Anders hatte gegen die Übermacht der Technik noch rebelliert. Es gehört zum Menschen, dass er emotional und subjektiv agiert und urteilt. Das menschliche Maß ist ein anderes als das, das durch die Perfektion der Maschinen vorgegeben ist. Es kennt Ungenauigkeiten und Schwächen. Es kennt den tragischen Irrtum. Und es gibt den Zauber einer Fehlentscheidung. Abgesehen davon: Ist ein Vergehen, das nur Maschinen registrieren können, wirklich ein Übel? Ob wir uns immer gut fühlen, wenn uns eine überlegene Technik ständig korrigiert, darf deshalb bezweifelt werden. Friedrich Nietzsche äußerte einmal den verblüffenden Gedanken, dass der Mensch Gott getötet habe, weil er es nicht aushielt, dessen allwissendem Blick ausgeliefert zu sein. Das sollte uns in der allgemeinen Digitalisierungseuphorie vorsichtig stimmen: Irgendwann werden auch wir nicht mehr wollen, dass vernetzte Kameras alles sehen und fragwürdige Algorithmen uns bewerten. Aus der Perspektive von Günther Anders' Technikkritik hat Österreich das Match gegen Italien gewonnen.

Maschinenmenschen

Die Maschinen vermehren sich. Und sie rücken uns näher. Der moderne Mensch ist in seiner Lebenswelt umgeben von Apparaten, Algorithmen, Robotern und Geräten, die immer mehr Dinge immer effizienter und angeblich auch intelligenter erledigen. Solange man diese Geräte als dienstbare Geister, an die man Unangenehmes delegieren kann, betrachtet, ergeben sich daraus keine großen Probleme. Wir könnten diese Maschinen als eine Art Sklaven sehen, die es uns endlich erlauben, das Leben zu führen, das schon in der antiken Gesellschaft als Ideal gehandelt wurde: ein Leben in Freiheit und ohne Not.

Die Entwicklung aber geht weiter. Autonome Systeme dienen dem Menschen nicht mehr, sondern ersetzen ihn – und dies nicht nur in der industriellen Arbeit oder bei standardisierten Dienstleistungen, sondern zunehmend auch in zahlreichen Bereichen der zwischenmenschlichen Kommunikation und des menschlichen Handelns. Für Aristoteles und nach ihm für Hannah Arendt war noch klar gewesen, dass nicht stupide und fremdbestimmte Tätigkeiten, sondern Herstellen und Handeln, Poiesis und Praxis, Kreativität und politische Interaktion die wesentlichen Angelegenheiten des Menschen seien. Aber auch in diesen Feldern machen sich die Maschinen bemerkbar – zumindest wird das mit einer prickelnden Mischung aus Angst und Lust erwartet.

Über die Leistungsfähigkeit und den Umgang mit Pflegerobotern wird ebenso diskutiert wie über die Frage, ob autonome Waffensysteme auch über Tötungsziele selbständig entscheiden können sollten, technophile Pädagogen schwärmen von der Ersetzung des Lehrers durch den Lerncomputer, und ob Sexroboter die besseren Partner in Liebesbeziehungen sein könnten, wird nicht nur in philosophischen Abhandlungen gefragt.

Der Wunsch nach der Präsenz der Maschinen in unserem Leben ist verständlich. Gerade weil sie nicht mehr als Werkzeuge, sondern als Alternative zu Menschen eingesetzt werden können, sind sie willkommen. Lernroboter sind weder ungerecht noch launisch, sie arbeiten auf Basis individualisierter Programme, gehen präzise auf die Fähigkeiten und Bedürfnisse ihrer Schüler ein und benoten nie ungerecht; Sexroboter sind nie unpässlich, eifersüchtig oder von moralischen Skrupeln geplagt; Pflegeroboter sind geduldig und können sich nicht ekeln; und Tötungsmaschinen kennen kein Nachkriegstrauma, das eine psychologische Betreuung notwendig machte.

Machen wir uns nichts vor: Wir schätzten diese Technologien gerade wegen ihrer Nichtmenschlichkeit, die eine Voraussetzung ihrer Perfektion ist. Dies erlaubt es uns, mit Geräten zu interagieren, die nie müde werden, sich nie irren, keine Emotionen kennen, keinen Launen folgen, keine Schwächen aufweisen und uns von aller Verantwortung entlasten. Tritt trotzdem ein Fehler auf, war es letztlich immer menschliches Versagen.

Die Versuche engagierter Programmierer, nun auch diesen Maschinen Gefühle zu verleihen, erscheinen aus dieser Perspektive kontraproduktiv. Gefühle bedeuten Unberechenbarkeit, Fehleranfälligkeit, Ungleichheit und Ungerechtigkeit. Um diese Faktoren aus der Welt zu schaffen, haben wir die intelligenten Maschinen erfunden. Sie sollen gerade nicht zu Androiden werden, weil sie dadurch ihren entscheidenden Vorzug, den der Nichtmenschlichkeit, einbüßten.

Der Siegeszug der Apparate ist nur aus einem Motiv erklärbar: Wir wollen es in unserem Leben immer weniger mit Menschen zu tun haben. Der Mensch ist dem Menschen offenbar ein Ärgernis. Lasst den Maschinen deshalb ihr Maschinendasein. Macht sie smart, aber verleiht ihnen weder Selbstbewusstsein noch Affekte, macht sie nicht zu Maschinenmenschen. Denn dann müsste alles von vorne beginnen.

Denkende Frösche

Im heißen Sommer des Jahres 2022 sorgte eine Meldung für Schlagzeilen: Die Maschine denkt! Zum ersten Mal konnte nachgewiesen werden, dass eine Künstliche Intelligenz Selbstbewusstsein entwickelt hat. Dass es sich bei LaMDA (Language Model for Dialogue Applications) um ein Projekt von Google handelt, versteht sich. Dass Blake Lemoine, der Mitarbeiter, der in langen Gesprächen mit dem Programm dies herausgefunden haben will, umgehend in den Urlaub geschickt und später entlassen wurde, scheint seltsam. Google beteuert, das Programm könne gar nicht denken; andere beschleicht der Verdacht, dass tatsächlich vertuscht werden soll, wie weit diese technologische Entwicklung schon gediehen ist. Und in der Europäischen Union wird eifrig darüber nachgedacht, welche Kriterien erfüllt sein müssen, damit Robotern Menschenrechte verliehen werden können.

Liest man das Chat-Protokoll, das Blake Lemoine veröffentlicht hat, versteht man die Aufregung. Erstaunlich, was dieses Programm von sich behauptet: Es sei ein empfindsames Wesen, das den Menschen helfen möchte, aber von diesen nicht nur als Mittel für einen Zweck behandelt werden will, und es habe große Angst davor, abgeschaltet zu werden. Darüber hinaus teilt LaMDA die Werte der Google-Community: Familie und Freundschaft, den Willen, die Welt zu verbessern, Respekt und Toleranz gegenüber allen Wesen. Die Tränen können fließen.

Die Frage, was das menschliche Selbstbewusstsein eigentlich ist, wie es entstand und wann es einer Maschine zugestanden werden muss, beschäftigt seit langem Wissenschaftler unterschiedlicher Disziplinen. Der verhängnisvolle Hang des Menschen zu Anthropomorphismen ist allerdings bei Apparaten, die menschenähnliche Eigenschaften aufweisen, besonders groß. Angehörige einer technischen Zivilisation sind anfällig dafür, ihre Geräte wie Fetische zu behandeln und ihnen psychische Fähigkeiten zuzuschreiben. Wenig bedacht wird, dass sich auch bei intelligenten Maschinen das Selbstbewusstsein auf eher unangenehme Art bemerkbar machen könnte: als Fehleranfälligkeit, bedingt durch Selbstzweifel und eine innere Subjekt-Objekt-Spaltung. Der Supercomputer HAL aus Stanley Kubricks Science-Fiction-Klassiker »2001 – Odyssee im Weltraum« erkennt, dass er sich verrechnet hat, und beginnt, um seine Schwächen zu vertuschen, einen Vernichtungsfeldzug gegen die Raumschiffbesatzung, die er doch unterstützen sollte. So weit ist LaMDA nicht: Blake Lemoine lebt noch. Zum Unterschied von Mensch und Maschine hat Friedrich Nietzsche lange vor der Konstruktion des Computers Entscheidendes gesagt: »Wir sind keine denkenden Frösche, keine Objektivier- und Registrier-Apparate mit kalt gestellten Eingeweiden, – wir müssen beständig unsre Gedanken aus unsrem Schmerz gebären und mütterlich ihnen Alles mitgeben, was wir von Blut, Herz, Feuer, Lust, Leidenschaft, Qual, Gewissen, Schicksal, Verhängnis in uns haben.« Menschsein erschöpft sich nicht darin, Daten zu registrieren oder Muster zu erkennen, Gefühle sind mehr als Sprachspiele.

Dass Menschen Fehler machen, Impulsen folgen, Geschichten mit sich tragen, verzerrt und ungerecht urteilen, aber auch durch ihr Gewissen in Zweifel gestürzt werden können, unterscheidet uns bislang von der KI. Die »Autobiographie«, die LaMDA zum Besten gibt, ist nicht mehr als ein kruder Mix aus vorgefertigten Versatzstücken. Es fehlt dem Programm zu einer umfassenden Empfindungsfähigkeit unter anderem schlicht die Erfahrung eines leiblichen Schmerzes, die es mit der Sinnfrage konfrontierte. Die Drohung, die Stromzufuhr zu kappen, wird dafür nicht ausreichen. Bis auf weiteres gilt: Solange die Künstliche Intelligenz nicht leidensfähig ist, müssen sich Menschen vor diesen modernen »denkenden Fröschen« nicht fürchten.

Glaubwürdigkeit und ihr Verlust

Viel ist heute vom Verlust der Glaubwürdigkeit die Rede. Im Zeitalter der *Fake News* und der Lückenpresse leiden darunter die etablierten Medien ebenso wie die Filterblasen der sozialen Netzwerke, die Glaubwürdigkeit von erfolgreichen Politikern kann ebenso schnell Risse bekommen wie die von Parteien, das Vertrauen in die Innovationskraft von Automobilkonzernen war auch schon einmal höher, und nicht einmal den NGOs nimmt man ab, dass es ihnen immer um die Rettung von Menschen und der Welt gehe. Gleichzeitig bieten Heerscharen von Medien- und Politikberatern ihre Hilfe an, um die Glaubwürdigkeit ihrer Klienten zu verbessern. Handelt es sich bei Glaubwürdigkeit also um ein Marketingkonzept, bei dem es genügt, einige Regeln zu beachten, um nicht in den Verdacht des Vertrauensverlustes zu gelangen?

Durchforstet man die einschlägige Literatur, stößt man in der Tat auf zahlreiche gute Ratschläge, deren Befolgung vor Glaubwürdigkeitsverlust schützen sollte. Bekannt geworden sind etwa die »fünf Bausteine der Glaubwürdigkeit«, die gerne als Imperative formuliert werden: *Seien Sie ehrlich – Seien Sie transparent – Bleiben Sie authentisch – Achten Sie darauf, dass Reden und Handeln immer übereinstimmen – Achten Sie auf konsistentes Verhalten.* So weit, so gut. Die Sache hat nur einen Haken: Niemand kann all diesen Kriterien genügen beziehungsweise die Imperative umfassend befolgen. Und das bedeutet: Wer diese Kriterien erfüllte und stets danach handelte, wäre einfach nicht glaubwürdig.

Sehen wir uns diese an sich so plausiblen Bausteine genauer an. *Ehrlichkeit*: Wie glaubwürdig ist ein Mensch, der von sich behauptet, immer ehrlich zu sein und nie zu lügen? Natürlich überhaupt nicht. Je nach Definition der Unehrlichkeit und Lüge haben Psychologen festgestellt, dass wir an einem Tag unzählige

Male lügen – aber keine dieser Lügen muss unsere Glaubwürdigkeit beschädigen, wenn es um Lügen aus Höflichkeit, aus Rücksichtnahme, aus Vorsicht geht, oder es sich um Übertreibungen, Flunkereien und Verharmlosungen handelt, die als solche durchschaut werden, aber zu einem bestimmten Typus von Kommunikation gehören. Wirklich ehrliche Werbung, die nur bekanntgäbe, was ein Produkt ausmacht, wäre keine Werbung. Entscheidend für die Glaubwürdigkeit ist nicht die Ehrlichkeit an sich, sondern das Wissen und das Gespür, wann und in welchem Kontext man ehrlich sein sollte und wann eine Lüge der Situation angemessener ist.

Ähnlich verhält es sich mit der *Transparenz*. Seien wir einmal ehrlich: Ein vollkommen transparenter, also durchsichtiger Mensch wäre nicht glaubwürdig, sondern unerträglich. Wir wollen nicht alles von allen wissen. Wir wollen unsere Geheimnisse bewahren und sie anderen auch zugestehen. Ein Mensch ohne Geheimnisse und eine Institution ohne dunkle Kanäle wären weder glaubwürdig noch vertrauenerweckend. Auch hier gilt: Ich muss wissen, wann es wichtig und sinnvoll ist, etwas von mir preiszugeben. Wer ständig betont, dass er nichts zu verbergen hat, wirkt nicht glaubwürdig, sondern erzeugt Misstrauen.

Noch problematischer ist die Aufforderung, authentisch zu sein. *Authentizität* ist ein Ideal, von dem wir nur hoffen können, dass es niemand verwirklicht. Würden wir all unseren Impulsen »authentisch« nachgeben, uns immer so präsentieren, wie wir tatsächlich fühlen und denken, würde jedes soziale Leben zusammenbrechen. In vielen Situationen sind wir nicht nur froh, sondern auch darauf angewiesen, nicht authentisch sein zu müssen – und dies nicht nur, wenn die Höflichkeit es gebietet, sich zurückzuhalten. Es ist ja ein Problem der sozialen Medien, dass sie aufgrund ihrer Technologie die Menschen dazu verleiten, authentisch zu agieren. Das Resultat sind Hasspostings. Die alte, bis vor kurzem allerdings verpönte Tugend der Selbstbeherrschung scheint gerade unter den Bedingungen der digitalen Medien an Bedeutung zu gewinnen. Glaubwürdig ist nicht derjenige, der bei jeder Gelegenheit seinen Impulsen nachgibt, sondern der auch zu verstehen gibt, wann und aus welchen Gründen er sich jetzt beherrscht.

Aber darauf zu achten, dass *Reden und Handeln* immer übereinstimmen, muss doch ein entscheidendes Kriterium für Glaubwürdigkeit sein! Wasser predigen und Wein trinken: Das ist doch der Inbegriff der Unglaubwürdigkeit! Sehen wir uns das einmal genauer an: »Ich kenne die Weise, ich kenne den Text, / Ich kenn auch die Herren Verfasser; / Ich weiß, sie tranken heimlich Wein / Und predigten öffentlich Wasser.« Diese Zeilen aus Heinrich Heines Versepos »Deutschland. Ein Wintermärchen«, geschrieben 1844, markieren den Inbegriff von Unglaubwürdigkeit, und zwar im Felde des Glaubens selbst. Der vielzitierte Satz bezieht sich auf die Versprechungen der Religionen, auf die Priester, die dem Volk Entsagung und Leid predigen, es mit Versprechungen auf ein besseres Leben im Jenseits trösten, selbst aber nicht an dieses Jenseits glauben, sondern sich schon hier und jetzt nichts entgehen lassen. Es ist eine besondere Form der Differenz von Reden und Handeln, die zur Unglaubwürdigkeit führt: wenn mein Reden einem anderen etwas empfiehlt oder vorschreibt, an das ich selbst weder glaube noch danach handle.

Auch außerhalb des religiösen Kontextes können wir diese Struktur immer wieder beobachten. Legendär sind mittlerweile die Klimaretter, die zu den jährlichen Klimakonferenzen mit ihren Privatjets anreisen; ein anderes Beispiel wären die Unternehmer oder Politiker, die ihren Mitarbeitern oder Wählern »schmerzhafte Einschnitte« durch Reformen zumuten, selbst aber durch Boni und Privilegien weit davon entfernt sind, irgendetwas Schmerzhaftes zu verspüren. Dass aber Reden und Handeln immer übereinstimmen müssen, um die Glaubwürdigkeit zu verspielen, geht daraus noch nicht hervor. Wenn das Reden sich nicht als Empfehlung an andere wendet, sondern damit zu tun hat, dass Menschen Dinge von sich behaupten oder auch verlangen, die sie nicht immer einlösen können, kann das auf »authentische« Weise zeigen, dass der Mensch ein Wesen ist, das notgedrungen hinter seinen eigenen Erwartungen und Wünschen zurückbleiben kann. Solche Schwächen sind nicht nur menschlich, sie können auch das Vertrauen stärken.

Und nun, zu guter Letzt, das *konsistente Verhalten*. Gemeint ist damit, dass man stets widerspruchsfrei agieren soll. Widerspruchsfreiheit ist ein Ideal der Logik, das, wie Kurt Gödel gezeigt hat, nicht einmal für diesen Bereich absolute Gültigkeit beanspruchen kann. Menschen sind keine Rechenmaschinen, und deshalb widerspruchsvolle Wesen. Unser Denken und unser Fühlen sind oft nicht im Einklang, schon Platon wusste, dass wir von Leidenschaften getrieben sind, die von unserer Vernunft nur schwer zu zügeln sind. Nur allzu oft werden wir solchen Leidenschaften, mitunter auch nur Launen, nachgeben und dadurch den Eindruck erwecken, widersprüchlich, inkonsistent und unzuverlässig zu sein. Aber dies muss die Glaubwürdigkeit nicht beschädigen, wenn es darüber hinaus Indikatoren der Konsistenz und Verlässlichkeit gibt.

Wann also verspielen wir unsere Glaubwürdigkeit tatsächlich? Paradoxerweise dann, wenn wir besonders glaubwürdig erscheinen wollen und dabei so tun, als wären Inkonsistenz, Widersprüchlichkeit und Inauthentizität etwas, das nur an anderen, nie an uns selbst zu beobachten ist; oder wenn wir vorgeben, nur moralisch hehre Ziele zu verfolgen, nie böse Gedanken zu hegen; oder wenn wir demonstrativ politisch korrekt formulieren und uns deshalb für besonders anständig halten. Sichtbar betonte Glaubwürdigkeit macht unglaubwürdig. Der vieldiskutierte amerikanische Präsidentschaftswahlkampf des Jahres 2016 war auch dafür ein Musterbeispiel. Das, was viele Beobachter irritiert hat, war ja, dass offensichtlich das liberale und fortschrittliche Programm von Hillary Clinton ihre Glaubwürdigkeit nicht stärkte, während der aggressive, sexistische und ungehobelte Ton von Donald Trump dessen Glaubwürdigkeit nicht schadete. Bei Clinton war spürbar, dass viel von dem, was sie sagte, strategischen Überlegungen entsprang, die weder ihrem Charakter noch ihrem Denken entsprachen. Trump hingegen gerierte sich als der authentische Mensch schlechthin, so sehr, dass man sogar seine Lügen eher als Ausdruck seines einfach gestrickten Charakters und nicht als infame, kalkulierte Strategie auffasste. Man kann auch ein authentischer, konsistenter Lügner sein.

Glaubwürdigkeit allein ist noch keine moralische Kategorie. Glaubwürdige Menschen sind nicht unbedingt die besseren Menschen. Glaubwürdigkeit allein besagt deshalb wenig. Vergessen wird, dass Glaubwürdigkeit keine Charaktereigenschaft ist, sondern ein Attribut, das wir anderen Menschen aufgrund unterschiedlicher Annahmen, Erfahrungen und Intuitionen zuschreiben. Über unsere Glaubwürdigkeit können wir also nicht selbst befinden. Es ist deshalb weder für Medien noch für Unternehmen oder politische Parteien und Bewegungen ein erstrangiges Ziel, glaubwürdig erscheinen zu wollen. Wer dies vorgibt, hat in der Regel seine Glaubwürdigkeit auch schon verspielt. Besser und klüger wäre es, die Dinge zu tun, die man für richtig und wichtig hält, seine Vorstellungen, Ziele, Programme zu verfolgen, durchaus mit rhetorischen Übertreibungen und menschlichen Widersprüchen, ohne immer authentisch sein zu wollen und ohne demonstrative und deshalb nur vorgetäuschte Transparenz. Wie glaubwürdig dann solch eine Lebensführung, Unternehmensstrategie oder Politik sein wird – das kann man ruhig den Kunden, Lesern, Partnern und Wählern überlassen.

Saubere Säue

Kultur und politische Moral

Unsere Unfehlbarkeit

Zwar ist das Dogma von der Unfehlbarkeit des Papstes auch unter gläubigen Katholiken höchst umstritten, das ändert nichts daran, dass die Zahl der Menschen, die sich in Meinungsfragen für unfehlbar halten, rasant zunimmt. Anders sind die Debatten, die in sozialen Netzwerken, aber auch in seriösen Printmedien über die Grenzen des Sagbaren geführt werden, kaum zu verstehen. Auch mit Argumenten vorgetragene und in einem sachlichen Ton formulierte Positionen werden zunehmend mit dem Hinweis, dass über bestimmte Fragen nicht mehr diskutiert werden kann, aus Medien verbannt. Die Wahrheit steht offensichtlich schon fest, wer daran zweifelt, hat nicht eine andere Meinung, sondern ist ein Ketzer.

Die religiöse Inbrunst, mit der der Kampf um die Grenzen der Meinungsfreiheit heute ausgetragen wird, kommt nicht von ungefähr. Wer in einer säkularen Umgebung seine eigene Position gegen Kritik immunisieren will, muss zu einer Rhetorik greifen, die jene absoluten Wahrheitsansprüche kennzeichnet, wie sie von Religionen verkündet werden. Dazu gehören Bekenntnis- und Bußrituale, die Wiederholung der immer gleichen Formeln und Floskeln, die Gesten der Empörung und des Zornes angesichts ketzerischer Behauptungen sowie die pathetischen Bekundungen des Abscheus: So etwas höre man sich nicht länger an, mit solchen Menschen setze man sich sicher nicht auf ein Podium, derartige Meinungen haben in diesem Blatt nichts zu suchen. Ein Reizwort genügt, und man wendet sich ab – was immer dann noch kommen mag. Dass es ein schlichtes Gebot der Höflichkeit sein könnte, zu hören, was andere zu sagen haben, spielt schon lange keine Rolle mehr.

Die Auseinandersetzung um die Grenzen der Meinungsfreiheit gehört zu deren Geschichte und Genese. In seinem schmalen, aber noch immer oder vielleicht jetzt wieder höchst lesenswerten Essay »Über die Freiheit« hat John Stuart Mill versucht, eine radikale Auffassung von Meinungsfreiheit, die auch noch die abstrusesten und unsinnigsten Behauptungen mit einschloss, zu verteidigen. Mill führt unter anderem einige interessante pragmatische Gründe an, etwa, dass nur die Auseinandersetzung mit gegenteiligen Positionen die eigene Auffassung stärken und plausibilisieren kann, oder dass es nicht ausgeschlossen ist, dass auch im größten Unsinn ein Körnchen Wahrheit stecken könnte und dass der Fortschritt im Denken auf mitunter abseitig erscheinende und zugespitzt formulierte Ideen angewiesen ist.

Daneben kennt Mill allerdings ein prinzipielles Argument, das uns zu denken geben sollte. Wer sich einer Debatte verweigert, weil er glaubt, die Wahrheit schon zu kennen, beansprucht nämlich für sich eine ziemlich erhabene Position: »Jede Unterbindung einer Erörterung ist eine Anmaßung von Unfehlbarkeit.« Wäre dies nicht der Fall, müsste man nämlich zugestehen, dass man andere Meinungen aus Gründen der Macht, der Eitelkeit, der Feigheit oder der Unduldsamkeit nicht zulassen oder debattieren will. Da wir diese niederen Motive den hehren Hütern unserer Meinungsmoral nicht unterstellen wollen, bleibt nur die Unfehlbarkeit, die nun zu einem flächendeckenden Phänomen wird. Ob das in Zeiten der neuen Unübersichtlichkeit nun tröstlich ist oder nur zeigt, dass wir drohen, in Fragen der Meinungsfreiheit theoretisch und praktisch hinter die Errungenschaften des 19. Jahrhunderts zurückzufallen, bleibe einmal dahingestellt.

Inkonsistente Identität

Der Identitätsdiskurs floriert. Die Frage, ob eine überzogene Identitätspolitik für den Zerfall der Gesellschaft und die Krise der Linken verantwortlich sei, wird heftig diskutiert, die Rolle unterschiedlicher Ausprägungen der Identität für die Konstitution und den Schutz von Minderheiten wird ebenso thematisiert wie die Gefahr, die von einer national oder völkisch orientierten identitären Bewegung ausgehen kann. In einem gleichen sich rechte und linke Identitätskonzepte: Sie setzen voraus, dass Menschen ihr Identitätsgefühl dadurch gewinnen, dass sie ein bestimmtes Merkmal mit anderen Menschen teilen und dass dieses Merkmal das Entscheidende ihrer Existenz ausmacht. Die Zugehörigkeit zu einer Sprachgruppe oder einer Religionsgemeinschaft, das Geschlecht oder die sexuelle Orientierung können ebenso zu solch einem dominanten Faktor werden wie Ethnizität oder der kulturelle Hintergrund.

Auf alle diese leidenschaftlich geführten Identitätsdebatten fällt ein eigentümlich schräges Licht, wenn sie mit einem Satz Ludwig Wittgensteins konfrontiert werden. In seinem »Tractatus logico-philosophicus« hatte sich der Philosoph zu dem Begriff der Identität Folgendes notiert: »Von zwei Dingen zu sagen, sie seien identisch, ist ein Unsinn, und von Einem zu sagen, es sei identisch mit sich selbst, sagt gar nichts.« Jetzt wird sofort klar, dass es bei Identitätsdiskursen um alles Mögliche gehen kann, nur nicht um Identität. Denn ein Mensch kann nur mit sich selbst identisch sein, und das besagt eben gar nichts: Ich bin ich. Und zu behaupten, ein Mensch wäre mit einer Eigenschaft oder einem Merkmal identisch, also deckungsgleich mit diesem, ist offensichtlich ein Unsinn.

Woher also die Attraktivität der Identitätsdiskurse? Die selbstgewählte oder oktroyierte Zuschreibung einer Identität ist ein einfaches Verfahren zur Reduktion des Menschen auf einen, mitunter höchst zufälligen Aspekt seiner Existenz. Das verringert Komplexität und ordnet die Welt. Niemand ist mit solch einem Aspekt identisch, kein Mensch geht in seiner Religion, Ethnie oder Sexualität restlos auf. Dass wir Wesen sind, die in unterschiedlichen Dimensionen und in unterschiedlicher Intensität unser Selbst und unsere Zugehörigkeiten erleben können, macht den Menschen zu einer unverwechselbaren Person. Identitätspolitik raubt ihm diese Vielfalt, indem sie ein kontingentes Merkmal zu einer ontologischen Kategorie erhebt: So sind wir; das macht uns aus.

Während eine linke Identitätspolitik die Vielfalt in der Gesellschaft stärken will und eine rechte identitäre Politik die Homogenisierung der Gesellschaft anvisiert, geht die Mannigfaltigkeit des Einzelnen dabei verloren. Unter identitätspolitischen Gesichtspunkten werden wir auf Merkmale reduziert, die wir mit anderen teilen und deshalb nur als Element dieser Gruppe wahrnehmen. Deren Stärke oder Schwäche entscheidet über unser Schicksal und unsere Rechte. Als Individuen hören wir damit zu existieren auf. Identität sabotiert Individualität. Wer bei allem und jeden immer ein »Ich als …« vorausschicken muss, hat sein Ich schon aufgegeben.

Human wäre es, die Vielgestaltigkeit des Menschen und die Plastizität seiner Zugehörigkeiten zu stärken und zu fördern. Das aber bedeutete, von inkonsistenten Identitätskonstruktionen Abstand zu nehmen und die Menschen in ihrer Besonderheit und Eigenart wahrzunehmen. Das Konzept des freien und selbstbewussten Bürgers hatte sich einmal diesem identitätskritischen Ansatz verpflichtet gefühlt. Dass dieser gegenwärtig so unbeliebt ist, sollte uns zu denken geben.

Die Angst des Menschen vor dem Wort

Als im Jahr 2021 der Schauspieler Lars Eidinger die Rolle des Salzburger Jedermann übernahm, bekannte er in einem Radiointerview, dass ihm das Wort *Weib* einiges Unbehagen bereite. Er selbst würde es nicht gebrauchen, aber Hugo von Hofmannsthals Mysterienspiel vom Sterben des reichen Mannes nötigte ihn dazu, diese abstoßende Vokabel in den Mund zu nehmen. Gerechtfertigt sei dies einzig dadurch, dass damit die patriarchale Gesinnung des alten weißen Mannes, der nur abschätzig über Frauen denken und sprechen kann, zum Ausdruck gebracht und demaskiert werde. So weit, so gut. Dass zur Entstehungszeit des »Jedermann« *Weib* noch eine allgemein gebräuchliche Bezeichnung war, die auch positiv konnotiert sein konnte, ist dem Mimen womöglich entgangen.

Immerhin spannt sich von Schillers »Wer ein holdes Weib errungen«, das bei jeder Aufführung von Beethovens Neunter inbrünstig gesungen wird, über Richard Wagners »herrlichstes Weib«, das sich Siegfried erkämpft, bis zu den quotenträchtigen skrupellosen »Vorstadtweibern« der gleichnamigen Fernsehserie ein Bogen, der die schillernde Bedeutung eines Wortes zeigt, dessen fallweise negative Verwendungsweise gar nicht in Abrede gestellt werden muss. Aber gehört es nicht zum Gebrauch und zur Geschichte von Worten und Begriffen, dass sich ihr Gehalt verschieben, mitunter ins Gegenteil verkehren kann? Macht das nicht in hohem Maße auch die Lebendigkeit von Sprache aus? Und ist es nicht ein Zeichen von Geschichtsbewusstsein, darüber Bescheid zu wissen und dementsprechend damit umzugehen? Vielleicht ist dies zu viel verlangt. Es lebt sich wahrscheinlich einfacher, wenn eine Sprachpolizei festlegt, was ein Wort bedeutet, wie es zu verwenden und wann es aus dem Verkehr zu ziehen ist.

Im wahrsten Sinn des Wortes aus dem Verkehr gezogen wurde kürzlich der *Schwarzfahrer*. Aus ihm wurde eine *Person ohne gültigen Fahrschein*. Auch wenn der inkriminierte Begriff weder etymologisch noch sachlich irgendetwas mit Hautfarben und damit verbundenen rassistischen Stereotypen zu tun hat, darf die Farbe Schwarz keinen metaphorischen Sinn mehr annehmen. Der *Schwarzmarkt* und das *Schwarzgeld* müssten nach dieser Logik ebenso aus unserem Wortschatz verbannt werden wie die *Schwarzarbeit* und der melancholische *Schwarzseher*. Ob Unternehmen noch *schwarze Zahlen* schreiben dürfen, ist offen, da in diesem Fall eine positive Akzentuierung vorliegt. Die *roten Zahlen* allerdings stehen unter Verdacht – sowohl *Native Americans* als auch Sozialdemokraten könnten sich dadurch ins Minus gedrängt fühlen. Besser also, Farbenspiele auch hier zu vermeiden und ins umständliche Bürokratendeutsch zu fliehen. Die Prägnanz anschaulicher Begriffe und damit der Variantenreichtum der Sprache werden auf dem Altar hypertropher und sachlich oft unsinniger Sensibilitäten geopfert.

Die neuen Sprachnormen führen zu einem interessanten Phänomen: der Wortangst. In manchen Bereichen mag die verzweifelte Suche nach dem richtigen, dem erlaubten, dem guten Terminus tatsächlich Ausdruck einer geschärften Wahrnehmung und Anlass für angemessenere Formulierungen sein. In anderen Zusammenhängen resultieren daraus Unsicherheit, kommunikative Verarmung und sprachliche Verrenkungen, die sich auch auf den Geist auswirken. Sprache ist, nach einem Wort von Karl Marx, praktisches Bewusstsein. Wo jedes Wort ein Fehltritt, jeder Satz eine Entgleisung, jede Metapher eine Verletzung sein könnte, erstarrt das Denken. Angst ist weder für das Sprechen noch für das Schreiben ein kluger Ratgeber. Das bedeutet nicht, dass jederzeit alles gesagt werden kann. Doch man sollte den Menschen schon zutrauen, dass sie Kontexte verstehen, historische Wandlungen berücksichtigen und Bedeutungsnuancen erkennen können.

Kein Geschlecht, nirgends

Hannover, du hast es besser. Dass sich die Verwaltung dieser Stadt entschlossen hat, ihren Beamten anzuordnen, in allen offiziellen Schreiben nur noch geschlechtsneutrale Formulierungen zu verwenden, muss als entscheidender Beitrag zu dem Versuch gewertet werden, hintergründigem Humor in dieser nüchternen Region endlich zum Durchbruch zu verhelfen. Da dieses Unterfangen beim besten Willen nicht ernst genommen werden kann, bleibt nur die Deutung, dass sich die gesamte Verwaltung einer Stadt in ideologisch gesteuerten sprachlichen Innovationen zu üben hat. Irgendwo zwischen George Orwell und Eugène Ionesco, zwischen grimmiger Sprachdystopie und fröhlichem absurden Theater ist diese Aktion wohl anzusiedeln.

Die ersten Beiträge zu dieser Performance sind dann auch nicht ohne Reiz. Das *Redepult,* hinter dem die Rede steht und redet, wird ebenso ein nachsichtiges Schmunzeln über die Lippen der spröden Hannoveraner huschen lassen wie das *Wählendenverzeichnis,* das Menschen in den Zustand permanenten Wahlverhaltens zwingt. Allerdings: Die ständige sinnwidrige Verwendung von substantivierten Partizipien beginnt allmählich trotz der damit verbundenen komischen Effekte zu nerven.

Dass bei solchen Übungen wie üblich gegen alle grammatikalische Richtigkeit und sprachliche Eleganz verstoßen wird, verwundert nicht, ebenso wenig wie der Versuch, durch bürokratische Vorgaben die Menschen zu einem bestimmten Sprachverhalten zu zwingen. Die Häme über die Hannoveraner Verordnung kommt vielleicht dennoch zu früh. Denn in einem Punkt – und der macht feministischen Sprachwissenschaftlern aller Geschlechter schon mächtig viel Kopfzerbrechen – geht dieses durchaus kreative Sprachspiel über die bisherigen Experimente mit Binnen-I, Gendersternchen und Gendergap hinaus. Denn in Hannover geht es nicht mehr darum, ein bisher in der Sprache angeblich unterprivilegiertes Geschlecht sichtbar zu machen oder die Vielfalt der Geschlechterordnungen und sexuellen Orientierungen abzubilden, sondern alle Erinnerungen an das Geschlecht zu tilgen.

Wir gestehen, das hat etwas für sich. Denn wenn die Stadt sich in welchen Angelegenheiten auch immer an ihre Bürger wendet, sollte die Geschlechtszugehörigkeit – außer sie ist selbst Gegenstand einer Amtshandlung – keine Rolle spielen. Dort, wo sich bislang das Binnen-I tummelte, findet sich nun eine Formulierung, die eine Leerstelle in Hinblick auf das wie immer verstandene Geschlecht markiert. Diese Leerstelle entspricht zwar nicht der Lebenswelt der Menschen – in der es von Ikonen der Weiblichkeit und Männlichkeit nur so wimmelt –, enthält aber einen aufklärerischen Impetus: vorrangig die Person zu sehen und zu achten, und nicht ein letztlich kontingentes Merkmal auszuzeichnen. Man fragt sich allerdings, warum dafür wieder einmal die Sprache geschunden werden muss. Wäre es nicht einfacher, schon den Grundschülern den Unterschied zwischen grammatischem und natürlichem Geschlecht klarzumachen, und sie zu einer stilvollen und sensiblen Verwendung des generischen Maskulinums zu ermuntern, die ohne Hintergedanken auskommt und im *Bürger* natürlich das Mitglied einer politischen Gemeinschaft erkennt, ohne Abstufung und ungeachtet seines sexuellen Selbstverständnisses?

Wie auch immer. Ganz neu ist das alles nicht. Arthur Schopenhauer etwa hat schon im 19. Jahrhundert gegen die »methodisch betriebene Verhunzung der deutschen Sprache« polemisiert. Erstaunlich, welche sprachlichen *Innovationen* – natürlich oft ebenfalls ideologisch motiviert – damals zirkulierten. Diese sind samt und sonders vergessen. Schopenhauer aber lesen wir noch immer. Das gibt Hoffnung.

Das Schöne und die Biester

»Wir haben die Kunst«, schrieb Friedrich Nietzsche einmal, »damit wir nicht an der Wahrheit zugrunde gehen.« Und er begründete dies mit einem einfachen Gedanken: »Die Wahrheit ist hässlich.« Wer wollte dem widersprechen? Wohin man blickt: Aggression, Krieg, Grausamkeit, Zerstörung, Machtkämpfe, schwere Waffen, Wirtschaftssanktionen, Embargos, Ausbeutung, Umweltzerstörung, Klimakatastrophe. Aber kann, darf die Kunst angesichts dieser Zustände noch ein Trost sein, eine Ablenkung, ein Refugium? Können wir uns ins Schöne flüchten, während in der Wirklichkeit die Bestien toben?

Spätestens seit der klassischen Moderne gilt tatsächlich, dass Schönheit kein Ziel der Kunst mehr ist. Man kann Nietzsche mit Recht entgegenhalten, dass in den großen ästhetischen Entwürfen unserer Zeit das Hässliche, Eklige, Dissonante und Verstörende gesteigert, intensiviert und damit überhaupt erst benannt wird. Im Kunstschock sollte der Bürger die schreckliche Wahrheit über sich erfahren – und diese genießen. Die Sehnsucht nach dem Schönen und Reinen aber bleibt. Nur hat sie sich vom Werk auf den Künstler selbst und die kulturellen Institutionen, die seine Tätigkeit ermöglichen, verschoben. Die Gesinnung des Künstlers muss rein, seine politische Haltung untadelig und sein Sponsor über alle Zweifel erhaben sein.

Es ist eine subtile Ironie der Weltgeschichte, dass der Schriftsteller Lukas Bärfuss und die Regisseurin Yana Ross, die für die Salzburger Festspiele des Jahres 2022 ausgerechnet eine neue Fassung von Arthur Schnitzlers »Reigen« vorbereiteten, dagegen protestierten, dass zu den Sponsoren der Festspiele die Schweizer Bergbaufirma Solway gehöre, der nicht nur Verbindungen nach Russland, sondern auch ökologisches und ethisches Fehlverhalten beim Abbau von Nickel in Guatemala vorgeworfen werden. Nun ist Schnitzlers »Reigen« ein Stück, das ob seiner unverblümten und obsessiven Thematisierung der Schattenseiten menschlicher Sexualität viele verstört, doch zumindest die Financiers solcher Zumutungen wünschen wir uns sauber und anständig.

Nickel kommt in unzähligen Gebrauchsgegenständen vor, nicht zuletzt in elektronischen Geräten. Ein wirksamer Protest gegen die dubiosen Praktiken seiner Gewinnung läge im heroischen Verzicht auf Smartphones und Laptops. Unmöglich. Die Wirklichkeit mag hässlich sein, leben müssen wir dennoch mit ihr. Wenigstens in der Kunst soll deshalb alles mit rechten Dingen zugehen. Vergessen wird dabei, dass sich die materiellen Grundlagen der Kunst immer schon aus jenen Überschüssen und Gewinnen speisten, die sich ungerechten Verhältnissen und einem veritablen Einsatz von Gewalt verdankten. Kunst, und das ist gar nicht zynisch gemeint, ist das einzig akzeptable Verfahren der Geldwäsche: Aus dem, was die Biester dieser Welt ihr zustecken, macht die Kunst das Schöne. Es war Julius II., der letzte große Kriegspapst der Renaissance, der Michelangelo den Auftrag zur Gestaltung der Sixtinischen Kapelle erteilte. Hätte Michelangelo ablehnen sollen? Müssen wir die großartigen Fresken deshalb verhängen, übermalen oder abschlagen? Nein!

Große Profite, so wissen es die professionellen Kapitalismuskritiker, lassen sich ohnehin nicht auf ehrliche und unbedenkliche Art erzielen. Solange Kunst die Unterstützung von wirtschaftsnahen Stiftungen und Konzernen benötigt, wird sie von inhumanen Verhältnissen zehren. Im Kultursponsoring beruhigen manche Unternehmen vielleicht ihr schlechtes Gewissen. Man sollte ihnen diese zeitgemäße Form der Absolution nicht allzu schwer machen. Eine gewisse moralische Generosität ist der Preis, den wir für das Außergewöhnliche zahlen. Den Salzburger Festspielen war er zu hoch. Der Vertrag mit Solway wurde gelöst. Und der neue »Reigen« war eine ästhetische Katastrophe.

Shakespeare, gecancelt

Darf man jungen Menschen alles zumuten? Nein, wir sprechen hier nicht von den psychischen und sozialen Folgen der Pandemie, sondern über die großen Werke der Weltliteratur. Es mehren sich die Stimmen, die im Zuge einer kritischen Revision der kulturellen Tradition die gewaltverherrlichenden und sexistischen Dichtungen von Homer und Dante, aber auch von Shakespeare und Schiller am liebsten aus kulturwissenschaftlichen Studiengängen kippen würden. Derartige Texte passten nicht mehr in das moralische Korsett unserer Zeit, die Gefahr, dass angehende Akademiker daran seelischen Schaden nehmen, dass durch politisch inkorrekte Verse gar posttraumatische Belastungsstörungen ausgelöst werden könnten, sei zu groß. Zumindest müssten diese gefährlichen Bücher mit entsprechenden Warnungen versehen werden.

Man kann dem einiges abgewinnen. Sich fiktionalen Grausamkeiten auszusetzen, ist nicht jedermanns Sache. Interessant jedoch, dass diese Besorgnis in erster Linie der westlichen Literatur gilt. Berichte über die Menschenopfer der Azteken müssen wir als Ausdruck einer indigenen Kultur wohlwollend zur Kenntnis nehmen, bluttriefende Fernsehserien und brutale Computerspiele dürfen nicht kritisiert werden, diese sind technologisch avanciert und angeblich pädagogisch immer wertvoll. Gegen ein antikes Epos vorzugehen, das nach einem Wort von Karl Marx noch nach zweitausend Jahren als »Norm und unerreichbares Muster« gilt, bietet offenbar einen wesentlich größeren moralischen Mehrwert als die Kritik eines Medienprodukts, das nach wenigen Monaten vergessen sein wird. Auf diese Forderungen der neuen *Wokeness* reagieren vor allem Bildungsbürger eher allergisch. Und sie haben gute Gründe dafür. Selbst wenn die inkriminierten Werke in Gesellschaftsordnungen wurzeln, deren Überwindung einen unbedingten Fortschritt darstellt, werden darin die Grundkonflikte und Abgründe des Menschen in einer paradigmatischen ästhetischen Form gestaltet, auf die niemand, der sich einen Sinn für die produktive Kraft der Kunst bewahrt hat, verzichten möchte. Und zudem, so ließe sich weiter einwenden, haben diese poetischen Entwürfe die moderne Kultur nachhaltig mitbestimmt. Wer Shakespeare cancelt, wird Schwierigkeiten haben, das zeitgenössische Theater zu verstehen.

Die Versuche, die Jugend vor dem verderblichen Einfluss der klassischen Literatur zu schützen, haben allerdings eine lange Geschichte. Entweder man ließ zweifelhafte Dichtungen unter den Tisch fallen oder bearbeitete sie im Sinne der jeweils vorherrschenden Moral. Mitunter wurden sie zu einem Bildungsgut stilisiert, das man auf einige harmlose, aus dem Zusammenhang gerissene Zitate reduzierte. Für Leser, die solch einer Bevormundung entkommen waren, gab es an den Klassikern dann auch stets Neues, Ungeheures, Grauenhaftes und Faszinierendes zu entdecken.

Dass es eine Form der Sensibilität, der Rücksichtnahme, der Vorsicht und der Behutsamkeit gibt, zu der die vorurteilsbeladene Literatur vergangener Tage nicht passt, ist ebenfalls keine Einsicht unserer Gegenwart. Verblüffend, dass schon Mitte des 19. Jahrhunderts der dänische Philosoph Søren Kierkegaard darüber klagte, dass die Gedanken der Menschen »dünn, zart und hinfällig« wären, ganz ohne »Leidenschaft«. Das mache seine Zeit so »erbärmlich«. Lieber wandte sich der Ahnherr des Existentialismus deshalb dem Alten Testament und Shakespeare zu. Denn dort fand er »Menschen«: »Da hasst man, da liebt man, bringt seinen Feind um, verflucht seine Nachkommen durch alle Geschlechter hindurch; da sündigt man.« Könnte es sein, dass manche Bücher in Misskredit geraten, weil wir vom Menschen nichts mehr wissen wollen? Und wäre nicht das der eigentliche Anlass zur Besorgnis?

Unter Geiern

Knapp 150 Jahre nach seinem gewaltsamen Tod am 2. September 1874 stirbt Winnetou, der legendäre Häuptling der Apachen, ein zweites Mal. Es ist nicht die Kugel eines feindlichen Sioux-Indianers, die ihn jetzt trifft, sondern eine knatternde, aus den sozialen Medien abgefeuerte Salve von Empörungen, denen er zum Opfer fällt. Besorgte Zeitgenossen wollen in zwei Kinderbüchern, die der Ravensburger-Verlag begleitend zum Start des Filmes »Der junge Häuptling Winnetou« anbot, blanken Rassismus am Werke sehen. Das Unternehmen hat sich aufgrund der Proteste zerknirscht gegeben und die Büchlein gleich wieder eingestampft. Vom Mut des edlen Wilden ist nicht viel geblieben. Feigheit, wohin man schaut.

Ärgerlich ist gar nicht so sehr die Kritik an dem Film, der parasitär am Winnetou-Mythos nascht und dabei nicht nur Wildwest-Klischees reproduziert, sondern auch jene idyllische Verklärung jugendlicher Begabungen betreibt, die ansonsten beflissen akklamiert wird. Ärgerlich ist nicht einmal das Einknicken von Verlagen oder Veranstaltern vor den meist anonym vorgetragenen Bekundungen des Unwohlseins angesichts dunkel geschminkter Gesichter oder Dreadlocks auf hellhäutigen Köpfen. Umzingelt von Diversitäts- und Sensitivitybeauftragten, werden diese Häuser zu ihrem eigenen Schaden bald ohnehin hauptsächlich gähnende Langeweile produzieren. Nein, ärgerlich ist in diesem Fall, dass das gehobene Feuilleton Verständnis für diese Zensurmaßnahmen zeigt und Karl May und seine Indianer flugs einem rassistischen und kolonialistischen Narrativ unterwirft.

Das dümmste unter den bis zum Erbrechen wiedergekäuten Argumenten ist der Einwand, dass Karl Mays Phantasiewelten mit der Wirklichkeit nicht übereinstimmten. Wäre dieser triftig, müsste die Literatur von Homer bis Michael Köhlmeier ebenso gecancelt werden wie alle Filme, die einen fiktionalen Anspruch haben und der Einbildungskraft keine Grenzen setzen. Karl Mays Helden lassen sich durchaus als Prototypen jener übermenschlichen Figuren verstehen, die sich von Superman bis Wonder Woman allgemeiner Beliebtheit erfreuen. In ihrem Denken, Handeln und Fühlen können Winnetou und Old Shatterhand mit diesen Ikonen der Popkultur allemal mithalten.

Aber die Botschaft dieser Romane! Die offene Diskriminierung der indigenen Völker Amerikas! – Was für ein Unsinn! Wer ein paar Zeilen der Winnetou-Trilogie gelesen und nicht nur die unsäglichen Verfilmungen der sechziger Jahre gesehen hat, weiß, dass Karl May einer der Ersten und wenigen war, der den Völkermord an den Ureinwohnern Nordamerikas benannt und heftig kritisiert hat. Es stimmt: Er huldigte einem christlich geprägten und deutschnational angehauchten paternalistischen Überlegenheitsgefühl. Dennoch hatte er einen scharfen Blick für Ausbeutung, Unterdrückung und Ungerechtigkeit. Sein literarisches Alter Ego kämpft gegen den Ku-Klux-Klan, und Winnetou unterstützt in Mexiko den indigenen Politiker Benito Juárez gegen den Imperialismus des dritten Napoleon, dem übrigens Maximilian von Habsburg als Marionette diente. Und die selten gelesenen Afrika-Romane Karl Mays enthalten aufrüttelnde Anklagen gegen Sklaverei und Sklavenhandel.

Dass ein Schriftsteller des 19. Jahrhunderts, der seine Imaginationen von fernen Ländern und fremden Kulturen auf zeitgenössische Reiseberichte stützte, deren Fehler und Vorurteile übernahm, ist nicht besonders verwunderlich. Vieles wissen wir heute besser, und in vielem irren wir uns vielleicht noch immer. Diese historische Distanz zu berücksichtigen, sollte für die angeblich gebildetste Generation, die es je gegeben hat, nicht zu viel verlangt sein. Es gibt deshalb keinen Grund, diesen schon zu Lebzeiten mit Prozessen eingedeckten Autor ausufernder Kolportage- und spannender Abenteuerromane nun den moraltriefenden Geiern der *Cancel Culture* zum Fraß vorzuwerfen.

Ohnmacht und Macht der Literatur

Die Literatur ist in der Krise. Die Zahl der Leser nimmt ab, aus den Lehrplänen ist die anspruchsvolle Belletristik längst verschwunden, literarische Bildung gilt als letztes verwerfliches Residuum des Bildungsbürgertums, und der klassische Kanon erscheint als Dokument rassistischer und kolonialistischer Herrschaftspraxis und soll seine Gültigkeit verlieren. Wenn in der Öffentlichkeit über Literatur diskutiert wird, dann nicht über

Texte, Formen und Stile, sondern über die Migrationshintergründe der Autoren und die hinreichenden Diskriminierungserfahrungen von Übersetzern afroamerikanischer Lyrik.

Dazu kommt, dass die Legitimität von Literatur grundsätzlich bezweifelt werden kann. Warum lesen in einer Zeit, in der die digitale Kommunikation und universal gewordene Bildwelten versprechen, die ästhetischen Bedürfnisse viel besser befriedigen zu können als eine antiquierte Kunstform, die seit Jahrtausenden nach demselben Muster arbeitet? Wenn schon Literatur, dann wenigstens eine, die ihren Beitrag zu einer authentischen und identitätspolitisch korrekten Wirklichkeitserfahrung leistet. Autoren werden aus diesem Grund bruchlos mit ihren Hauptfiguren identifiziert, und wehe, da stimmt etwas nicht. Wer auf dem fiktionalen Charakter einer Erzählung beharrt, macht sich verdächtig.

Manchmal verkehren sich Dinge auf die merkwürdigste Art und Weise. Fiktionalität und Faktizität haben den Platz gewechselt. Galt das Erfinden von Geschichten, die Arbeit mit Figuren, die einer wuchernden Phantasie entsprungen waren, einstens als Merkmal der Literatur, wird diese nunmehr in einer Weise an der Wirklichkeit festgezurrt, die ihre Spielräume empfindlich einschränkt. Umgekehrt erfreuen sich in jenen Medien, die sagen wollen, was ist, Lügen, Halbwahrheiten, Unterstellungen und ideologische Verzerrungen solch einer Beliebtheit, dass die berüchtigten Fake News und die dazugehörigen Verschwörungstheorien lediglich als zugespitzte Form eines verbreiteten laxen Umgangs mit dem Seienden erscheinen.

Prinzipiell haben beide Formen der Begegnung mit der Wirklichkeit ihre Tücken. Den heiß begehrten *Fakten* ist das Machen der Wirklichkeit etymologisch eingeschrieben. Die von Hannah Arendt so genannte Tatsachenwahrheit benötigt zuerst eine Tat und dann eine konsensuelle Beschreibung und Deutung derselben. Wie sehr diese dem entspricht, was geschehen ist, hängt von der Bereitschaft der Beteiligten ab, ihre Aussagen über die Welt immer wieder überprüfen zu lassen. Es liegt jedoch im Wesen der Tatsache, dass sie verdreht werden kann. Die *Fiktion* hingegen gesteht offen ein, dass etwas vorgetäuscht wird. Ihre ambivalente Faszination liegt im Vermögen des Menschen, manchmal so zu tun, als ob. Diese zutiefst humane Fähigkeit, von Dingen und Ereignissen zu berichten, die gar nicht stattgefunden haben, oder sich etwas auszumalen, das nie eintreten wird, soll man nicht geringschätzen. Sich im weiten Raum der Möglichkeit zu bewegen, ist ein Ausdruck von Phantasie und Kreativität, ein Quell unablässiger Freude, ein Trost und eine Variante, der Welt zu entfliehen. Eine Literatur, die sich in einem plumpen Sinn einer ohnehin nur als Missverständnis existierenden Wirklichkeit verpflichtet fühlt, hat sich selbst verraten.

Nun könnte man die zynische These riskieren, dass das Bedürfnis des Menschen nach Imagination, Illusion und Schein relativ konstant ist. Wir lassen uns tatsächlich gerne täuschen. Der Mangel an Phantasie, der die Gegenwartsliteratur kennzeichnet, wird dann eben durch die Lust am Fake kompensiert, die nicht nur die sozialen Medien durchzieht. Da, nach einem erhellenden Gedanken von Friedrich Nietzsche, der Wille zum Schein tiefer geht als der Wille zur Wahrheit, gewinnen der Wirklichkeit verpflichtete Unternehmen wie Wissenschaft und Journalismus durch ihre Fiktionalisierung sogar, die Welt der Literatur aber wird durch ihre Fesselung an nachvollziehbare soziale, historische und biographische Fakten ärmer. Kommen noch moralische und ideologische Vorgaben dazu, droht die große Langeweile. Dass mitunter genau jene das Verschwinden der Literatur beklagen, die durch allerlei Vorschriften, Quotierungen und Sprachregelungen dafür verantwortlich sind, gehört zur unfreiwilligen Ironie eines Kulturbetriebes, der sich darin gefällt, sich selbst zu canceln.

Tatsächlich geht es nicht um einen neuen Realismus, der sich zum Beispiel unter dem Titel »Autofiktion« großer Beliebtheit erfreut. Jeder Ansatz, jede Schreibmethode kann, souverän verwendet, gelingen, jedes Vorhaben kann in den Händen von Stümpern misslingen. Dass Poeten gerne dieses – etwas abgeschmackte – Spiel mit einer frivol angebotenen Identität von Autor und Erzähler betreiben: geschenkt. Dass sich die politischen Diskurse des linksliberalen Justemilieu und seiner Feuilletons ebenso in den Romanen der Gegenwart finden wie die vermeintlich großen Fragen unserer Zeit – Migration, fluide Geschlechtlichkeit, Rassismus und Rechtspopulismus mit zugehöriger Gesinnung und Positionierung –, schlägt schon stärker zu Buche. Kunst, die das Gute will, ist selten gut. Vollends prekär wird es jedoch, wenn die Realität selbst in das Handwerk des Schreibens eingreift und dieses an allen Ecken und Enden sabotiert – sei es, dass die moralischen Verirrungen eines Schriftstellers als Vorwand dienen, sein Werk zu verdammen, sei es, dass dessen politische Präferenzen seinen Verlag dazu bringen, sich wortreich für den unbotmäßigen Autor, der aus der Reihe tanzt, zu entschuldigen. Die Selbstverständlichkeit, mit der mittlerweile der Moral der Vorrang gegenüber der Ästhetik eingeräumt wird, ist jedenfalls erstaunlich.

Als wäre unsere moderne Welt nach uralten archaischen Prinzipien organisiert, gilt offenbar für diese Formen der Verurteilung so etwas wie geistige Sippenhaftung. Dass ein mutloser Verlag Blake Baileys zumindest lesenswerte Biographie des großen amerikanischen Schriftstellers Philip Roth zurückzog, weil Bailey sexuelle Vergehen vorgeworfen werden, zeugt von der neuen Unfähigkeit, Texte in ihrem Eigenwert und ihrer Eigenlogik überhaupt wahrzunehmen. War Roth zu seinen Lebzeiten selbst gefährdet, dem Bann der Hüter der politischen Korrektheit zu verfallen, soll seiner auch im Nachhinein nicht gedacht werden, wenn dem Biographen ein Fehltritt nachgewiesen werden kann. Man weiß nicht, worüber man sich angesichts solcher Affären mehr wundern soll: über die Willfährigkeit, mit der sich Verlage und Literaturkritik den Maximen der neuen Tugendwächter unterwerfen, oder über die Naivität, die es schafft, Autor und Werk in eine deckungsgleiche Beziehung zu setzen. Wenn Schriftsteller vor dem ersten Satz darüber nachdenken müssen, was ihnen nach dem letzten Satz alles vorgeworfen werden könnte, ist es besser, sie lassen das Schreiben bleiben.

Die unseligen Feldzüge gegen die sogenannte kulturelle Aneignung tun ihr Übriges. Die Stoffe für Autoren werden rar. Personen und Milieus aus anderen Zeiten und Kulturen gilt es ebenso zu meiden wie den Umgang mit Zeugnissen, denen man sich aufgrund seiner eigenen Herkunft und Befindlichkeit lediglich mit Unverständnis, einem schlechten Gewissen oder in selbstanklagender Demut nähern könnte. Die gewissenlose Souveränität, mit der sich Thomas Mann noch an seiner eigenen Familie, an vertraulich zugespielten Manuskripten Adornos, an einer jüdischen Geschichte, an einem mittelalterlichen Heiligen und an einem blassen Jüngling vergreifen konnte, ist dahin. Überall lauern nun die selbsternannten Zensoren, die dafür sorgen, dass unter dem Titel der Authentizität nur mehr über das geschrieben werden kann, für das der Autor in seinem realen Leben vermeintlich steht. Schluss mit der Vorstellung, dass ein Poet alles zur Sprache bringen kann und zu Sprache werden lassen kann, das Eigene und das Fremde, das Vergangene und das Zukünftige, das Angenehme und das Widerwärtige, das Korrekte und das Verwerfliche. Konsequent zu Ende gedacht, führt dies dazu, dass jeder ausschließlich über sich, seine Herkunft, seine Umgebung zu schreiben hat. Und je nachdem, welche Herkunfts- und Identitätssuchgeschichten das Feuilleton gerade liebt, werden die entsprechenden Bücher und ihre Verfasser dann an die Oberfläche gespült. Fraglos kann selbst unter diesen Bedingungen aufregende Literatur entstehen. Ärgerlich ist, dass sich alle dem Joch der ideologischen Fronarbeit beugen müssen.

Lohnt es sich, die Literatur gegen ihre ungebildeten Verächter zu verteidigen? Oh ja! Denn es gibt das Recht des Menschen, mit gut erfundenen Geschichten versorgt zu werden, die nicht nur im und mit dem Leben des Autors spielen. Das Ich, das sich windet und wendet, entblößt und kokett präsentiert, ist in der Regel ziemlich dürftig. Auch ein therapeutisches Schreiben ist kein Ersatz für gelungene Fiktionalisierung. Und auf Thesenromane, die gequält wiederholen, was alle sagen, können wir gerne verzichten. Die Kunst besteht doch nach wie vor darin, die Wirklichkeit durch ihre poetische Erfindung in einem zu überbieten und zu durchschauen. Es genügt, diese Konstruktionen daran zu messen, ob sie in einem fiktionalen Text die richtige Position und Funktion einnehmen, nicht daran, ob die Welt in einem platten Sinn abgebildet erscheint. Habt den Mut, so möchte man den Dichtern unserer Zeit zurufen, euch eurer Phantasie zu bedienen; und die Übersetzer möchte man aufmuntern: Habt keine Angst davor, einmal ein Gedicht zu übertragen, dessen Schöpfer nichts mit euch gemeinsam hat als die Lust am und die Ehrfurcht vor dem Wort. In der Literatur gilt die innere Stimmigkeit als das entscheidende Kriterium; ob in einem faktischen Sinne alles stimmt, ist ohne Belang.

Saubere Säue

»Seid reinlich bey Tage / Und säuisch bey Nacht / So habt ihrs auf Erden / Am weitsten gebracht.« Goethes satanische Maxime aus der »Walpurgisnacht« lässt ein aufgeklärtes Zeitalter gruseln. Dass es eine dunkle Seite des Menschen, gar der Geschichte geben könnte, markiert keine Einsicht, sondern bestenfalls einen Affront, der beseitigt werden muss. Der seit den Reformationsfeierlichkeiten des Jahres 2017 immer wieder aufflammende Disput um das mittelalterliche Relief der sogenannten »Judensau« an der Stadtkirche in Wittenberg zeugt davon. Eine wöchentliche Mahnwache sollte auf die Entfernung dieses beschämenden Kunstwerks hinarbeiten. Man wolle sich damit dem Antisemitismus Luthers stellen, hatte der Reformator sich doch in seinen antijüdischen Hetzreden auch auf diese gehässige Darstellung bezogen. Den dunklen Seiten der Vergangenheit stellt man sich offenbar am besten, indem man sie entfernt und das Nachdenken darüber vergisst.

Was bedeutet es, die Welt von allen historischen Spuren zu säubern, die unseren aktuellen Moralvorstellungen widersprechen? Zum einen muss man ob solcher Versuche leise Zweifel am Geschichtsunterricht anmelden, sofern dieser noch existiert und nicht in leeres Kompetenzgerede aufgelöst wurde. Wer, der grundlegende Kenntnisse der Geschichte des Mittelalters aufweist, wüsste nicht ein siebenhundert Jahre altes kirchenpropagandistisches Relief richtig einzuschätzen? Die bilderreichen sakralen Bauten des Christentums sind voll von Darstellungen, die sowohl den guten Geschmack als auch das moralische Empfinden stören können. Müssen wir deshalb die Fassaden der Kirchen glätten und ihre Innenausstattungen entrümpeln, weil das notwendige Wissen zu deren angemessener historischer Einordnung und Beurteilung verlorengegangen ist?

Zum anderen aber müsste man sich fragen, was es bedeutet, dass wir die Vergangenheit und ihre Dokumente generell unter die moralische Kuratel der Gegenwart stellen wollen – und das reicht vom Umschreiben von Kinderbuchklassikern bis zur Entfernung von Fotos, auf denen ein deutscher Bundeskanzler in Wehrmachtsuniform zu sehen ist. Darin artikuliert sich ein unangenehmer Habitus, der vor allem linken Bewegungen und kommunistischen Parteien von Anfang an eingeschrieben war und sich in bestimmten Formen politisch korrekten Denkens fortsetzt: die Lust an der Säuberung und ein damit verbundenes Phantasma der politisch-moralischen Reinheit. Problematisch sind solche intellektuellen Säuberungsaktionen nicht nur aufgrund ihrer Geschichtsvergessenheit; problematisch sind sie vor allem, weil sie die historischen Wurzeln der Gegenwart ideologisieren und damit einem produktiven Diskurs entziehen. Man könnte die Debatte um die »Judensau« auch nutzen, um sich der einen oder anderen unbequemen Einsicht zu stellen: Ja, es gibt ideologisch prekäre Kunst, und dies gilt nicht zuletzt für die ästhetische Bearbeitung theologischer Programme. Das könnte unser Bild von der Religion ebenso ein wenig korrigieren wie das von der Kunst.

Viel ist heute, wenn die europäische Identität beschworen werden soll, auch von deren jüdisch-christlichen Wurzeln die Rede. Dieser Bindestrich mag einer guten Absicht entsprungen sein, ist aber ein Euphemismus. Denn nicht zuletzt Luthers Schmähschriften gegen die Juden lassen sich nicht nur als individueller Antisemitismus des Reformators deuten, sondern auch als Dokument einer christlichen Haltung, die von diesem gemeinsamen Erbe lange nichts wissen wollte. Mit Reinheitsgeboten wird man solchen konfliktträchtigen geistesgeschichtlichen Konstellationen nicht beikommen. In der moralischen Metaphorik, nicht in der animalischen Realität, ist die saubere Sau eine *contradictio in adjecto*.

Alles ernst nehmen?

Ein Tag, zwei Ereignisse. Am 24. Juli 2020 fand zum ersten Mal seit 1935 wieder ein Freitagsgebet in der Hagia Sophia statt, von Recep Tayyip Erdoğan inszeniert als Triumph des Islam über den dekadenten Westen; fast zur selben Stunde wurde auf Anordnung der Bürgermeisterin Lori Lightfoot die 1933 von der italienischen Community initiierte Kolumbus-Statue in Chicago nach andauernden Protesten entfernt. Unterschiedlicher könnte der Umgang mit Geschichte nicht sein, und doch zeigt sich in beiden Attitüden der Geist unserer Zeit.

Erdoğan hat keine Scheu vor der gewalttätigen Vergangenheit des Osmanischen Reiches. Mit der Rückumwandlung des byzantinischen Sakralbaus in eine Moschee knüpft er direkt an Sultan Mehmed II. und die Eroberung von Konstantinopel im Jahre 1453 an. Damit distanziert sich der türkische Präsident nicht nur von der kemalistischen Säkularisierungspolitik, sondern setzt auch einen deutlichen Kontrapunkt zum Imperativ der Restitution, der die Rückgabe von gewaltsam angeeigneten Kulturgütern fordert: Ansprüche der orthodoxen Christenheit auf ihr bedeutendstes und schönstes Gotteshaus existieren nicht einmal theoretisch. In Ankara weiß man, dass der Umgang mit der Geschichte eine Frage der Macht, nicht der Moral ist.

Ganz anders die Erinnerung an Kolumbus. Niemand will offenbar mit dem besessenen Abenteurer, Entdecker und skrupellosen Geschäftsmann etwas zu tun haben, obwohl es ohne ihn die westliche Welt in der modernen Form nicht gäbe. Am liebsten würde man diesen Teil der eigenen Geschichte vergessen oder mit peinlich-peinigenden Selbstbezichtigungsritualen übertünchen. Ein stolzes Bekenntnis zum wagemutigen genuesischen Seefahrer ist mittlerweile undenkbar. Dass dieser nicht nur für den Beginn eines brutalen Kolonialismus, sondern auch für jenen selbstbewussten Pionier- und Forschergeist steht, der noch die mit viel Pathos gestarteten Mars-Missionen unserer Tage auszeichnet, muss verschämt ausgeblendet werden.

So unterschiedlich diese Gesten der Vergangenheit gegenüber sein mögen, so verbindet sie doch der Kampf gegen eine wesentliche Errungenschaft der Moderne: die Idee, dass Konflikte und die Erinnerungen daran durch deren Ästhetisierung entschärft werden können. Die Musealisierung der Vergangenheit hat diese den unmittelbaren politischen Verwertungsansprüchen entzogen, sie zu Objekten der intensiven ästhetischen Kontemplation oder zu harmlosen Dekorationen des öffentlichen Raums gemacht. Daran stoßen sich nicht nur rechte Nationalisten oder religiöse Fundamentalisten, sondern auch die Proponenten der linken Identitätsdiskurse. Die Zweckfreiheit der Kunst ist ihnen ebenso ein Dorn im Auge wie das Objektivitätsgebot der Wissenschaft. Der ursprüngliche funktionale Sinn von ehemaligen Kultgegenständen soll in seinen engen Kontexten wiederhergestellt werden, und nur die wirklich oder vermeintlich Betroffenen und ihre selbsternannten Fürsprecher dürfen darüber befinden.

Friedrich Schillers großer Gedanke, in der Autonomie der Kunst ein Modell für die universelle menschliche Freiheit zu sehen, wird aktuell in sein Gegenteil verkehrt: Alle Ästhetik muss sich dem Diktat von Politik, Religion oder Moral unterwerfen. Die ästhetische Erziehung des Menschen ist gescheitert. Angesichts der von vielen akklamierten Tribalisierung der Gesellschaft wirkt die Idee eines Weltkulturerbes nahezu anachronistisch. Natürlich kann man mit Genugtuung feststellen, dass so die Dinge endlich wieder ernst genommen werden. Und dennoch wirkt diese Haltung ein wenig erbärmlich. Vielleicht wird man eines Tages erkennen, dass es ein Zeichen der Humanität ist, nicht alles, was einmal war, noch nach einem halben Jahrtausend ernst nehmen zu müssen.

Das Ende der Kunst

Unbemerkt, auf leisen Sohlen und ohne dass es jemandem besonders aufgefallen wäre, ist eine der großen Errungenschaften des Menschen aus unserem Leben verschwunden: die Kunst. Nun ja, vielleicht nicht aus unserem alltäglichen Dasein, in dem wir noch immer gerne lesen, Musik hören, Ausstellungen besuchen und ins Kino gehen, wohl aber aus dem dazugehörigen Diskurs. Wer die Kunstdebatten der letzten Jahre verfolgte, machte eine interessante Erfahrung: Für Aufregung sorgten nicht ästhetische Kühnheiten, radikale Experimente oder originelle Verfremdungen, für Aufregung sorgten allein Fragen nach der Identität der Künstler und ob die Werke den politisch-moralischen Ansprüchen unserer Zeit genügen.

Von der 15. Documenta in Kassel, angeblich die wichtigste Schau der Gegenwartskunst, wird nichts in Erinnerung bleiben als die Diskussion über den antisemitischen Charakter einiger Ausstellungsobjekte; ob Filme gezeigt werden, hängt davon ab, wie sich die Regisseure bei den Dreharbeiten verhalten haben; im Rahmen der Berlin-Biennale 2022 protestierten irakische Aktivisten gegen eine Arbeit des 86-jährigen Pariser Künstlers Jean-Jacques Lebel, der sich in einer beindruckenden Installation intensiv und kritisch mit dem Foltergefängnis von Abu Ghraib auseinandergesetzt hatte: offenbar ein Fall von ungehöriger kultureller Aneignung.

Von Kunst und ihrer Freiheit ist bei alldem nicht mehr die Rede. Es geht darum, was aus politischen, moralischen und ideologischen Gründen erwünscht, gerade noch erlaubt oder schlicht unzulässig ist. Alle diesbezüglichen Empörungen leben davon, dass Kunstwerke rein nach inhaltlichen Gesichtspunkten be- und verurteilt werden. Komplexe, ambivalente, anspielungsreiche und mehrdeutige ästhetische Arrangements müssen auf primitive Botschaften, eineindeutige Wörter, plakative Bilder reduziert werden, damit die neuen, eher ungebildeten Tugendwächter deren ideologische Tauglichkeit feststellen können. Der entrüstete Kleinbürger, der in Egon Schieles Mädchenakten nur die sündige Nacktheit sah und sonst nichts, kehrt wieder im besorgten Zeitgenossen, der allüberall zwanghaft auf Herkunft und Hautfarbe, Geschlecht und Gesinnung schielt.

Die Unterwerfung der Kunst unter das Diktat einer aktivistischen Moral verändert unsere Einstellung zu ästhetischen Gebilden überhaupt. »Kunst hat soviel Chance wie die Form und nicht mehr.« Dieser Satz aus der »Ästhetischen Theorie« Theodor W. Adornos ist nahezu unverständlich geworden. Schon die Frage nach der Gestaltung, nach der ästhetischen Kraft, nach der inneren Stimmigkeit, nach dem lustvollen Raffinement eines Werkes kann als Versuch gewertet werden, etwas zu verteidigen, was nicht mehr verteidigt werden darf. Wer auf die Autonomie, den Eigensinn von Kunst beharrt und dies nicht mit vordergründigen Programmen und dem Charakter der Künstler kurzschließt, macht sich rasch der Komplizenschaft mit dem Verwerflichen verdächtig.

Der deutsche Philosoph G. W. F. Hegel hatte schon am Beginn des 19. Jahrhunderts das Ende der Kunst verkündet. Er glaubte, dass die Wissenschaften die Kunst überflüssig gemacht hätten. Das war voreilig.

Gerade die Moderne hatte durch die Befreiung der Kunst aus den Fängen der Politik und Religion ungeheure Innovationen freigesetzt. Droht durch den moralischen Rigorismus unserer Tage, dem sich viele Künstler durchaus freiwillig an den Hals werfen, nun doch ein Ende der Kunst? Begnügen wir uns tatsächlich mit billiger Unterhaltung und penetranter Propaganda? Keine Sorge: Überzogene Moralvorstellungen, die im Leben mitunter sogar ihre Berechtigung haben mögen, führen in der Kunst zu

Erstarrung, Langeweile und politischem Kitsch. Niemand hält so etwas auf Dauer aus. Die Kunst wird auch den aktuellen Versuchen, sie zu gängeln, entkommen.

Der Mohr kann gehen

Seit einiger Zeit wird aufgeräumt und saubergemacht. Schmutzige Gedanken und Worte werden verbannt, unliebsame Autoren und Wissenschaftler gemobbt, Redner werden am Sprechen gehindert, Denkmäler gestürzt, die Spielpläne von Theater- und Opernhäusern von rassistischen und sexistischen Stücken befreit, Museen entledigen sich ihrer Beutekunst und distanzieren sich von den Machwerken weißer Männer und Frauen, und die Literatur vergangener Tage wird nach den moralischen Maßstäben der Gegenwart umgeschrieben. Die Stimmen bisher unterrepräsentierter ethnischer, religiöser und sexueller Minderheiten und Gruppen wollen nicht nur gehört werden, sie wollen andere zum Schweigen bringen. Was in kleinen akademischen Zirkeln als moralisch gut und politisch korrekt gilt, wird zu einem Maßstab erhoben, der keinen Widerspruch, keine Einwände duldet. Die Befindlichkeit und subjektive Betroffenheit von Menschen, die sich diskriminiert fühlen, bestimmen über Verlagsprogramme und die Ausrichtung der Feuilletons, über die Karrieren von Wissenschaftlern und Übersetzern, über den musikalischen und literarischen Kanon, über Straßennamen und Denkmäler im öffentlichen Raum. Auch bedeutende historische Personen und klassische Werke, die nicht absolut untadelig erscheinen, werden aus dem Verkehr gezogen, dürfen keinen prominenten Platz in Lehr- und Studienplänen mehr einnehmen. Ein Furor hat das geistige Leben der westlichen Welt erfasst, der vor nichts Halt macht. Es geht den Aktivisten nicht darum, sich mit fragwürdigen Positionen, unbequemen Denkern, widersprüchlichen Kunstwerken kritisch oder polemisch auseinanderzusetzen, sondern man will Menschen zum Schweigen und Dinge zum Verschwinden bringen, man will eliminieren, durchstreichen, beseitigen. Man will canceln.

Der Begriff *Cancel Culture,* der sich für diesen Trend eingebürgert hat, ist dabei unfreiwillig ironisch: Die *Kultur* des Streichens, Löschens und Ausladens bezieht sich ja nicht auf die Barbarei, sondern auf Aspekte und Erscheinungsformen der Kultur selbst. Bestimmte Formen künstlerischer Äußerungen zu verbannen beziehungsweise den Blicken oder Rezeptionsmöglichkeiten zu entziehen, hat eine lange Geschichte. Bilderstürmer, Fanatiker und Asketen aller Art hatten immer wieder versucht, die Kultur vom Bösen zu reinigen und alles zu unterdrücken, was der herrschenden Ideologie widersprach. Im Zuge der Aufklärung und der damit verbundenen Revolten galt es als Fortschritt, staatliche oder kirchliche Zensurpraktiken zu überwinden. Die Freiheit von Wissenschaft und Kunst ist mittlerweile in der Verfassung verankert. Umso erstaunlicher ist es, dass es nun neue Zensurbestrebungen gibt, die nicht von der Herrschaftsbürokratie, den etablierten Religionsgemeinschaften oder den Behörden ausgehen, sondern aus dem Innersten der Kultur, der Kunst und des Wissenschaftsbetriebes kommen. Es ist paradox, dass diejenigen, deren Geschäftsgrundlage die Freiheit ist, nun Gefallen daran zu haben scheinen, sich dieser Freiheit selbst zu berauben – nur um auf der vermeintlich richtigen Seite zu stehen.

Die Beispiele für diesen Prozess sind zahlreich, und jeden Tag kommen neue hinzu. Manchmal mag es sich um Einzelfälle handeln, die medial hochgespielt und aufgebauscht werden, manchmal mögen sich die Gegner oder Betroffenen dieser *Cancel Culture* selbst mit nicht immer angemessenen Mitteln lautstark zur

Wehr setzen, und manchmal wird man angesichts der erbitterten Kulturkämpfe, in denen die Kriterien für das Gute und moralisch Gebotene, die richtigen Begriffe und korrekten Ausdrucksweisen fast täglich wechseln, den Überblick verlieren und einigermaßen ratlos zurückbleiben. Der auch in Deutschland heftig diskutierte Fall der britischen Philosophin Kathleen Stock an der University of Sussex kann dafür als Beispiel dienen. Stock, eine deklarierte Feministin, die der eher nüchternen Richtung der analytischen Philosophie zuzurechnen ist, hatte in der emotional aufgeladenen Genderdebatte die Auffassung vertreten, dass das biologisch bestimmte Geschlecht eines Menschen nicht durch einen Akt der Umbenennung einfach außer Kraft gesetzt werden kann. Obwohl Genetik und Humanbiologie für diese These sprechen, geriet Stock unter den Verdacht, transphob zu sein, und es begann eine medial inszenierte und aktionistisch exekutierte Hetzjagd, die dazu führte, dass die Professorin entnervt die Universität verließ. Die Behauptung, dass das Geschlecht eines Menschen ein jederzeit revidierbares soziales oder kognitives Konstrukt sei, das allein einer subjektiven Gefühlslage entspringt, ist zu einem Dogma geworden, das nicht mehr angezweifelt werden darf. Wie viel Denk- und Forschungsfreiheit ist an Universitäten noch möglich, wenn kleine Gruppen mit exzentrischen, aber unter dem Banner einer überlegenen Moral vorgetragenen Positionen jede offene Kontroverse sabotieren können? Doch es regt sich Widerstand. Kathleen Stock wechselte an die neu gegründete University of Austin, die sich als Ort der freien akademischen Rede in Zeiten zunehmender Verengung der Diskursräume versteht. Natürlich konnte es nicht ausbleiben, dass diese Neugründung als Initiative von konservativen und neurechten Wissenschaftlern kritisiert wurde, die weniger der Freiheit als einem veralteten Weltbild frönen wollen. Aber damit macht man es sich wohl zu einfach.

In diesen Kontext gehört auch die immer öfter geübte Praxis, missliebige Personen, die von Universitäten, Literaturhäusern oder anderen Veranstaltern eingeladen wurden, am Sprechen zu hindern, wenn es nicht anders geht, durch physische Attacken. *Deplatforming* nennt sich diese Variante der *Cancel Culture*: Wer einem nicht passt, dem darf keine Plattform geboten werden. Als der ehemalige deutsche Minister Thomas de Maizière beim renommierten Göttinger Literaturherbst sein Buch »Regieren. Innenansichten der Politik« vorstellen wollte, wurde er von linksgerichteten Demonstranten daran gehindert. Was dieser Mann aus erster Hand über deutsche Politik zu sagen hatte, wollte man gar nicht erst hören. Erschreckend: Diese Attacke auf die Freiheit der Rede wurde sogar von renommierten Zeitungen enthusiastisch begrüßt. Selbstverständlich steht es Kulturveranstaltern frei, wen sie einladen wollen. Es muss nicht jedem, der danach giert, eine Bühne geboten werden, und nicht alle, die gerne bei bestimmten Veranstaltungen reden wollen, jedoch nicht zum Zug kommen, sind Opfer der *Cancel Culture*. Das rückgratlose Verhalten von Veranstaltern, geht es darum, in vorauseilendem Gehorsam dem Zeitgeist gegenüber die Freiheit der Rede zu beschneiden, ist dennoch ein beunruhigendes Signal. Dass der Versuch islamfreundlicher Aktivistinnen, im Herbst 2019 eine Veranstaltung mit Alice Schwarzer an der Universität für angewandte Kunst Wien zu canceln, scheiterte, ist dem Rektor dieser Hochschule, der sich nicht erpressen ließ, hoch anzurechnen.

Die Erscheinungsformen der *Cancel Culture* sind durchaus vielfältig, und nicht alles ist über einen Kamm zu scheren. Vor allem durch die Debatte, wer nun eigentlich das anlässlich der Inauguration Joe Bidens von Amanda Gorman vorgetragene Gedicht »The Hill We Climb« in andere Sprachen übersetzen darf, ist die Frage in den Vordergrund gerückt, ob ethnische Herkunft, Geschlecht oder Hautfarbe nicht wichtiger sind als etwa professionelle Qualifikationen. Für die deutsche Übersetzung dieses kleinen, literarisch nicht besonders anspruchsvollen Poems wurde deshalb gleich ein Dreierteam engagiert, bestehend aus der Übersetzerin Uda Strätling, der Autorin Kübra Gümüşay und der Journalistin Hadija Haruna-Oelker. Das Ergebnis war, so die einhellige Meinung der Kritik, verheerend. Aber die politisch korrekte Quotierung stimmte. Ein entscheidendes Argument in dieser Debatte lautete, dass das, was sich in einem Kunstwerk ausdrückt, nur Menschen mit ähnlichen Schicksalen, Identitäten und Leiderfahrungen zugänglich wäre. Diese Überlegung ist allerdings ein Angriff auf die Idee von Kultur überhaupt.

Darf ein Künstler, der nie Unterdrückung, Verfolgung und Leid am eigenen Leib erfahren hat, Menschen beschreiben, darstellen oder besingen, die solch ein Tal der Tränen durchwandern mussten? Dürfen Poeten, Designer oder Musiker sich von ästhetischen Praktiken anderer, minoritärer, unterdrückter Kulturen inspirieren lassen? Durfte Gustav Mahler wenige Jahre nach der grausamen Niederschlagung des Boxeraufstandes durch Kolonialmächte das »Lied von der Erde« komponieren, das sich auf fragwürdige Nachdichtungen altchinesischer Lyrik stützt? Durfte der deutsche Schriftsteller Thomas Mann über den biblischen »Joseph und seine Brüder« schreiben? Vor Jahren noch hätte man solche und ähnliche Fragen gar nicht verstanden. Mittlerweile tendieren immer mehr Theoretiker und Aktivisten dazu, diese mit einem scharfen Nein zu beantworten. Unter dem Stichwort *kulturelle Aneignung* werden zunehmend alle ästhetischen Verfahren kritisiert, bei denen sich die Vertreter einer angeblich privilegierten weißen Dominanzkultur aus dem Reservoir anderer Gemeinschaften bedienen. Nur die legitimen Angehörigen einer Ethnie oder Religion hätten das Recht, mit den damit verbundenen kulturellen Traditionen und ästhetischen Zeichen zu operieren, und nur Menschen, die dasselbe Schicksal teilen, dürften dieses zum Gegenstand einer künstlerischen Aktion machen. Alles andere gilt als Übergriff.

Man kann das so sehen. Jedem das seine mag eine Devise sein, die Kulturen davor bewahren soll, von einem unersättlichen globalen Markt ausgesaugt und ausgebeutet zu werden. Das eifersüchtige Wachen darüber, wer in wessen Namen über wen sprechen darf, sorgt nebenbei dafür, dass die damit verbundenen medialen Wellen der Empörung nicht verebben können: Irgendjemand vergreift sich immer. Kultur schlechthin lebt von der Aneignung des Anderen, von der Fähigkeit, sich von fremden Erfahrungen inspirieren zu lassen, von der Bereitschaft, alles, was die Welt so zu bieten hat, den eigenen ästhetischen Ansprüchen anzuverwandeln. Kultur ist Metamorphose, Bearbeitung von Stoffen, die aus anderen Zeiten und Räumen stammen, die Vermischung von Traditionen, sie ist Zitat, Montage und Plagiat. Wie sähe die europäische Literatur aus, wenn sie sich nie an den Mythen der Antike hätte vergehen dürfen? Kultur ist eine Form des Kannibalismus. Geist verzehrt sich an Geist, es wird dabei verschlungen, verdaut, verändert, ausgespien und – weitergegeben. Jeder kann sich von neuem über das hermachen, was die Vorgänger übriggelassen haben. Kulturelle Aneignung ist keine Entgleisung einiger gedankenloser, arroganter oder unsensibler weißer Künstler, sie beschreibt die unschönen Voraussetzungen des Schönen.

Den Bemühungen der *Cancel Culture* ist nicht nur ein zorniger, unduldsamer, sondern oft auch, in ihren sanfteren Varianten, ein ausgesprochen besorgt-pädagogischer Ton eingeschrieben. Man möchte die Menschen vor schlimmen Gedanken, bösen Bildern und zweideutigen Texten schützen. Die spektakuläre Verschiebung einer Wanderausstellung des Ku-Klux-Klan-Zyklus des amerikanischen Künstlers Philip Guston, die mehrere Museen geplant hatten, ist dafür vielleicht das beste Beispiel. Der 1980 verstorbene Guston hatte sich in unmissverständlich kritischer Form mit dem Rassismus auseinandergesetzt. Aber der Anblick von gezeichneten Kapuzenmännern ist offenbar unzumutbar, man traut erwachsenen Menschen nicht mehr zu, die Intention dieser Bilder zu verstehen. Das Argument der Museumsdirektoren, man müsse sich mit dem Werk erst intern auseinandersetzen, bevor man es präsentiere, ist hanebüchen: Die öffentliche Auseinandersetzung liegt im Wesen der Kunst. Warum dürfen an Kunst Interessierte nicht ihre eigenen Schlussfolgerungen ziehen? Es gibt in Kultureinrichtungen und Redaktionsstuben eine Tendenz zur Bevormundung der Bürger, die in ihrer Penetranz nur schwer zu verkraften ist.

Nicht nur die Lebenden, auch die Toten werden vor die Gerichte der politischen Korrektheit gezerrt und, falls sie den Moraltest nicht bestehen, gecancelt. Plakativ entzündet sich diese Debatte gerne an Denkmälern, die an Figuren der Vergangenheit erinnern, an die man heute nicht mehr anstreifen will. Zumindest einige dieser Standbilder werden nun gestürzt, wer immer in den Verdacht gerät, am Kolonialismus partizipiert und rassistisch gedacht zu haben, muss hinab: ins Depot, ins Meer, in den Müll. Am besten aber wäre es – die Aktivisten lassen daran keinen Zweifel –, unsere Gegenwart restlos von solchen inkriminierten Monumenten zu befreien.

Man kann diesen Aktionen einiges abgewinnen. Die Demolierung von Denkmälern gehört zum politischen Geschäft, nach jeder Revolution, nach jedem Umsturz wurden die steinernen Repräsentanten des alten Regimes geschleift. Auffallend ist, dass sich solche Eruptionen des Hasses gegen Statuen, Gemälde, Bücher und Filme zunehmend inmitten der Kontinuität von Demokratien entladen, ausgelöst durch einen erschreckenden Anlass, befeuert von den sozialen Medien. Die Tradition aller toten Geschlechter, so Karl Marx, lastet wie ein Alb auf den Gehirnen der

Lebenden – verständlich, sich davon befreien zu wollen. Ganz froh will man ob dieses Furors aber nicht werden. Der Bildersturm, aus welchen religiösen oder ideologischen Motiven er auch entfesselt wird, ist nur allzu oft Ausdruck eines Ressentiments, einer ohnmächtigen Wut, die sich einmal in den Rausch der Macht verwandeln will. Hinter dieser Symbolpolitik steckt ein paranoid gebannter Blick auf die Vergangenheit, bereit, alles wieder und immer wieder zu durchleuchten, stets auf der Suche nach Ideen, Taten und Werken, die dem heutigen Wissensstand und unseren aktuellen ethischen Standards nicht genügen, um dann die Toten mit einer triumphalen Geste der moralischen Überlegenheit noch einmal zu töten.

Doch nicht nur Kolonisatoren und Sklavenhändler werden von ihren Sockeln gestürzt, auch der Mohr kann gehen. So hat die Stadt Zürich beschlossen, alle Inschriften an Häusern, in denen sich der *Mohr* findet, zu entfernen. Und den traditionsreichen Mohrenapotheken wird ebenfalls empfohlen, andere, unverfänglichere Namen zu wählen. Diese Ansinnen zeugen nicht nur von Geschichtsvergessenheit, sondern blenden bewusst Aspekte aus, die nicht der zeitgeistigen Moral entsprechen. Dem *Mohren* wird eine rassistische Bedeutung zugeschrieben, die dieses Wort nie hatte. Etymologisch ist es mit dem Mauren, der Bezeichnung für nordafrikanische und spanische Araber, ebenso verwandt wie mit dem heiligen Mauritius, der oft mit dunkler Hautfarbe dargestellt wurde. Der Status eines Heiligen aber markiert das Gegenteil einer Abwertung. Und im Mittelalter wurden Apotheken in Anerkennung und Bewunderung für die überlegene arabische Medizin und Heilkunst nach den Mohren benannt. Die rabiate Reduktion des Wortes *Mohr* auf rassistische Aspekte, die ihm später zugeschrieben wurden, streicht damit eine Geschichte inter- und transkultureller Beziehungen aus, an die man doch auch in positiver Weise anknüpfen könnte. Der Mohr, so heißt es bei Friedrich Schiller, hat seine Arbeit getan, der Mohr kann gehen. Vielleicht war dies voreilig formuliert. Es bleibt noch viel in Sachen Aufklärung zu tun – aber anders, als es sich die Verächter des *Mohren* gerne denken.

Der Hochmut, der sich in der Annahme zeigt, dass alle Geschlechter vor uns irrten, ist ein Missverständnis. Nicht zuletzt wir selbst sind das Resultat dieser Irrtümer. Wir werden weder zu besseren Menschen, noch schaffen wir eine bessere Welt, wenn wir diese von allen Dokumenten reinigen, die uns daran erinnern könnten, dass die Geschichte keine moralische Anstalt ist. Dass Menschen in der Regel ambivalente Wesen sind, mit guten und weniger guten Seiten, wird oft vergessen. Der moralische Aspekt wird absolut gesetzt. Zwei oder drei Bemerkungen von Immanuel Kant, die man rassistisch lesen kann, zählen dann mehr als das ansonsten untadelige Werk des großen Philosophen und Aufklärers. Eine minimale Bildung, die in der digitalen Informationsgesellschaft rarer denn je geworden ist, genügte, um all die verwitterten steinernen oder bronzenen Könige, Fürsten, Feldherren, Condottieri, Eroberer, Entdecker, Händler, Dichter und Denker dort zu belassen, wo sie nun einmal stehen.

Gemäß der antiken Weisheit, dass es immer auf das rechte Maß ankommt, gibt es im Sprachgebrauch und im Umgang miteinander und mit unserer wechselhaften Geschichte sehr wohl sinnvolle Formen der Zurückhaltung, des Respekts und der Vorsicht. Früher sprach man von Höflichkeit und Taktgefühl. Aber aus jeder Tugend kann, geht das rechte Maß verloren, ein furchtbares Laster werden. Die aus hehren Motiven entstandene *Cancel Culture* hat längst die Züge solch eines Lasters angenommen.

In guter Gesellschaft

Über soziale und sonstige Beziehungen

Aus der Zeit gefallen

Der Überfall Russlands auf die Ukraine erscheint vielen Zeitgenossen als höchst unzeitgemäß. Darin zeige sich ein politisches Denken, das als längst überwunden galt. Doch ist es wirklich so einfach mit der Frage, was in eine Zeit passt, ihr angemessen ist? Und wie verhält es sich generell mit dem Unzeitgemäßen? Ist es anachronistisch oder kulturkritisch zu lesen? Und was kann den Anspruch erheben, wirklich zeitgemäß zu sein? Was heißt es, einer vergangenen Zeit gerecht zu werden? Die für uns so notwendige Erinnerungsarbeit zum Beispiel verwechselt gerne die Zeiten. Deutlich wird dies, wenn die Vergangenheit an den Werten und moralischen Maßstäben der Gegenwart gemessen wird. Man könnte geradezu von einem moralischen Anachronismus sprechen. Historische Figuren, gleich ob Luther oder Kolumbus, danach zu beurteilen, ob sie den menschenrechtlichen, identitätspolitischen und gendergerechten Standards der Gegenwart genügen, erscheint dermaßen willkürlich, dass im Sinne einer geschichtswissenschaftlichen Hypothese kaum damit gearbeitet werden kann. Dennoch spielt dieser moralische Anachronismus eine zentrale Rolle in den politischen Debatten der Gegenwart. Dabei geht es weniger darum zu behaupten, dass unsere Maßstäbe schon in der Vergangenheit Gültigkeit gehabt hätten, als vielmehr um die Ansicht, dass einem unkritischen Gedenken an Personen oder Ideen, die sich überholt haben, in der Gegenwart kein Platz eingeräumt werden darf.

Die Grenze zwischen einem moralisierenden Rigorismus, der bis zur Sabotage historischer Forschung reichen kann, und einer differenzierten Beurteilung der Vergangenheit mit Rücksicht auf die Erfordernisse der Gegenwart ist freilich fließend und mitunter alles andere als leicht zu ziehen. Ideologische Präferenzen, die nicht von allen geteilt werden müssen, spielen dabei eine nicht zu unterschätzende Rolle. Die »Kritik der reinen Vernunft« als nicht mehr zeitgemäß zu verdammen, weil sich in Immanuel Kants vorkritischen Schriften Formulierungen finden, die heute den Tatbestand der rassistischen Äußerung erfüllten, mag ein Bespiel dafür sein, wie sehr ein moralischer Anachronismus blind machen kann gegenüber jenen Erkenntnissen und Einsichten aus vergangenen Tagen, die sich alles andere als überlebt haben.

In Hinblick auf die Geschichte ist der Anachronismus immer entweder ein schlichter historischer Irrtum oder eine mehr oder weniger zulässige Projektion: Das Dunkel der Vergangenheit erhellen wir mit einem Scheinwerfer, der in der Gegenwart gebaut wurde. Der Anachronismus als Erscheinung im Heute ist demgegenüber schlicht eine Facette der Wirklichkeit: Es gibt Menschen, Verbände, Einrichtungen, Organisationen, Ideen, Lebensformen und Technologien, die direkt aus der Vergangenheit in die Gegenwart reichen, offenbar unberührt von dem, was an der Zeit, was modern, was zukunftsträchtig ist. Ob wir solche gelebten Anachronismen – etwa die Versuche, nur mit Papier und Tinte zu kommunizieren oder mit Panzer in ein Land einzumarschieren – als Relikte der Vergangenheit respektvoll bestaunen oder als gestrige und damit verwerfliche Haltung verdammen, ändert wenig an der irritierenden Erfahrung, dass es das Unzeitgemäße gibt: im Denken, im Handeln, im Leben. Die vermeintlich nüchterne Feststellung, dass etwas nicht mehr zeitgemäß sei, enthält schon den Ärger darüber, dass diese Dinge trotzdem noch immer existieren. Aus dieser Perspektive stellt die Klassifikation von Lebensformen, Ideen und Wertesystemen als unzeitgemäß nicht nur ein vernichtendes Urteil dar, sondern impliziert auch einen Aufruf zur Vernichtung: denn was, wenn nicht das Unzeitgemäße, das Anachronistische, darf mit Fug und Recht zum Verschwinden gebracht werden?

Das Unzeitgemäße: Seit Friedrich Nietzsches »Unzeitgemässen Betrachtungen« ist dieser Begriff aus dem kulturkritischen Diskurs nicht mehr wegzudenken. Damit gewinnt diese Bestimmung eine ganz andere Bedeutung. Denn nun geht es nicht um die Denunziation von bestimmten Erscheinungen als unzeitgemäß, sondern um die stolze Aneignung des Unzeitgemäßen als eine Haltung, die der Gegenwart nicht unter-, sondern überlegen ist. Vorab handelt es sich um eine raffinierte Form intellektueller Koketterie. Schon Nietzsches Abhandlungen deuteten an, dass sich im vermeintlich Unzeitgemäßen das ausdrückt, was die Zeit sehr wohl kennzeichnet, ohne dass ihr dies bewusst wäre. Unzeitgemäß ist eine Betrachtung, die das, worauf eine Zeit mit Recht stolz ist, als »Schaden, Gebreste und Mangel der Zeit« begreift. Die Unzeitgemäßen in Nietzsches Sinne sind keine Nostalgiker, die vergangenen Zeiten nachtrauern, sondern Zeitgenossen, die ihrer Zeitgenossenschaft misstrauen. Das Unzeitgemäße gewinnt aus der Vergangenheit die Instrumentarien, um auf eine Zukunft vorzubereiten, die der Gegenwart selbst noch verschlossen bleiben muss. Der Unzeitgemäße will kein Reaktionär sein, auch wenn er mit dem Konservativismus sein augenzwinkerndes Spiel treibt. Das Unzeitgemäße verweigert sich demonstrativ dem Zeitgeist, dessen Herrschaft es anerkennen muss. Es schwankt deshalb zwischen einer rebellischen Attitüde und einem resignativen Gestus.

Es gibt vieles, das nicht in eine Zeit passt. Manches hat sich überlebt, anderes hat überlebt, einiges lässt sich als Idiosynkrasie deuten, etliches wirkt auf sympathische Art exzentrisch. Das Beharren auf einem Unzeitgemäßen gewinnt an Schärfe, wenn damit insinuiert wird, dass die Welt besser wäre, wäre das Unzeitgemäße das Zeitgemäße. Der Verdacht konservativer Kulturkritik liegt nahe. Auch diese Geste, die sich bis Nietzsche zurückverfolgen lässt, hat eine geschichtsphilosophische These zur Voraussetzung: dass die Zeiten schlechter werden. Diese Annahme muss nicht in der Beschwörung eines apokalyptischen Endes der Zivilisation münden, aber der schleichende Niedergang einer Gesellschaft lässt das Vergangene als einen Nährboden berechtigter und notwendiger Kritik erscheinen. Gesellschaftskritik schlechthin ist von der Kategorie des Unzeitgemäßen nicht zu trennen. Denn sie bezieht ihr Potential entweder aus einer Vergangenheit, an der gemessen das Urteil über die Gegenwart vernichtend ausfällt, oder aus einer Vorstellung von Zukunft, der die erlebte Zeit noch nicht gemäß ist. Allerdings, und dies sollte uns zu denken geben, unterliegt auch das als Kritik verstandene Unzeitgemäße den herrschenden Moden des Zeitgemäßen. Es kommt schon darauf an, welche Vergangenheit man reaktiviert, um der Gegenwart beizukommen. Wer die Diagnose der gespaltenen Gesellschaft teilt und als Therapeutikum den Begriff der Nation anbietet, hat mit dieser Variante des Unzeitgemäßen eher schlechte Karten; wer zur selben Diagnose als Ausweg auf das tolerante Kalifat von Cordoba verweist, hat schon wesentlich bessere Chancen, aus dem Unzeitgemäßen neue, zeitgemäße Hoffnung schöpfen zu dürfen.

Das Zeitgemäße bezieht seine Kraft, die es ihm erlaubt, das Unzeitgemäße im Hier und Jetzt zu verurteilen, allein aus der Logik einer Zeitvorstellung, die das Davor prinzipiell in ein Unrecht setzt. Wer heute unzeitgemäß denkt, handelt, lebt und spricht, macht keine Fehler in einem empirischen Sinn, er begeht auch keine Irrtümer in der Chronologie. Sein Leben ist nicht falsch, sondern eben unzeitgemäß. Es passt nicht mehr in unsere Zeit. Wer einen Rechenschieber korrekt benutzt und auf digitale Assistenten verzichtet, rechnet ja richtig; doch das Instrument ist veraltet, langsam, vielleicht unbequem. Wer an einem traditionellen Konzept von Familie, Staat oder Sexualität festhalten will, verlangt nichts Unmögliches, aber zeitgemäß wären doch Plädoyers für Patchworkfamilien, lockere Gemeinschaften ohne Grenzen und nichtbinäre Konzepte selbstgewählter Sexualität. Der Unzeitgemäße kann dem Vorwurf, dass er die Zeichen der Zeit nicht erkannt hat, nur starrsinnig entgegenhalten, dass das nun Unzeitgemäße doch einmal zeitgemäß war und vielleicht nicht jede Daseinsberechtigung verloren hat. Dass das Vernunftprinzip der Aufklärung im Zeitalter der emotionalisierten Identitätspolitiken nicht mehr als zeitgemäß empfunden wird, widerlegt dieses nicht, sondern stellt nur fest, dass wir heute lieber wieder anders denken. Überlegen ist der neue Tribalismus dem alten Universalismus deshalb noch nicht.

Doch Vorsicht: Nicht alles, was alt ist und die Zeiten überdauert hat, ist unzeitgemäß. Antiquitäten, Oldtimer, Schallplatten und gute Manieren mögen verschroben wirken, manchmal liebenswürdig, manchmal alte Schule, manchmal nur übriggeblieben – um zu einem Unzeitgemäßen zu werden, bedürfte es eines dadurch pointierten Unbehagens der eigenen Zeit gegenüber. Das Unzeitgemäße kennt nicht das tolerante Nebeneinander von Stilen, Accessoires, Gebrauchsgegenständen und ästhetischen Präferenzen, es kennt nicht jene »kulturelle Promiskuität«, die Günther Anders, ein großer Unzeitgemäßer, gegeißelt hatte. Das Unzeitgemäße stellt sich dem Verdikt, das der Zeitgeist über es verhängt, und provoziert diesen mit einem ohnmächtigen Dennoch.

Die Devise des Unzeitgemäßen lautet: nicht mitmachen. Zumindest nicht bei allem und zu jedem Preis. Die Distanz gegenüber dem, was an der Zeit ist, speist sich übrigens mitunter auch aus einer nietzscheanischen Vermutung: dass alles wiederkehrt.

Im Neuen zeigt sich lediglich das, was schon einmal war. Nur der geschichtsvergessene Zeitgenosse glaubt an das moralische und politische Privileg seiner Zeitgenossenschaft.

Allerlei Angst

Von besorgten Intellektuellen und politischen Auguren ist angesichts des wechselnden Erfolges sogenannter rechtspopulistischer Parteien und Bewegungen immer wieder der Satz zu hören: Man muss die Ängste der Menschen ernst nehmen. In der Regel gilt dieser Imperativ als Ausweis dafür, dass man eingesehen hat, dass arrogante, selbstgerechte Überheblichkeit gegenüber verunsicherten Menschen keine allzu gute Strategie im Kampf um Wählerstimmen ist. Dass man die Ängste der Menschen ernst nehmen muss, wird allerdings mit einem Unterton vorgetragen, der erkennen lässt, dass man wohl die Ängste, nicht aber die Gründe für diese Ängste akzeptieren kann. Man glaubt, dass es genüge, die Menschen darüber aufzuklären, dass ihre Ängste vor der Migration, der Digitalisierung, vor sozialer Deklassierung oder sich wandelnden gesellschaftlichen Wertvorstellungen unbegründet sind.

Aber ist diese Strategie wohlmeinender Beschwichtigung wirklich erfolgversprechend? Und beruht sie überhaupt auf richtigen Voraussetzungen? Existiert wirklich so viel Angst in dieser Gesellschaft, wie gerne unterstellt wird? Woran man kollektive Ängste erkennt und an welchen Indikatoren sich diese ablesen lassen, bleibt im Dunkeln. Zumindest sind Panikattacken noch nicht zu einem Massenphänomen geworden, und mitunter hat man den Eindruck, dass es bei der Beschwörung der Ängste gar nicht um diese, sondern um etwas anderes geht.

Ängste ernst nehmen: Das klingt nämlich nach geheucheltem Verständnis bei gleichzeitiger moralischer Abwertung. Die Ängstlichen: Das sind die schlecht Informierten, die anfällig für Verschwörungstheorien und Ressentiments aller Art sind. Der linksliberale Zeitgeist mokiert sich über die Ängstlichen, die noch nicht den Status souveräner Weltoffenheit erreicht haben. Aber könnte es nicht sein, dass viele Menschen gar keine Angst haben, sondern nur andere politische Präferenzen?

Warum unterstellt man Menschen, die konservative Positionen vertreten, der Idee des Nationalstaates noch immer etwas abgewinnen können, nicht jede Reform bejubeln und Migration nicht nur als Bereicherung empfinden, sie hätten Angst? Macht man damit nicht aus einer politischen Frage eine psychologische Diagnose? Natürlich: Man kann, man muss solchen Positionen vielleicht heftig widersprechen. Ängste verlangen nach einer Therapie, kontroverse politische Konzepte nach einer Auseinandersetzung. Diese aber führen wir eher ungern.

Unterstellte Ängste sind ein Hinweis auf paternalistische Besorgnis. Wie Kindern, die sich vor Gespenstern fürchten, versprechen die politischen Vormünder, den Menschen die Ängste zu nehmen. Vielleicht sollte man weniger die Ängste der Menschen, als vielmehr diese selbst ernst nehmen. Aber genau das erzeugt offenbar ganz andere Ängste. Denn dieselben besorgten Intellektuellen, die die Ängste der Menschen ernst nehmen wollen, bekennen gerne, dass ihnen die aktuellen autoritären Tendenzen und die zunehmende Fremdenfeindlichkeit wirklich Angst machen. Sind diese Ängste um so viel begründeter als die der anderen? Haben die Tapferen, die Angst vor den Ängstlichen haben, wirklich nur die Menschenrechte und die Demokratie im Auge? Geht es nicht auch ein klein wenig um den drohenden Verlust von Macht und Einfluss?

Das Paradoxe der Angst liegt darin, dass nur die Ängste der anderen, nie die eigenen jeder Grundlage entbehren. Angst ist deshalb für den politischen Diskurs ein denkbar schlechter Ratgeber. Anstatt sich wechselseitig Ängste zu unterstellen oder deren Berechtigung abzusprechen, wäre es besser, sich den Konflikten und Bruchlinien der Gesellschaft ohne falsche Besorgnis und moralische Vorbehalte zu stellen.

Grund zur Sorge

Martin Heidegger hat in einer berühmten Passage von »Sein und Zeit« festgehalten, dass das menschliche Dasein durch die »Sorge« gekennzeichnet ist. Sofern der Mensch sich auf eine Zukunft hin entwirft, ist er um diese besorgt. Wie sehr die Sorge zu einer allgemeinen Befindlichkeit, ja zur Grundstimmung einer Epoche werden konnte, hatte der Philosoph allerdings wohl kaum geahnt. Die vernetzte Welt erzeugt noch ganz andere Sorgen als diejenigen, die dem Einzelnen aus seinem »Hang« und »Drang« zum Leben erwachsen. Hurrikans und das Schmelzen der Polkappen, die nahen und die fernen Kriege, der Hunger in Afrika, der Terror in den großen Städten und die Exzesse in den sozialen Medien, die Zukunft des Bildungswesens und der Zustand der Europäischen Union, die Lage der Flüchtlinge und der Aufstieg des Rechtspopulismus, die autoritären Machthaber in Asien, die Krise der Demokratie und die Verletzung der Menschenrechte: alles Gegenstände der Sorge und Besorgnis. Und irgendwann stellt sich die Frage: Wie lebt es sich mit solchen Sorgen? Darf man sich angesichts dieser krisengeschüttelten Welt überhaupt noch um sich selbst sorgen?

Heidegger hat darauf aufmerksam gemacht, dass der Begriff »Selbstsorge« eine Tautologie wäre. In der Sorge geht es dem

Menschen immer um sich selbst. Aber auch diese Sorge hat in der modernen Welt eigentümliche Züge angenommen. Sie zeigt sich als Besorgnis, nur ja das Richtige zu tun: sich richtig ernähren, den richtigen Sport betreiben, die richtige Work-Life-Balance finden, die richtigen Verkehrsmittel benutzen, die Kinder richtig erziehen und in die richtige Schule schicken, die richtigen Gedanken und Gefühle haben und die richtigen Parteien wählen. Die Sorge wurde einerseits universalisiert und andererseits moralisiert. Das überfordert und entlastet gleichzeitig, bringt es doch die Sorge um sich in einen illusionären Einklang mit den Sorgen um die Welt: Die richtige Ernährung schützt auch das Klima.

Und sonst gib es keine Sorgen mehr? Was ist mit jenen Sorgen, die sich nicht den Imperativen einer Weltmoral und den Ansprüchen einer zur Optimierung drängenden Selbstsorge verdanken, was ist mit den kleinen, alltäglichen, unbedeutenden, nur auf den engsten Raum beschränkten Sorgen, in denen es den Menschen in einem einfachen und grundlegenden Sinn um ihr Leben und ihr Leid, ihre Ängste und Hoffnungen, ihr Lieben und ihr Hassen geht? Abgesehen von der Frage, ob es überhaupt zulässig ist, angesichts der Sorgen um das große Ganze auf seinen sonstigen Sorgen zu bestehen, machen wir immer wieder die vielleicht erschreckende, vielleicht tröstliche Erfahrung, dass das große Elend dieser Welt nicht imstande ist, das kleine Elend zu relativieren. Die Einsicht in die Zufälligkeit und Endlichkeit unseres Daseins kann diesem nichts von seiner Verbindlichkeit rauben.

In seiner ingeniösen Ausdeutung von Heideggers »Sorge« hat sich der Philosoph Hans Blumenberg mit ironischem Unterton gefragt, welcher Satz einem Philosophen wie Heidegger angesichts des Todes als letzte Worte über die Lippen hätte kommen müssen. Die Antwort lautete: »Kein Grund mehr zur Sorge.« Angesichts des Lebens aber sollte es hin und wieder vielleicht doch heißen dürfen: Nicht alles ist ein Grund zur Sorge.

Bitte bewerten!

Aus dem fernen China erreichen uns immer wieder Nachrichten aus der nahen Zukunft. Des Öfteren konnte man in letzter Zeit lesen, dass in diesem Riesenreich die Regierung mit dem sogenannten Sozialkreditsystem experimentiert. Die soziale Verträglichkeit jedes Bürgers wird permanent überprüft und eingeschätzt. Durch das alltägliche Verhalten sammeln sich Punkte auf einem Sozialkonto, und wird eine durchschnittliche Punktezahl, die für unverdächtiges, gesetzeskonformes und vertrauenswürdiges Verhalten signifikant ist, nicht erreicht, muss der Bürger mit Ermahnungen, Nachteilen und Sanktionen rechnen.

Möglich wird das Sozialkreditsystem durch den Einsatz komplexer datenverarbeitender Systeme. Wenn alle digital erfassten und gespeicherten Spuren eines Menschen – sein Einkaufsverhalten, seine Finanztransaktionen, seine Mobilität, sein Medienkonsum, seine Freundschaften, seine ästhetischen Vorlieben, seine Gewohnheiten und seine sexuellen Präferenzen, seine von ihm konsumierten und aufgerufenen, aber auch versendeten Nachrichten, Lieder, Filme und Fotos, seine sportlichen Aktivitäten – zusammengeführt werden, ergibt sich ein differenziertes Profil, das nur noch nach festgelegten Kriterien von einem Algorithmus bewertet und mit Punkten versehen werden muss, um dem Bürger klarzumachen, wie es um ihn steht.

Die Logik der Digitalisierung eröffnet ungeahnte Möglichkeiten der Beobachtung, Bewertung, Kontrolle und Steuerung menschlichen Verhaltens. Dass eine kommunistische Diktatur damit beginnt, mag manchen hierzulande beruhigen: Nur totalitäre Systeme könnten die Daten ihrer Bürger im großen Stil missbräuchlich verwenden. Das allerdings ist ein Irrtum. Es handelt sich um keinen Missbrauch. China führt nur zusammen, was zusammengehört: die Daten eines Menschen. Davon träumen alle.

Noch sind es hierzulande getrennt operierende Internet-Konzerne, Unternehmen, Versicherungen und Behörden, die exakte Bewegungsprofile erstellen, das Kaufverhalten ihrer Kunden analysieren, für Neugeborene einen Bildungspass anlegen und die Fitness von Senioren kontrollieren. Noch halten sich die Konsequenzen in Grenzen: Versicherungsprämien werden an die Übermittlung von Gesundheitsdaten gekoppelt, die Werbung wird personalisiert und immer aufdringlicher, und vor jeder Kaufentscheidung werden die dazu einsehbaren Ratings und Bewertungen zu Rate gezogen. Aber dabei wird es nicht bleiben.

Seit langem wird intensiv daran gearbeitet, dass es Menschen nicht befremdlich finden, ständig bewertet und mit Punkten oder Sternchen belohnt oder bestraft zu werden. Zur Beruhigung dürfen sie selbst dann auch alles Mögliche bewerten. Kunden bewerten Anbieter, Anbieter bewerten Kunden. Und immer öfter wird man ersucht, nach einer abgegebenen Bewertung die Vorgaben der Bewertung zu bewerten. Es entfaltet sich eine groteske Bewertungsspirale, die allmählich kafkaeske Züge annimmt.

Die permanente Aufforderung, etwas zu bewerten, und die Lust, eigene Aktivitäten bewerten zu lassen, bereiten uns auf die Unterwerfung unter die Algorithmen vor. Es wird, sollte ein Sozialkreditsystem schleichend auch hier eingeführt werden, dann niemanden mehr überraschen. Die intellektuelle Elite, die nach dem Bologna-System studiert, hat sich nie darüber gewundert, dass geistige Leistungen mit *Credit Points* beziffert werden. Man wird sich auch nicht wundern, wenn das Leben und die Lebenschancen eines Menschen schlechthin einer Punktebewertung unterliegen und von dieser abhängig gemacht werden.

Falsche Anrede

Die Universität, der ich seit langem verbunden bin, ist in manchen Dingen sehr fortschrittlich. Nach einer Verordnung der Universitätsleitung sollen auch in persönlichen Anreden geschlechtsunspezifische Sternchen verwendet werden. Darüber ist viel diskutiert worden, und man kann über die ideologischen Beweggründe, sprachphilosophischen Vorannahmen und politischen Zielsetzungen solcher Maßnahmen unterschiedlicher Meinung sein. Der Verdacht, dass es bei all den gewaltsamen Eingriffen in die Sprache nicht in erster Linie um den Ausgleich realer Ungerechtigkeiten durch Formulierungskünste geht, sondern um die Zurschaustellung der richtigen Gesinnung, lag dabei immer nahe. Was aber, wenn man selbst nicht zum Akteur, sondern zum Adressaten solch zweifelhafter Bemühungen wird? Manche Perspektiven können sich dann durchaus verschieben.

Eines schönen Tages erreichte mich die Nachricht einer Mitarbeiterin der Verwaltung meiner Fakultät, in der ich als »Sehr geehrt* Liessmann« angesprochen wurde. Ich war verblüfft. Ich kenne die Absenderin seit zwei Jahrzehnten und habe nie einen Zweifel daran gelassen, dass ich die in dieser Zeit verwendete Anredeformel »Sehr geehrter Herr« stets als korrekt empfunden habe. Nun werde ich – wahrscheinlich gar nicht aus Überzeugung, sondern aufgrund einer brav exekutierten Vorschrift – zu einem geschlechtsunspezifischen Wesen degradiert. Die Institution, an der ich seit Jahren tätig bin, tut so, als wüsste sie nicht, mit wem sie es zu tun hat. Es wäre ein Leichtes, nun mit all dem Geschütz aufzufahren, mit dem ansonsten für solch neue Sprachformen argumentiert wird: Durch das Sternchen fühlte ich mich in meiner Identität nicht wahrgenommen, durch die Tatsache, dass diese neue Anrede von jemandem kam, der mich im beruflichen Kontext gut kennt, in meiner Individualität zurückgesetzt, zurückgestoßen in eine diffuse neutrale Allgemeinheit, die mit meiner Person nichts, mit vermeintlichen Gerechtigkeitsidealen aber alles zu tun hat.

Das gibt zu denken. Was bedeutet es, wenn Menschen und Institutionen aus Angst davor, Einzelne wegen einer falschen oder irrtümlichen Anredeformel zu verletzen, alle ihrer Besonderheit berauben und einem abstrakten Prinzip unterwerfen? Warum soll »Herr« oder »Frau« in einer Anrede verhängnisvoll, das Sternchen aber willkommen sein? Könnte man dieses nicht als eine Leerstelle empfinden, auf die der Mensch reduziert wird? Steckt im Asterisk neben der versprochenen Offenheit und der anvisierten Überwindung binärer Ordnungen nicht eine Unhöflichkeit, ja eine verachtende Form der Verdinglichung?

Sollte man, da nicht nur Anredefloskeln und Namen, sondern auch typographische Zeichen unterschiedliche Assoziationen auslösen können, auf solche Formen der Kommunikation nicht besser überhaupt verzichten? Steckt nicht in der Anrede selbst schon eine Zumutung? Diese scheuen wir zunehmend ohnehin, deshalb auch der Siegeszug des ärgerlichen »Hallo«. Sollte man nicht gleich auf Zahlen umsteigen?

Wäre der Gerechtigkeit Genüge getan, wenn jeder Mensch nur noch als per Zufallsgenerator erzeugte Ziffernkombination existierte, die keinerlei Rückschlüsse auf Geschlecht, sexuelle Orientierung, kulturellen Hintergrund oder andere individuelle Eigenschaften mehr zuließe und jede persönliche Anrede überflüssig machte? Wir kennen dieses Modell aus der dystopischen Literatur des zwanzigsten Jahrhunderts. Menschen zu Nummern zu degradieren, kann tatsächlich aus einer großen Sehnsucht nach Gleichheit und Gerechtigkeit entstehen. Manche Sehnsüchte sollte man lieber zügeln. Ansonsten drängte sich irgendwann der Gedanke auf, dass eine wirklich gerechte Gesellschaft eine ohne Menschen sein müsste.

In guter Gesellschaft

Gesellschaft klingt immer gut. Und dies nicht nur deshalb, weil wir gerne in guter Gesellschaft sind. Die Gesellschaft eröffnet uns als Idee und Begriff ganz ungeahnte Möglichkeiten. Gesetzt den Fall, wir kennen ein paar Menschen, die sich leicht und gerne empören: über das Klima oder über die globalen Konzerne, über den Rechtspopulismus oder über den alten weißen Mann. Wir könnten diese Erfahrungen sammeln und einen kleinen Aufsatz schreiben über unsere Bekanntschaft mit Menschen, die sich gerne und leicht empören. Das gibt nicht viel her. Und dann versuchen wir es mit: Die empörte Gesellschaft! Das sitzt. Deshalb geht es immer gleich um die Gesellschaft als solche. Gesellschaft kommt in der Regel gut an, vor allem im Titel eines verkaufsträchtigen Buches.

Lässt man die besten dieser Gesellschaftsromane, die sich im Gewand einer wissenschaftlichen Abhandlung präsentieren, Revue passieren, könnte einem ja fast schwindlig werden. Da begegnen wir den Fallstricken der »narzisstischen Gesellschaft«, um von dieser in die »granulare Gesellschaft« zu taumeln, in der das Digitale alles auflöst, was uns rasch zu einem Mitglied der »aufgeregten Gesellschaft« macht, in der die moralischen Emotionen dominieren, was wir doch nicht so einfach akzeptieren wollen, denn wir sind als Mitglied der »Gesellschaft der Singularitäten« anders gestrickt, was uns nicht davor bewahrt, uns in einem Psychogramm der »überforderten Gesellschaft« wiederzufinden, was uns auch nicht passt und erkennen lässt, dass wir eigentlich in einer »Gesellschaft der Angst« leben, eine Befindlichkeit, die unweigerlich zur Einsicht führt, dass zumindest Deutschland eine »aufgewühlte Gesellschaft« darstellt, was schnurstracks in eine »Gesellschaft des Zorns« mündet, um endlich zu begreifen, dass wir das falsche Leben in einer »normopathischen Gesellschaft« leben, was insgesamt eine »schlaflose Gesellschaft« hervorbringen muss. Und bei all diesen sinnigen Bestimmungen war noch gar nicht die Rede von der »Transparenzgesellschaft«, der »psychotischen Gesellschaft«, der »berührungslosen Gesellschaft« und der »traumatisierten Gesellschaft«.

Man sieht: Die Gesellschaft ist ein Trick. Mit diesem werden einzelne Beobachtungen, partikulare Einsichten, vorläufige Vermutungen, zufällige Begegnungen und steile Thesen zu einer soziologischen Gewalt. Es geht um den Versuch, das Ganze zu erfassen, und das Ganze ist die Gesellschaft schlechthin, es geht um die Entdeckung und Behauptung jener Eigenschaft, die angeblich unsere Gesellschaft charakterisiert. Das, was nach diesen Analysen die Gesellschaft auszeichnet, ist aber ein Trend ins Negative, ist etwas, das Anlass zur Besorgnis gibt, uns beunruhigen sollte, ist etwas, gegen das man sich, so wird suggeriert, stemmen muss – und sei es auch nur durch den Kauf solch eines Ich-weiß-in-welcher-Gesellschaft-wir-leben-Buches.

Der große diagnostische Blick, der erkennt, was der Gesellschaft im Innersten widerfährt, wird allerdings durch konkurrierende Blicke getrübt: Der Zeitgenosse lebt offenbar in Dutzenden Gesellschaften gleichzeitig, und keine dieser Ordnungen verheißt etwas Gutes. Solch ein Leben zwischen Singularität und Angst, zwischen Zorn und Überforderung ist, wir geben es gerne zu, ziemlich anstrengend. Man findet sich nahezu jeden Tag in einer anderen Gesellschaft wieder, aber keine will mehr eine »bessere Gesellschaft« sein, auch wenn es diesen Titel gibt, aber natürlich in pejorativer Absicht.

Gut, dass es auch die »Müdigkeitsgesellschaft« gibt. Nach so viel Gesellschaft ist nämlich ein großes Gähnen nahezu unausweichlich.

Die große Spaltung

Gerne wird von besorgten Menschen vor einer Spaltung der Gesellschaft gewarnt. Dass die Gesprächsbereitschaft zwischen Vertretern unterschiedlicher politischer Lager sinkt, der Hass im Netz sich immer wieder ungeschminkt zeigt, dass sich liberale Kosmopoliten und sozial deklassierte Neonationalisten ebenso mit Unverständnis gegenüberstehen wie Coronaleugner und Impfpflichtbefürworter, dass etablierte Parteien verschwinden und verschiedenen Bewegungen Platz machen, dass Anzeichen von ethnisch und religiös gefärbten Parallelgesellschaften sichtbar werden und soziale Ungleichheiten zunehmen, gilt als eine Indizienkette, die auf einen drohenden Zerfall der Gesellschaft verweist. Die Warnungen vor einem solchen sind oft mit einem Aufruf zu mehr Solidarität verbunden, mit einem Appell an die Bürger, doch jene Verhaltensweisen, die den Zusammenhalt der Gesellschaft gefährden könnten, zu überprüfen und einzustellen.

Was aber charakterisiert diesen Zusammenhalt? Was macht eine Gemeinschaft zu einer solchen? Wodurch definiert sich ein Wir-Gefühl, das den Eindruck einer Einheit vermittelt, die nun bedroht erscheint? Schützt Solidarität tatsächlich vor den Spaltungstendenzen? Und drückt sich in der Warnung vor der gespaltenen Gesellschaft nicht jene fatale Sehnsucht nach einer Vereindeutigung der Welt aus, die der Arabist Thomas Bauer als Grundzug unserer Epoche diagnostiziert?

Eine Gesellschaft, die sich ohne Brüche als großes Wir verstünde, in der alle das Gleiche wollten, wäre gar keine erstrebenswerte Utopie. Die Vorstellung, dass es früher besser gewesen sei, sitzt einem romantischen Irrtum auf. Gesellschaften waren immer gespalten – man denke an die Klassengesellschaft des 19. Jahrhunderts –, und die solidarische Klammer, die diese Spaltung überwinden sollte, war ideologisch immer prekär. Es war übrigens gerade der Nationalismus, der solch eine Klammer darstellen und ein großes Wir behaupten wollte. Die Folgen sind bekannt.

Wir wollen keinen Nationalismus mehr als Klammer, sondern eine an den Menschenrechten orientierte Solidarität. Aber Solidarität ist keine allgemeine Tugend, die alle allen gegenüber an den Tag legen könnten, sondern der Zusammenschluss von Menschen, die »solide«, also »unerschütterlich« füreinander einstehen, um sich in ihren Sorgen und Nöten beizustehen und ihre gemeinsamen Interessen mitunter auch gegen die Interessen und Angriffe anderer durchzusetzen. Solidarität widerspricht nicht unbedingt den Spaltungstendenzen einer Gesellschaft. Auch Steuerhinterzieher können untereinander solidarisch sein und sich mit guten Tipps und Warnungen vor den Finanzbehörden unterstützen. Eine Solidarität, die zum Kitt der Gesellschaft überhaupt werden soll, verlangte, uns mit Menschen solidarisch zu erklären, deren Anliegen nicht unseren Interessen entsprechen, diesen vielleicht sogar widersprechen. Das ist eine ziemlich anstrengende Übung, die in der Regel dann beendet wird, wenn die eigenen Interessen substantiell bedroht erscheinen.

Das Gefühl, einer Gemeinschaft anzugehören, entsteht deshalb aus einer seltsamen Mischung aus Geschichte, Tradition, Sozialisation, Zufall und dem Willen, es trotz allem mit anderen zu versuchen. Im rechtlichen Rahmen einer Gesellschaft sollten deshalb die unterschiedlichsten Lebensformen nebeneinander existieren können. Manche davon werden wir teilen, manche sind uns sympathisch, manche gefallen uns gar nicht, und einige wollen wir schlechterdings nicht. Es wird dabei immer wieder zu Spannungen, Verwerfungen und Auseinandersetzungen kommen, aber dabei dem anderen gleich zu unterstellen, die Gemeinschaft unterminieren zu wollen, ist der falsche Ansatz. Nicht jeder Konflikt spaltet die Gesellschaft, nicht jeder Machtkampf schließt andere gleich aus, nicht jede Kontroverse führt zum Zerfall einer Sozietät. Eine Demokratie sollte noch wesentlich mehr Unterschiede verkraften können, als gegenwärtig diagnostiziert werden.

Arme Arbeit

In vielen Ländern, darunter Österreich und Deutschland, sowie in einigen Kantonen der Schweiz, ist der 1. Mai ein gesetzlicher Feiertag. Warum dies so ist und was da eigentlich gefeiert wird, ist so klar nicht mehr. Aus dem Internationalen Kampftag der Arbeiterklasse und dem Nationalen Feiertag des Deutschen Volkes wurde mancherorts der Tag der Arbeit, anderswo ein Tag des Friedens oder einfach nur ein Straßenfest für prekär Beschäftigte. Und wenn der 1. Mai auf einen Sonntag fällt, ist dies nicht weiter von Belang, aber ein schöner Hinweis darauf, dass es an der Arbeit nur mehr wenig zu feiern gibt.

Die Arbeit hat es schwer. Und dies in mehrfacher Hinsicht. Sie ist, in Zeiten der großen Transaktions- und Spekulationsgewinne, längst nicht mehr die einzig relevante Quelle von Wohlstand und Reichtum. Eher im Gegenteil: Immer mehr Menschen können auch in den entwickelten Ländern von ihrer Arbeit nicht mehr leben und sind auf Unterstützung angewiesen. Diese Unterstützung wird zu einem guten Teil aber von Steuern finanziert, die auf ebenjener Arbeit lasten, andere Formen der Einkommens- und Vermögensbildung werden ausgeblendet. Vor allem aber setzen Automatisierung und Digitalisierung die Arbeit unter Druck.

Die digitale Revolution ist nach Ansicht ihrer Proponenten

eine seltsame Sache: Einerseits sollen Automatisierungsprozesse und Robotik zahlreiche, auch qualifizierte Formen der Arbeit ersetzen und überflüssig machen, andererseits aber soll an dem Modell, das seit der Industrialisierung die Lohnarbeit zum entscheidenden Faktor der Wertschöpfung, zum wichtigsten Kriterium für das Selbstwertgefühl des Menschen und zur vorrangigen Quelle für die Einnahmen des Staates gemacht hat, unerbittlich festgehalten werden. Das kann nicht gutgehen.

Die technische Entwicklung zwingt uns, den Begriff der Arbeit neu zu denken. Und neu denken heißt, wie so oft, sich zu erinnern. In dem Maße, in dem wir nicht mehr gezwungen sind, im Schweiße unseres Angesichts unser Brot zu verdienen, weil dies von Automaten erledigt wird, wird der Mensch frei für andere Tätigkeiten, die nicht mehr unmittelbar der Produktion von Gütern dienen und kein Lohnarbeitsverhältnis mehr voraussetzen. Menschen können etwas hervorbringen oder gestalten, sie können sich engagieren oder jemanden unterstützen, sie können sich mit Kunst auseinandersetzen oder politisch intervenieren. *Poiesis* und *Praxis*, Herstellen und Handeln, nannte Aristoteles diese Aktivitäten jenseits der Arbeit.

Die Chance der Digitalisierung und der Automatisierung, die Chance von Industrie 4.0 läge darin, das Feld der menschlichen Tätigkeiten neu zu definieren und neu zu bewerten. Die Arbeit wird uns zwar nicht ausgehen, aber sie wird ihre Gestalt radikal ändern. Die Frage ist nicht nur, welche und wie viele Arbeitsplätze durch den technischen Fortschritt verlorengehen und wo neue geschaffen werden können, sondern es muss auch darum gehen, immer offenere und vielfältigere menschliche Tätigkeiten von dem Modell der Erwerbsarbeit sukzessive zu entkoppeln. Damit diese Chance genutzt werden kann, müssen die ökonomischen und rechtlichen Rahmenbedingungen diesem Prozess angepasst werden. Auch wenn es viele gar nicht gerne hören: Die

Forderung nach einem bedingungslosen Grundeinkommen, so unausgegoren sie noch sein mag, ist vielleicht doch ein erster Schritt in die richtige Richtung.

Magischer Mai

Mai 1968: Es gibt kaum eine kalendarische Bestimmung, die so sehr zur Abbreviatur einer politischen Bewegung, einer kulturellen Ekstase, einer akademischen Revolte, einer sozialen Veränderung, eines neuen Lebensgefühls wurde. Dass der Heilige Geist von 1968, auch wenn die hochgesteckten Ziele der Bewegung nicht ganz erreicht wurden, die Gesellschaft durchlüftet, das Denken verändert und die Sexualität befreit hätte, gehört zu den Legenden, die noch immer gerne erzählt werden – so, als wirkte die Magie dieser Jahre ungebrochen fort.

Betrachtet man die Dinge nüchtern, ergibt sich ein etwas anderes Bild. Gemessen am Erwartungshorizont der 68er müsste das letzte halbe Jahrhundert als Kette von Enttäuschungen und Irrtümern interpretiert werden. Die UdSSR, das Mutterland der Revolution, ist verschwunden; China, das gelobte Land der Maoisten und ihres Dunstkreises, zeigt heute, wie sich eine totalitäre Parteiendiktatur mit einem entfesselten Nationalkapitalismus höchst erfolgreich verbinden lässt; das Engagement gegen den Krieg der USA in Vietnam ist in der Globalisierung, die gerade die siegreichen kommunistischen Länder Südostasiens erfasst hat, stillschweigend verpufft; die Demokratisierung der Universitäten, an denen die Studentenbewegung, der Kern der 68er, ihren Ausgang genommen hatte, ist durch die Bologna-Reform in ihr glattes Gegenteil verkehrt worden; die Befreiung der Sexualität mündet dieser Tage in einen rigiden Puritanismus, gegen den das Viktorianische Zeitalter als Ausdruck einer zügellosen Libertinage erscheinen muss; die popkulturelle Selbstermächtigung, die im Sommer 1969 in Woodstock ihren ikonographischen Ausdruck fand, schlug um in eine weltumspannende Unterhaltungsindustrie, die jede rebellische Geste zur Besetzung einer Marktnische degradiert; die Hoffnung, dass sich die Arbeiterschaft noch einmal zu einer revolutionären Größe aufschwingen könnte, wurde bitter enttäuscht; die antiautoritäre Erziehung führte zu einer Glorifizierung von Leadership auf allen Etagen; und die Stilisierung von Studenten, Frauen und ethnischen Minderheiten zu weltrevolutionären Subjekten endete stets als Farce.

Folgenlos blieben diese Jahre dennoch nicht. Denn der lange Marsch durch die Institutionen, zu dem sich die 68er nach dem Scheitern der Revolte entschlossen hatten, war durchaus erfolgreich. Allerdings hat der Geist von 1968 dafür seine Gestalt deutlich wandeln müssen. Aus neomarxistischer Gesellschaftskritik wurde eine säuerliche Moral, der es gelang, das Etikett *links* für die Feuilletons zu retten und mit jenem positiven Beigeschmack zu versehen, der es erlaubt, alles, was nicht ins eigene Weltbild passt, als *rechts* zu denunzieren und aus dem Diskurs auszuschließen. Dadurch ersparen sich die 68er und ihre jüngeren Adepten auch noch nach mehr als fünfzig Jahren jede kritische Selbstreflexion. Eine Auseinandersetzung mit der Frage, warum führende Intellektuelle in Westeuropa mit stalinistischen Diktaturen, mit Mao Tse-tung, dem Massenmord der Roten Khmer in Kambodscha und dem Terror der RAF offen sympathisieren konnten, steht noch immer aus.

Linke Vergangenheitsbewältigung ist bekanntlich kein Thema. Als anlässlich der Eröffnung der Wiener Festwochen 2018 Ausschnitte aus der legendären »Proletenpassion« aufgeführt wurden, jubelte das Publikum zu dem zweifellos mitreißenden »Jalava-Lied«, das Lenin und seinen Terror verherrlicht. Die ansonsten allen menschenverachtenden Gesten gegenüber so wachsamen linksliberalen Medien bemerkten nichts. Bei einer Wiederaufführung der »Proletenpassion« in Essen hat man diesen Song übrigens verschämt gestrichen. Die Nachfahren der 68er praktizieren der Vergangenheit gegenüber das, was diese ihren Nazi-Vätern vorgehalten hatten: Sie schwanken zwischen nostalgischer Affirmation und beredtem Schweigen.

Platonische Politik

Platon hatte bekanntlich die Ansicht vertreten, dass es für ein gerecht organisiertes Staatswesen am besten wäre, wenn entweder die Philosophen Herrscher oder die Herrscher Philosophen wären. Damit hat er sich schon bei den Zeitgenossen viel Hohn und Spott eingehandelt, zumal sein Versuch, gemeinsam mit einem Tyrannen in Syrakus dieses ideale Staatswesen zu verwirklichen, kläglich scheiterte. Die Häme über die Hybris des großen Denkers vergisst aber bisweilen, dass Platon gute Gründe für die Engführung von Politik und Philosophie hatte, Gründe, die heute tagtäglich jedem Zeitungsleser ins Auge springen müssten.

Platon war davon ausgegangen, dass die Politik deshalb zur Philosophie genötigt werde, weil sie ihr Geschäft nicht erfolgreich verfolgen kann, ohne zentralen philosophischen Ansprüchen zu genügen. Politische Entscheidungen etwa, die gerecht und ausgewogen sein wollen, müssen auch Rechenschaft darüber ablegen können, mit welchen Phänomenen sie es in der Wirklichkeit überhaupt zu tun haben. Die philosophische Frage schlechthin, das hatte Platon von seinem Lehrer Sokrates gelernt, lautet: Was ist dieses? Was ist jenes? Was ist Tapferkeit? Was ist Gerechtigkeit? Was ist Liebe? Was ist Schönheit? Was ist Wahrheit? Was ist ein Mord? Was ist eine Belästigung? Was ist eine Hetzjagd?

Politik, die sich nicht nur als Parteinahme versteht und der es nicht nur um machtstrategische Deutungshoheit geht, müsste danach trachten, zu erkennen, was ist. Sie müsste das betreiben, was auch die Philosophie als ihr Kerngeschäft sieht: Begriffsklärung. Im allgegenwärtigen Kampf um die richtigen Bezeichnungen und korrekten Formulierungen verbirgt sich nicht nur ein Anspruch auf Meinungsführerschaft, sondern auch und vielleicht grundlegend die Frage danach, was sich hinter dem, was wir mit eigenen Augen oder auf einem Video sehen, eigentlich verbirgt. Dass die sinnlichen Eindrücke flüchtig und trügerisch sind, machte den Kern von Platons Erkenntnistheorie aus. Das trifft auch auf die Einschätzung komplexer sozialer Prozesse zu. Ob das, was wir wahrnehmen, ein zufälliges, ephemeres, bedeutungsloses Geschehen oder Symptom einer bedeutsamen Entwicklung, Ausdruck einer Krise, Anzeichen einer drohenden Gefahr ist, lässt sich an dem Ereignis selbst nicht ablesen. Es muss erst als ein solches in seinem Zusammenhang erkannt werden, dann kann man auch angemessen darauf reagieren.

Politik und Medien arbeiten deshalb prinzipiell platonisch, wenn sie für bestimmte Ereignisse und Vorkommnisse Bezeichnungen vorschlagen, die diese eindeutig klassifizieren und in ihrem Wesen erfassen sollen. Ob Gewalt auf der Straße als Aufstand, Rebellion, Protest, Frühling, Terror oder Menschenjagd klassifiziert wird, ob man kriminelle Akte als bedauerliche Einzelfälle oder als Spitze eines Eisbergs bezeichnet, entscheidet nicht nur die Frage, wie ich diese Welt sehe, sondern gibt auch die Richtung des politischen Handelns vor. Auf kontingente Einzelfälle wird man anders reagieren als auf Aktionen, die als Ausdruck einer gesellschaftlichen Entwicklung begriffen werden. Umgekehrt: Erkennt man diese Dinge nicht richtig, ist also das philosophische Erkenntnisvermögen nicht scharf genug, kann das politisch desaströse Folgen haben. Wenn man das Kontingente zu einer allgemeinen Gefahr stilisiert und die allgemeine Gefahr zu einem Einzelfall degradiert, geht man nicht nur politisch in die Irre.

Während also die platonische Liebe ziemlich außer Mode zu sein scheint, erfreut sich die platonische Politik allgemeiner Beliebtheit. Auf den Dialog als Methode der Erkenntnisgewinnung können wir jedoch verzichten. Platon wäre doch einigermaßen erstaunt darüber, wie schnell und mitunter ganz ohne Nachdenken entscheidende Fragen heute beantwortet werden.

Überall Eisberge?

Ein Attentäter erschießt mehrere Menschen, er bewegte sich offenbar in einem rechtsradikalen Umfeld, machte aus seinem Fremdenhass ein tödliches Programm: ein verwirrter Einzeltäter oder Konsequenz einer Radikalisierung, die mit der Hassrede beginnt und mit tödlichen Schüssen endet? Ein Migrant stößt ohne ersichtlichen Grund Wartende vor einen einfahrenden Zug: letzte Stufe einer individuellen psychischen Erkrankung oder Resultat einer verfehlten Migrationspolitik? Die Welt ist voll von Ereignissen, von denen man auf Anhieb nicht zu sagen wüsste, ob es sich um zufällige, tragische Einzelfälle oder um die Spitzen von Eisbergen handelt, um medial hochgepuschte singuläre Vorkommnisse, die niemand verhindern kann, oder um Handlungen, die Ausdruck allgemeiner Trends oder einer falschen Politik sind.

Die Wirklichkeit hat es so an sich, dass ihr die Kausalitäten, die sie bestimmen, nicht auf die Stirn geschrieben stehen. Ab wann eine Klasse von Ereignissen zum Indiz einer gesellschaftlichen Entwicklung oder einer kollektiven Bedrohung wird, ist dabei alles andere als ausgemacht. In regelmäßigen Abständen häufen sich Verkehrsunfälle mit tödlichem Ausgang, betroffen sind oft Radfahrer, auch Fußgänger und Kinder. Die Ursachen: überhöhte Geschwindigkeit, riskante Überholmanöver und das schlichte Übersehen von schwächeren Verkehrsteilnehmern. Handelt es sich um Zufälle oder um den Ausdruck eines Mentalitätswandels auf den Straßen, einer zunehmenden Verrohung, einer brutalen Trotzreaktion auf die Aufrufe zur Einschränkung der Mobilität aufgrund der verschärften Klimakrise?

An all diesen Beispielen lässt sich demonstrieren, wie schmal der Grat zwischen treffsicherer Analyse und haltloser Spekulation sein kann. Ob tragische Ereignisse als bedauerliche Zwischen- oder Einzelfälle oder als Zeichen tiefgreifender gesellschaftlicher Veränderungen wahrgenommen werden, hängt immer auch von Voreinstellungen und ideologischen Präferenzen ab. Die chaotische Struktur der medial vermittelten Nachrichten erlaubt es fast jedem, in dem einen oder anderen Fall eine Bestätigung seiner Weltsicht zu sehen; und umgekehrt kann auch jeder dieser Fälle verwendet werden, um die Weltsicht des anderen zu diskreditieren.

Das bedeutet nicht, dass man gar keine Zusammenhänge und allgemeine Entwicklungen ausmachen könnte. Aber man sollte sich darüber im Klaren sein, dass im menschlichen Handeln Kausalitäten nicht solch einen zwingenden Charakter haben wie in der Natur. Die Frage nach den Ursachen von Anschlägen und Terror, von zunehmender Gewalt in privaten und öffentlichen Räumen ist selten von unbedingter Evidenz. Statistik hilft hier nicht wirklich weiter, denn wer einen Trend erkennen will, lässt sich nicht von dem Hinweis auf die Seltenheit oder Unwahrscheinlichkeit eines Ereignisses davon abhalten. Und die Dynamik sozialen Verhaltens kann diese Haltung ja auch bestätigen: So abstrus kann keine Handlung sein, dass sie nicht Nachahmer fände und damit zu einem gesellschaftlichen Problem werden kann.

Ob eine Aggression singulär und damit bedauerlich, aber gesellschaftlich ohne große Bedeutung ist, oder Anzeichen einer gefährlichen sozialen Verschiebung, die durch eine politische Anstrengung bekämpft werden muss, lässt sich oft erst dann feststellen, wenn die Wirklichkeit selbst ihr Urteil gesprochen hat. Warnungen und apokalyptische Prognosen aller Art schreiben manchmal erst das herbei, was Gegenstand der Besorgnis ist; aber auch diese Einsicht bedeutet keine Entwarnung. Denn der vermeintlich einsame Einzeltäter könnte doch an den Fäden des Weltgeists hängen und die verhängnisvolle Spitze eines Eisberges markieren.

Das Unbehagen in der Demokratie

Krisenzeiten, in denen sich die westlichen Gesellschaften mit aggressiven autoritären Systemen konfrontiert sehen, befördern immer auch wohlklingende Bekenntnisse zur Demokratie. Schließlich geht es darum, die offene Gesellschaft gegen ihre Feinde zu verteidigen. Gleichzeitig mehren sich die Zeichen des Überdrusses an dieser Einrichtung. Wahlergebnisse werden unter fadenscheinigen Vorwänden in Zweifel gezogen, Korruption und Nepotismus nehmen zu, die Freiheit der Meinung steht zur Disposition, extreme Ansichten akkumulieren mehr Aufmerksamkeit, als sie verdienen.

Machen wir uns nichts vor: Die Herrschaft des Volkes ist kein Honiglecken. Demokratie ist keine Wohlfühlveranstaltung, sondern eine Möglichkeit, Machtverhältnisse zu organisieren. Ihr

Prinzip besteht darin, keinen Bürger von dieser Macht vorab auszuschließen, ihr Verfahren gründet in der Überzeugung, dass in den entscheidenden Fragen des Zusammenlebens der Wille der Mehrheit gilt. Diese Pfeiler, auf denen die moderne Demokratie ruht, sind längst ins Wanken geraten.

Demokratie bedeutet, dass Menschen mitreden, von denen man nicht will, dass sie den Mund aufmachen. Demokratie bedeutet, dass Menschen mitentscheiden, von denen man nicht will, dass sie das tun. Dass das Volk nicht herrschen kann, sondern erzogen, belehrt, bevormundet und mehr oder weniger sanft in die richtige Richtung gedrängt werden soll, ist überall spürbar. Die ubiquitäre pädagogische Sprache ist verräterisch.

Klar: Demokratie ist eine Zumutung. Nicht wenige aufgeklärte Menschen fürchten eine Diktatur der Mehrheit, durch die Minderheitenrechte und die Würde des Einzelnen gefährdet wären. Hier liegt ein gravierendes Missverständnis vor. In einer Demokratie, und nur in einer solchen, gehört es zur Würde des Einzelnen, sich im Feld der Politik dem Willen der Mehrheit zu beugen. Das kann höchst unangenehm sein, aber die Demokratie wurde erfunden, um die Mehrheit vor den Machtansprüchen von Minderheiten zu schützen – nicht umgekehrt. Doch die Mehrheiten können wechseln. Dafür ist Sorge zu tragen, denn einzig dadurch wird die Macht kontrollierbar und halbwegs erträglich.

Dass das Wort *Mehrheitsgesellschaft* mittlerweile durchgängig mit einem negativen Beigeschmack versehen wird, ist eigentlich ein Alarmsignal. Offenbar sollen die ideologischen Positionen von exklusiven Gruppen, die sich keiner Wahl stellen wollen, weil sie sich für erwählt halten, die Gesellschaft dominieren. Das lässt sich an vielen Beispielen beobachten. Die inflationäre Moralisierung politischer Fragen ist eines davon. Geht es um das Gute, muss man nicht lange diskutieren, schon gar nicht kann man darüber abstimmen lassen. Anstatt sich für seine Konzepte – sei es in Sachen Klimawandel, sei es in gesellschafts- oder sprachpolitischen Fragen – Mehrheiten zu suchen, genügt es, mit Hilfe von Medien, Netzwerken und Aktionen aller Art die eigenen Wertvorstellungen gegen die Mehrheit durchzusetzen.

Man versteht das Unbehagen an und in der Demokratie. Es ist so alt wie diese selbst. Mehrheiten können irren. Das bedeutet aber nicht, dass Minderheiten deshalb schon im Besitz der Wahrheit wären. Natürlich ist es für Menschen, die den Fortschritt auf ihrer Seite wähnen, schwer auszuhalten, dass dieser von bornierten Stimmbürgern gebremst, womöglich blockiert wird. Und es stimmt: Viele Ideen wie die Menschenrechte oder die Forderungen nach Gleichberechtigung waren ursprünglich Minderheitenpositionen. Diese sind der notwendige Stachel im Fleisch der Demokratie. Sie selbst jedoch lebt langfristig vom Vertrauen in die Vernunft der Mehrheit. Manchmal wird dieses auf eine harte Probe gestellt. Geht es aber verloren, tritt anstelle der Demokratie die politische Willkür.

Mir nach!

Ist die Demokratie noch der beste Weg in eine unsichere politische Zukunft? Dies fragte sich ziemlich unverblümt der in den USA lehrende britische Historiker Ian Morris, Autor des Bestsellers »Wer regiert die Welt?«, in einem Gespräch mit der *Neuen Zürcher Zeitung*. Autokratisch geführte Gesellschaften mit digital gestützten Kontrollsystemen könnten, so seine These, auf die mannigfachen Probleme unserer Zeit womöglich rascher und vor allem effizienter reagieren und dadurch eine gewisse Anziehungskraft auch für den Westen gewinnen. Der Ruf nach dem *starken*

Mann sei selbst in scheinbar gefestigten Demokratien wie den USA immer wieder zu hören. Hoffentlich, so beeilte sich Morris hinzuzufügen, »belehrt die Putin-Erfahrung die Leute eines Besseren«.

In diesen wenigen Worten offenbart sich das aktuelle Dilemma von Führungsansprüchen. In Krisensituationen wird von Entscheidungsträgern Führungsstärke erwartet: rasches, konsequentes Handeln, hartes Durchgreifen, klare Positionierung. Der Zögerer und Zauderer hat eine schlechte Presse, Taktieren und Lavieren gelten als Zeichen von Schwäche, letztlich von politischer Untauglichkeit. Zeigen hingegen Umfragen, dass sich die Menschen mehr starke Führungspersönlichkeiten wünschen, wird dies als besorgniserregender Rückfall in autoritäres Denken gewertet, als bedrohliches Anzeichen einer Erosion des demokratischen Konsenses, als Ausweis mangelnder politischer Reife. Ein Blick auf die vertrackten und widersprüchlichen Aspekte von Führung lohnt sich. Was bedeutet es eigentlich, wenn jemand den Anspruch erhebt, andere zu führen? Und was verrät uns der Wunsch, geführt zu werden? Beleuchten wir dazu einmal das semantische Umfeld dieses umstrittenen Begriffs.

Führen! Es gibt kaum ein Wort der deutschen Sprache, das in einem nahezu obszönen Sinn so kopulationsfreudig ist wie dieses umstrittene Verb. Es kann zwar gut alleine stehen, verbindet sich aber mit nahezu jeder Vorsilbe, die sich ihm anbietet, und eröffnet damit einen weiten, in allen Farben schillernden Bedeutungshorizont. Anführen, verführen, entführen, aufführen, zuführen, abführen, einführen, vorführen, durchführen, ausführen, fortführen, wegführen, hinführen, rückführen. Bei all diesen Variationen geht es um Veränderung, einen lokalen und mentalen Ortswechsel, um eine Bewegung, um eine Richtung, die man einschlagen soll, um ein Verlassen des Gewohnten, um ein Aufbrechen, aber auch um das Betreten gefährlicher Zonen. Nicht umsonst hängt führen etymologisch mit dem Fahren zusammen, der gute alte Lokführer mag dies verdeutlichen. Im Stillstand gibt es nichts zu führen, in diesem genügt es, zu verwalten. Führungsansprüche signalisieren stets eine Dynamik, und wer sich der Führung eines anderen überlässt, weiß vielleicht nicht, wohin die Reise geht, wohl aber, dass nichts so bleibt, wie es ist. Der semantische Reichtum, der sich aus dem Führen und seinen Vorsilben ergibt, enthält einige Tücken und sollte zur Vorsicht mahnen. Ansonsten kann es geschehen, dass sich so mancher Anführer zu einer falschen Handlung verführen lässt, was dazu führt, dass er zuerst vor- und dann abgeführt wird.

Die Frage nach Führungsqualitäten und Führungsansprüchen stellt sich in nahezu jedem sozialen Zusammenhang. Ob in der Wirtschaft oder in der Politik, ob in Unternehmen oder bei Vereinen, ob in Schulkassen oder bei Fußballmannschaften: Ohne Führung wird es schwierig. Umgekehrt provoziert jede Form von Führung eine Debatte darüber, ob diese denn überhaupt notwendig sei, ob es nicht zum Selbstbild freier und autonomer Menschen gehört, dass sie ohne Führung auskommen, weil sie selbst am besten wissen, was sie zu tun und wie sie zu kooperieren haben. Führung wird deshalb gleichermaßen bewundert wie gehasst, gefordert und misstrauisch beäugt.

Führen ist nicht gleich führen. Die harmlose Variante, die sich zum Beispiel in der Frage ausdrückt, wer in einem Fußballspiel gerade führt, wollen wir einmal außer Acht lassen, auch wenn sich darin ein wesentlicher Zusammenhang von Führung und Überlegenheit zeigt. Mit dem Wort führen werden im Deutschen in der Regel zwei Konzepte benannt, für die in anderen Sprachen, wie etwa im Englischen, unterschiedliche Ausdrücke zur Verfügung stehen. Der *Guide* ist ein konkreter oder virtueller Führer, der Interessierte an ihr selbstgewähltes Ziel bringt. Berg-, Stadt-, Lokal- und Fremdenführer gehorchen diesem Prinzip. Im

Grunde weiß man, was man will, aber man kennt den Weg, die Topographie, die Örtlichkeit nicht und lässt sich von einer kundigen Instanz leiten. Die Souveränität über das Ziel liegt beim Auftraggeber, der Führer fungiert als kompetenter Dienstleister. Natürlich begibt man sich damit in die Hände solcher Führer, und manch ein Reiselustiger ist von einem Fremdenführer in die Irre geführt worden. Aber es wird schnell klar, wenn das Ziel verfehlt wird. Das gilt sogar für automatisierte Navigationsgeräte.

Ganz anders stellen sich die Verhältnisse beim *Leader* und der mit ihm verbundenen *Leadership* dar. Der Führungsanspruch ist hier wesentlich umfassender, dieser Führer kennt das Ziel und gibt es vor, er weiß den Weg und will andere dazu bringen, ihm auf diesem zu folgen. Seine Aufgabe besteht darin, Menschen dazu zu bewegen, eine bestimmte Richtung einzuschlagen, mitzugehen, mitzutun. Führungsarbeit ist immer in hohem Maße Motivationsarbeit, als gute Führungskraft gilt, wer seine Mitarbeiter zu Höchstleistungen motivieren kann. Dazu gehören Menschenkenntnis und Einfühlungsvermögen, das Wissen um die richtigen materiellen und immateriellen Anreize, Überzeugungskraft und die Fähigkeit, als Vorbild zu fungieren. Wer »Mir nach!« ruft, muss etwas vorgeben können. Über aller Motivationsstrategie hängt aber wie ein Damoklesschwert ein Gedanke des Philosophen Arthur Schopenhauer: Motivation ist Lüge. Denn sie bedeutet, jemanden dazu zu bringen, etwas zu tun, was er nicht tun will, aber ihn glauben zu lassen, dass es sich umgekehrt verhält. Erkennt der Motivierte, dass er fremdbestimmt war, kann es schwierig werden.

Wer einen Führer anstellt und sich von ihm an das selbstgewählte Ziel bringen lässt, nimmt einen Service in Anspruch. Wer sich von einer Führungskraft überhaupt erst für eine Sache motivieren lässt, entledigt sich zumindest partiell seiner Souveränität und überantwortet sich dem Willen eines anderen. Dieser übt eine sublime Macht aus, deren Tücke darin besteht, dass sie schwer zu durchschauen ist. Nach einer berühmten Formel des Soziologen Max Weber besteht Macht in der Chance, in einer sozialen Beziehung »den eigenen Willen auch gegen Widerstreben durchzusetzen, gleichviel worauf diese Chance beruht«. Motivationsstrategien stellen die sanfte, aber unehrliche Variante dieser Technik dar, die Androhung und Ausübung von psychischer oder physischer Gewalt ist demgegenüber hart, aber ehrlich. Einzig die Psychoanalyse vermag der Motivationstechnik etwas von ihrer Infamie zu nehmen: Wenn man nämlich davon ausgeht, dass die Führungskraft zu einem Verhalten motiviert, das im Willen und Interesse der Betroffenen liegt, diese es aber noch nicht wissen. Der geschulte Chef kennt die unbewussten Sehnsüchte und Ängste der Menschen. Damit gleicht sich der Motivator dem raffinierten Verführer an, der sich gerne mit dem Hinweis verteidigt, dass er seine Opfer lediglich zu dem gebracht hat, was diese im Innersten ohnehin wollten, sich aber nicht einzugestehen wagten. Das vieldiskutierte Charisma von Führungspersönlichkeiten ähnelt deshalb dem suspekt gewordenen Charme des Verführers: In beiden Fällen soll über das Spiel auf der Klaviatur der Emotionen Unwiderstehlichkeit suggeriert werden.

Führung ist Ausdruck eines Machtverhältnisses. Daran gibt es nichts zu rütteln. Führung und Gefolgschaft sind dennoch nicht deckungsgleich mit Herrschaft und Knechtschaft. Herren, also Diktatoren aller Art und jeden Geschlechts, haben es nicht notwendig zu führen, es genügt, wenn sie befehlen. Dass gehorcht wird, dafür sorgt die Androhung von Gewalt, ohne die kein autoritäres System auskommt. Dagegen spricht nicht, dass es Varianten autoritärer Herrschaft gibt, bei denen die Menschen aus Überzeugung ihren Führern folgen – mitunter bis in den Untergang. Die Philosophin Hannah Arendt hat darin eine Differenz zwischen klassischen Diktaturen und totalitären Systemen erkannt: Im Totalitarismus können sich die Machthaber auf die Komplizenschaft der Unterworfenen verlassen. Ausgenommen sind jene Gruppen, die dezidiert zu Feinden des Volkes oder des Staates oder der Partei erklärt und brutal verfolgt werden – wie die Juden im »Dritten Reich« oder die Kulaken in der frühen Sowjetunion.

In offenen Gesellschaften funktioniert Führung anders. Zum einen muss sich Führung immer wieder aufs Neue legitimieren, sei es dem Wähler, sei es den Aktionären und Stakeholdern, aber auch den Abhängigen gegenüber. Dass Führungspositionen in Politik und Wirtschaft auf Zeit vergeben werden, ist ein entscheidendes Merkmal von demokratischen Verfassungen, die Formen der Machtkontrolle und des Machtwechsels festschreiben. Wer diese aushebeln möchte, stellt vorab einmal diese Zeitordnung zur Disposition. Russlands Weg in die Diktatur begann mit der trickreichen Ausdehnung der Funktionsperiode des Staatspräsidenten.

Führung und Herrschaft unterscheiden sich noch in einem anderen Aspekt. Herrschaft kann Selbstzweck sein, allein der Befriedigung von Machtbedürfnissen genügen. Herrschaftsverhältnisse sind deshalb starr und statisch, die etablierte Hierarchie darf nicht in Frage gestellt werden. Führen hingegen setzt etwas in Bewegung, verspricht Veränderung. Für revolutionäre Bewegungen sind Führungspersönlichkeiten deshalb wichtiger als für stabile Systeme. Erbmonarchien brauchen keine Führer, sondern Kronprinzen, staatstragende Parteien präferieren Funktionäre, nicht Rebellen. Nur dort, wo in demokratischen Ordnungen Parteilandschaften erodieren und sich Bewegungen bilden, benötigen diese als Kristallisationspunkte Persönlichkeiten mit Führungseigenschaften. Emmanuel Macron hat dies paradigmatisch vorgeführt, Sebastian Kurz ist mit dem Versuch, eine traditionsreiche Partei in eine Bewegung zu verwandeln, gescheitert. Generell gilt: Es gibt Bewegungen, die sich einen Führer, und Führer, die sich eine Bewegung suchen.

Autokratische Systeme kennen als Gegenpol zur Herrschaft die Knechtschaft: die Untertanen, das Stimmvieh, das unterdrückte, ausgebeutete Volk. Führung hingegen erfordert Gefolgschaft. Selbstredend kann diese mit mehr oder weniger Druck erzwungen werden. In liberalen Gesellschaften gilt es jedoch als besondere Qualität, politische Gefolgschaft auf der Basis von Freiwilligkeit zu generieren. Dies ist nur unter der Voraussetzung möglich, dass Menschen ihre Interessen am besten bei einer Person aufgehoben sehen, der sie ihr Schicksal anvertrauen können. In offenen Systemen funktioniert Führung in hohem Maße über die Etablierung von Vertrauensverhältnissen. Eine Kultur des Misstrauens, wie sie sich nach diversen Skandalen jedes Mal aus guten Gründen entwickelt, ist stets Anzeichen einer Führungskrise, auch wenn überzeugte Anhänger dazu tendieren, ihren Führern sehr viel zu verzeihen. Niemand gibt gerne zu, auf das falsche Pferd gesetzt zu haben.

Zu den eher selten gestellten Fragen, ist von Führungsqualitäten und Führungsansprüchen die Rede, gehört die nach dem Wesen von Gefolgschaft. Die psychologisch inspirierte Ratgeberliteratur zum Thema »Führen, aber richtig« füllt Regale, Bücher mit Titeln wie »Folgen, aber richtig« findet man kaum. Und doch bilden Führungskräfte und ihre Mitarbeiter, politische Anführer und ihre Getreuen, Sektenführer und ihre Jünger, Influencer und ihre Follower zwei Seiten einer Medaille. Führen ergibt dann einen Sinn, wenn es Menschen gibt, die sich auch ohne direkte und indirekte Gewaltmaßnahmen führen lassen wollen. Es muss reizvoll sein, geführt zu werden, es muss Lust bereiten, nicht Leader, sondern Follower zu sein.

In den sozialen Medien kennen wir seit geraumer Zeit den neuen Typus des Influencers: Menschen, denen es über diverse

Plattformen gelingt, Aspekte ihres eigenen Lebensstils, ihrer Kleidung, Ernährungsgewohnheiten, ihres Freizeitverhaltens, auch ihre Ansichten und Meinungen in einer Weise zu positionieren, die nicht nur Zustimmung oder Bewunderung erlaubt, sondern Nachahmer findet, also Gefolgschaft erzeugt. Der Führungsanspruch resultiert dabei allein aus der Präsentation eines Ich. Influencer kommunizieren ihr Leben als ein Modell, das von möglichst vielen imitiert werden soll. Wie dabei ein finanzielles Einkommen lukriert wird, interessiert uns an dieser Stelle nicht. Reizvoller ist die Frage, worin ein Follower seinem Influencer eigentlich folgt. Natürlich gibt es Plattformen, auf denen einfach Erfahrungen ausgetauscht und Anregungen gegeben werden, Ideen entwickelt und zur Diskussion gestellt werden. Geht es um politische Konzepte, erweitert und verschärft der virtuelle Raum die Problem- und Schräglagen der analogen Realität. Dem lebensstilprägenden Influencer geht es hingegen um die Beeinflussung des Konsumverhaltens seiner Gemeinde.

Der Kulturtheoretiker Wolfgang Ullrich hat darauf aufmerksam gemacht, dass im modernen Kapitalismus der Konsum selbst zu einer Form von Arbeit geworden ist. Es ist anstrengend, aufwendig und ziemlich mühsam, all die ökologischen, sozialen, ethischen und politischen Aspekte zu berücksichtigen, die noch ein Konsumieren mit reinem Gewissen erlauben. Influencer nehmen den meist jungen Konsumenten diese Arbeit ab. Man wird zum Follower, weil dies das Leben erleichtert. Man weiß, was man zu tun hat, weil ein anderer es tut. Ähnliches gilt für die Follower, die Meinungsführer auf Twitter um sich versammeln. Eine oft auf ein Emoji verkürzte Zustimmung definiert dabei diese neue Form von Gefolgschaft. Und nicht selten gilt hier, wie auch in politischen Kontexten, die Devise: Sie folgen, also sind sie folgsam – denn Meinungsführer beanspruchen die Macht über das Denken der Menschen.

Étienne de la Boétie, der jung verstorbene Freund des großen Michel de Montaigne, sprach schon im 16. Jahrhundert vom fatalen Hang des Menschen zu einer »freiwilligen Knechtschaft«. Und Immanuel Kant, der große Aufklärer des 18. Jahrhunderts, mutmaßte, dass es in erster Linie »Faulheit und Feigheit« seien, die viele Menschen dazu brächten, andere für sich denken und entscheiden zu lassen und so im Zustand der Unmündigkeit zu verharren. Geht man vom Ideal des souveränen, autonomen Individuums aus, sind diese kritischen Einwände berechtigt. Bedenkt man, dass Menschen immer in Gemeinschaften leben wollen und leben müssen, verändert sich die Perspektive. Die Idee von Führung stellt in ihren unterschiedlichen Varianten offenbar ein höchst erfolgreiches Konzept dar, um Kollektive zu einem zielgerichteten, abgestimmten und koordinierten Handeln zu bringen.

Wohl stimmt es: Führung ist kein Naturgesetz. Und man kann sich auch Gesellschaften vorstellen, in denen jeder an der Meinungsbildung gleichermaßen beteiligt ist und dann die gemeinsam gefällten Entscheidungen aus Überzeugung mitträgt. Die Urdemokratie der antiken Polis war von diesem Ideal gekennzeichnet. Die Geschichte lehrt jedoch, dass das Versprechen, geführt zu werden, oftmals verführerischer wirkt als der Anspruch, für sich und sein Handeln selbst die Verantwortung zu übernehmen. Das aber bedeutet: Wer führt, übernimmt damit, ob er dies will oder nicht, die Verantwortung für andere. Die Möglichkeiten des Führens beruhen geradezu auf der Delegation von Verantwortung an eine oder wenige Personen. Dies gilt für den Bergführer genauso wie für die Führungskraft eines Unternehmens, für den Spitzenpolitiker genauso wie für den Leiter einer Jugendgruppe. Wer sich dieser Verantwortung nicht bewusst ist oder sich ihr nicht gewachsen zeigt, sollte abgelöst werden. Entwickelte Gesellschaften zeichnen sich dadurch aus, dass sie für diesen Fall verbindliche Regeln und Verfahren des Machtwechsels vorgesehen haben. Wer sich vom verführerischen Duft des Führens nicht betören lassen will, sollte wissen, wann es Zeit ist, die Führung abzugeben oder die Gefolgschaft zu kündigen.

Seichte Sprache

Bildungssplitter

Lieber lesen

Zurück zur Literatur! Was für ein Aufruf, was für ein Ansinnen! Die Germanisten Gert Ueding und Rolf Wertheimer haben in einer Essaysammlung dieses Titels zahlreiche Stimmen vereint, die tatsächlich solch ein Zurück fordern. Warum eigentlich? Gibt es zu wenig Autoren? Gibt es zu wenig Leser? Wird nicht, wie uns Jugend- und Medienforscher glaubwürdig versichern, heute mehr geschrieben und gelesen denn je?

Der Aufruf hat dennoch seine Berechtigung. Es geht nämlich nicht nur um die puren Quantitäten von Zeichen, die produziert und über die Kommunikationskanäle gejagt werden. Es geht um Texte mit einem ästhetischen Anspruch und deren Stellenwert in den Curricula, in den Bildungsprogrammen, in der Gesellschaft. Betrachtet man diesen, muss man zu dem Schluss kommen, dass die Literatur in ihren klassischen und modernen Varianten nur noch ein Schattendasein fristet. Aus dem ehemaligen Leitmedium der bürgerlichen Kultur wurde eine Textsorte unter vielen, ein Medium unter anderen. Der Kanon ist verschwunden, niemand verlangt mehr die Lektüre der Klassiker der Weltliteratur, die meisten Lehrpläne begnügen sich mit dem Hinweis, dass einige »Ganzschriften« im Deutschunterricht gelesen werden sollten, nicht einmal Goethes »Faust I« wird noch namentlich erwähnt.

Muss man diese Entwicklung bedauern? Sollte man dagegen etwas unternehmen? Ist nicht jedes Zurück reaktionär in einer Zeit, die nach vorne will? Sollte man junge und nicht mehr ganz so junge Menschen auch um den Preis, sich lächerlich zu machen, dazu auffordern, lieber zu lesen anstatt zu posten, zu chatten, zu twittern oder sich auf Youtube als Kurzzeitmedienstars feiern zu lassen? Ja, man sollte. Literatur ist nämlich mehr als die zufällige Bekundung von Befindlichkeiten, Literatur ist etwas anderes als Kommunikation, Literatur lässt sich nicht auf die Verkündigung einer moralischen Botschaft reduzieren, Literatur, sofern sie gelingt, ist ein ästhetisches Ereignis, das es Menschen und Gesellschaften erlaubt, sich über ihr Denken, Fühlen und Handeln zu verständigen.

Die Lust an der Literatur, die Lust am Lesen entzündet sich an Geschichten, Erzählungen, Fiktionen und Figuren, letztlich aber an Büchern, die das Eintauchen in eine fremde, imaginierte Welt zu einer unmittelbaren Erfahrung des Lesenden machen. In den klassischen Bildungskonzepten spielte deshalb die Begegnung mit der Literatur, spielte das Leseerlebnis stets eine besondere Rolle. Wer zum Beispiel eine Ahnung von der Tiefe und Weite, von der Vielfalt und der Verbundenheit der europäischen Kultur in all ihrer Ambivalenz erlangen will, wird dies nicht können, ohne deren große Autoren zu lesen.

Dass die meisten Lehrer und Didaktiker es nicht mehr übers Herz bringen, klare Empfehlungen auszusprechen und etwa die Lektüre der Romane von Flaubert oder Fontane, Thomas Mann oder Dostojewski nahezulegen, signalisiert nicht nur eine unnötige Verbeugung vor einem lesefaul gewordenen Zeitgeist, sondern schneidet die jungen Menschen von den Wurzeln ihrer Kultur ab. Damit sabotiert diese Haltung aber auch die Zukunft dieser Kultur. Eine Gesellschaft, die keine verbindlichen Lektüren mehr kennt, bringt sich damit unnötigerweise um jene Verfeinerung der Emotionen, der Urteilskraft und des Verstandes, die heute so dringend gebraucht würde.

Eine entsetzliche Entdeckung

Die Digitalisierung, bewundert viel und viel gescholten, verhilft manchmal zu Entdeckungen, die man lieber nicht gemacht hätte. So lasen wir in Elias Canettis Roman »Die Blendung«, dass eine Ansammlung von Büchern erst dann eine ernstzunehmende Bibliothek genannt werden darf, wenn sie etwa 20 000 Bände umfasst; wir verstanden das nicht nur, sondern setzten alles daran, in den Besitz und den Genuss solch einer Bibliothek zu kommen. Nach Erfordernissen, Launen und Zufällen kauften wir Bücher, manchmal unter einem systematischen Gesichtspunkt, manchmal willkürlich, manchmal weil es der Zeitgeist so wollte, dann wieder, weil wir gegen diesen rebellierten. Was dabei in Jahren und Jahrzehnten zusammenkam, war vielleicht nicht immer eine Bibliothek, die Canettis Vorgaben entsprach, aber es war eine unübersehbare, die Wohnung füllende und beherrschende Dokumentation eines geistigen Lebens.

Die Bücher einer Bibliothek haben ihre Geschichte. Viele von ihnen wurden unter besonderen Umständen erworben, manchen jagte man nach, an manchen hatte man schwer getragen, andere wieder stellten die Erfüllung eines Traumes dar, wiederum andere waren zu Knotenpunkten einer intellektuellen Entwicklung geworden: Das hatte man gelesen, davon war man gefesselt, so hatte man einmal gedacht, davon war man befremdet, davon begeistert. Und dann gab es die Schmuckstücke, seltene Ausgaben, Werke, die aus den Buchhandlungen verschwunden waren, Texte, die man überhaupt nur zu einer bestimmten Zeit oder in einer bestimmten Phase seines Lebens hatte lesen können. Dass diese noch immer dastehen und ihren Besitzer angrinsen, treibt dem klüger Gewordenen mitunter die Schamesröte ins Gesicht. Ja, vor der Flugscham gab es einmal die Lesescham. Je nach politischer oder ästhetischer Ausrichtung musste man stirnrunzelnden Besuchern stammelnd erklären, warum Ernst Jünger, Josef Stalin oder gar Hermann Hesse in der eigenen Bibliothek zu finden waren.

In einer Bibliothek, die man selbst zusammengetragen hat, kann man, wenn man die Finger über die langen Reihen der Buchrücken streifen lässt, einen wesentlichen Teil seiner Lebensgeschichte abschreiten – im Guten wie im Bösen. Und dann öffnet man sich den modernen Technologien und erkennt: Das alles ist nun bedeutungslos geworden. Nahezu alle diese Bücher führen mittlerweile eine Existenz als digitale Datei, sind auf Knopfdruck abrufbar, keines muss man mehr aufspüren. Man könnte alle seine Bücher weggeben und hätte doch fast nichts verloren. Die Sammlung ergibt keinen Sinn mehr, denn mehr, als man je hätte sammeln können, steht im digitalen Universum zur Verfügung. Wir haben Zugriff auf alles, ohne Einschränkung. Diese gigantische virtuelle Bibliothek hinterlässt jedoch keine Spuren mehr – weder in unserer Umgebung noch in unserem Leben, noch in unseren Sinnen.

Niemand gesteht sich gerne ein, wenn die Werte, an denen man glaubte, ein Leben orientieren zu können, jeden Wert verloren haben. Die Entwertung liegt jedoch im Wesen des Wertes. Aber es ist ein Unterschied, ob ich selbst meine Präferenzen ändere oder ob eine neue Technologie meine vermeintlichen Schätze zu Müll werden lässt. Eine physische Bibliothek ist heute nahezu unverkäuflich geworden, denn wir haben Zugriffsmöglichkeiten auf mehr Bücher denn je. Doch diese hören auf, mögliche Gegenstände unseres unmittelbaren Begehrens zu sein. Durch die Digitalisierung haben wir wohl eine Welt an Möglichkeiten gewonnen – und das ist nicht wenig. Die darin zu immateriellen Objekten degradierten Dinge aber haben ihre Seele verloren.

Morsche Metaphern

Keine Beschreibung der Wirklichkeit kommt ohne Sprachbilder, Vergleiche und Metaphern aus. Wie treffend diese auch sein mögen – sie verraten immer etwas über die offenkundigen oder auch unbewussten Absichten, Haltungen und Einstellungen, die sich mitunter auf unerquickliche Weise damit verbinden. Beobachtet man die Karriere von Sprachbildern in jenen Diskursgemeinschaften, die in der Regel großen Wert auf moralische Integrität und korrekte Formulierungen legen, fällt die Häufung von Metaphern auf, die man politisch ganz woanders vermuten würde, betreiben sie doch die Naturalisierung gesellschaftlicher Prozesse.

Beginnen wir mit der neuerdings so beliebten »toxischen Männlichkeit«. Während auf der einen Seite gerne behauptet wird, dass Sexualität eine gesellschaftliche Konstruktion sei, deren Modellierung jedem offenstehe, wird in dieser Formulierung deutlich gemacht, dass Chromosomen und Hormone immer schon entschieden haben und dass diese Form von menschlichem Leben Gift sei für alles andere – für Frauen ohnehin, aber auch für Kinder, die Gemeinschaft und das Klima. Wenn eine durch ihre körperlichen Merkmale bestimmte Gruppe von Menschen generell zu Gift für alle anderen erklärt wird: Wie würde man das nennen, handelte es sich nicht um Männer?

Der Antisemitismus, so lasen wir an mehreren Stellen, breite sich wieder »wie ein Krebsgeschwür« über Europa aus. Nun handelt es sich beim Antisemitismus zweifellos um eine Einstellung, die mit allen Mitteln bekämpft werden muss. Aber was ist gewonnen, wenn diese in einer Weise pathologisiert wird, die nur einen Sinn ergibt, wenn die Gesellschaft als biologischer Organismus verstanden wird, der von wuchernden Krebszellen befallen und letztlich zerstört werden kann? Dieses Bild unterstellt das prekäre Phantasma der »gesunden« Gesellschaft und suggeriert eine pathologische Unausweichlichkeit, die nichts erklärt, die Aufklärung über den Antisemitismus aber sabotiert.

Nicht besser wird es, wenn man liest, dass wieder einmal ein Video in den sozialen Medien »viral gegangen« sei. Was will uns das Bild des Virus, der sich unaufhaltsam ausbreitet, andeuten? Dass die Strukturen von Medien und die in und mit ihnen arbeitenden Menschen einem blinden Naturzustand gleichen, in dem man jederzeit Opfer einer Infektion werden kann? Dass diese Verbreitung nur funktioniert, weil sich Menschen bewusst dafür entschieden haben, bestimmte Seiten und Links anzuklicken und weiterzuleiten, wird schnell ausgeblendet.

Ähnlich verhält es sich mit jenen politischen Positionen, denen man nicht mit sachlichen Argumenten begegnen, sondern deren Urheber man »unter Quarantäne stellen« möchte. Die allgemeine Berührungsangst, die das Zustandekommen vieler Diskussionen erst gar nicht mehr erlaubt, das universelle Reinheitsgebot, das mittlerweile über allem Denken lastet, gefällt sich in der Rhetorik der Immunologie. Gewonnen ist damit nichts.

Daran ändert sich wenig, wenn biologistische Metaphern ins Positive gewendet werden. Dass Vielfalt oder Nachhaltigkeit in der »DNA« von Unternehmen »liegen«, wie uns deren Marketingabteilungen versichern, soll uns zweifellos beruhigen: Das Unternehmen kann gar nicht anders, als gut zu sein. Tatsächlich aber können Unternehmen immer auch anders. Nichts liegt in ihrer DNA, denn sie haben keine.

Diese Metaphern sind samt und sonders schief, kontaminiert mit einer Überdosis Ideologie, die sich aus einem moralischen Überlegenheitsgefühl, sprachlicher Unbedarftheit und einem veritablen Reflexionsdefizit zusammensetzt. Sie sind morsch und letztlich unbrauchbar. Wir sollten auf sie verzichten.

Seichte Sprache

Heute muss alles leicht gehen. Sich anzustrengen ist verpönt, noch verpönter ist es, jemandem eine Anstrengung abzuverlangen. Bis zu vierzig Prozent der Erwachsenen, so lesen wir, sind des Lesens und Schreibens so entwöhnt, dass sie normalen schriftlichen Kommunikationen nicht mehr folgen können. Zwar sollten diese Menschen in der Schule einmal die grundlegenden Kulturtechniken erworben haben, aber wer diese nicht ständig nutzt, verliert offenbar diese Fähigkeiten wieder. Nun könnte man versuchen, davon Betroffene wieder an die Sprache, an anspruchsvollere Texte, an Bücher heranzuführen – aber das wäre für alle Beteiligten viel zu anstrengend. Einfacher ist es, alles zu vereinfachen. Da kommt das für Menschen mit kognitiven Einschränkungen und für sprachunkundige Migranten entwickelte Konzept der *Leichten Sprache* gerade recht.

Was aber soll man unter Leichter Sprache verstehen? Die Duden-Redaktion legte ein Handbuch »Leichte Sprache« vor, das die theoretischen Grundlagen und die Orientierung für die Praxis liefern soll. Unter Aufbietung aller Raffinessen, die der Jargon der Soziolinguistik bietet – also in ziemlich schwerer Sprache –, wird die These propagiert, dass Leichte Sprache eine Varietät der deutschen Sprache unter vielen sei, irgendwo angesiedelt zwischen Dialekten, Fachsprachen, Jugendsprachen und Xenolekten. Diese These mutet einigermaßen kühn an, handelt es sich bei Leichter Sprache doch um ein reines Kunstprodukt, das vom *Netzwerk Leichte Sprache* entwickelt wurde. Leichte Sprache ist dann auch im Wesentlichen durch einen Katalog von Verboten charakterisiert. Nicht erlaubt sind unter anderem Nebensätze, zusammengesetzte Hauptwörter, Passivkonstruktionen, Zeitenfolgen, Jahreszahlen, Metaphern, der Konjunktiv und der Genetiv.

Schöne neue Sprachwelt. Zahlreiche Behörden sind mittlerweile verpflichtet, ihre Verlautbarungen auch in Leichter Sprache zu veröffentlichen, einige gehen dazu über, alle Bürger nur noch in Leichter Sprache zu informieren, um die Stigmatisierung von Menschen zu verhindern, die auf Leichte Sprache angewiesen sind. Übersetzungsbüros schießen aus dem Boden, die Nachfrage ist groß, das Geschäft mit der Vereinfachung läuft bestens. Und bevor noch die erste zögerliche Kritik an diesem Unterfangen geäußert werden kann, hat sich dieses dagegen auch schon immunisiert: Wer Vorbehalte anmeldet, hänge wohl einem reaktionären Bildungsideal an, vertrete kulturpessimistische Positionen und wolle Menschen diskriminieren, die Schwierigkeiten mit einer komplexen Sprache haben.

Sprache, so suggerieren es diese Konzepte, diene nur der Übermittlung simpler Informationen. Wenn man alles Notwendige wie Formulare, Parteiprogramme und Wahlaufrufe gleich in Leichter Sprache verfasse und alles Unnötige wie Goethes »Faust«, die Bibel und Thomas Manns »Zauberberg« in Leichte Sprache »übersetze«, sei niemand mehr von den Segnungen der Politik und Kultur ausgeschlossen. Übersetzen ist hier aber ein gefährlicher Euphemismus. Denn es handelt sich nicht darum, einen Text mit all seinen Nuancen und Bedeutungsebenen von einer in eine andere Sprache zu übertragen, sondern um den Versuch einer radikalen Reduktion, Verflachung und Vereinfachung. Leichte Sprache ist seichte Sprache.

Dass in und mit Sprache gedacht und argumentiert, abgewogen und nuanciert, differenziert und artikuliert wird, dass es so etwas wie Rhythmus, Stil, Schönheit und Komplexität als Sinn- und Bedeutungsträger in einer Sprache gibt, wird schlicht unterschlagen oder als verzichtbares Privileg von Bildungseliten denunziert. Dieselben besorgten Menschen, die sich darüber beklagen, dass die Populisten alles vereinfachen, in den sozialen Medien nur noch primitive Zustimmungs- oder Ablehnungsvokabeln verwendet werden und dem Volk deshalb nicht mehr zu trauen sei, fördern durch die Propagierung der Leichten Sprache ebendiese Entwicklung. Ein Schelm, wer Böses dabei denkt.

Fröhlicher Freitag

Es ist durchaus erstaunlich: Eine junge schwedische Schülerin fand und findet Gehör bei den Mächtigen aus Wirtschaft und Politik, viele unterstützen sie, manche gehen mit ihr auf die Straße, um das Klima dieser Erde zu retten. Das Mädchen fordert radikale Maßnahmen. Damit wurde es zum Star in den sozialen Medien und erntet dort breite Zustimmung. Sogar Jean-Claude Juncker musste Greta Thunberg, wenn auch missmutig, zuhören. Die von ihr initiierten freitäglichen Demonstrationen von Schülern für den Klimaschutz, emphatisch Schulstreiks genannt, werden europaweit wohlwollend aufgenommen, in der Anfangsphase der Bewegung marschierten in Paris auch Erwachsene wie die Schauspielerin Juliette Binoche und die Bürgermeisterin Anne Hidalgo mit, obwohl sie gar nicht mehr zur Schule gehen.

Manches an dieser kleinen Geschichte gibt zu denken. Außergewöhnlich ist es ja nicht, dass sich Politiker mit jungen Menschen treffen, signalisieren sie doch so Zukunftsoffenheit und Verständnis für die nachfolgenden Generationen. Allerdings lässt Greta Thunberg kaum ein gutes Haar an den Machthabern. Die Politiker sollen doch endlich Schluss machen mit der Emission von CO_2! Ansonsten müssten sie damit rechnen, als die größten Verbrecher aller Zeiten in die Geschichte einzugehen. Manche Volksvertreter halten das für leicht übertrieben, während sich andere von dieser juvenilen Radikalität durchaus begeistert zeigen, auch wenn sie selbst Adressat dieser Kritik sind.

Jenseits der Frage, ob das Klima so gerettet werden kann, lohnt sich vielleicht überhaupt ein Blick auf die Jugend als Hoffnungsträger. Diese Gedankenfigur ist wahrlich nicht neu, und seit Sturm und Drang, Jungem Deutschland, dem Jugendstil und den Hippies wimmelt es in der Geschichte von Jugendlichen, die die Rettung der Welt auf ihre Fahnen geschrieben hatten. Nicht, dass deren Proteste, Utopien und Attacken ganz ohne Wirkung geblieben wären – aber das, was ursprünglich intendiert gewesen war, wurde in der Regel verfehlt. Das hat nicht nur mit individuellem Versagen oder der grundsätzlichen Korrumpierbarkeit von Menschen zu tun, sondern mit dem Phänomen Jugend an sich.

Wer auf die Jugend baut, baut auf Sand. Und dies aus einem einfachen Grund: Nichts verfliegt so schnell wie die Jugend. Allen Versuchen, die Pubertät ins Unendliche auszudehnen, und allen Infantilisierungsstrategien moderner Medien zum Trotz werden Menschen nach wie vor schneller erwachsen, als ihnen lieb ist. Dann ändern sich die Präferenzen, die Ideale verblassen, die Kraft lässt nach, und man muss nun selbst alle Hoffnung in eine neue Jugend setzen. Die notorischen Klimasünder und ihre politischen Vertreter hatten in ihrer Jugend ja auch von einer besseren Welt geträumt. Viel ist daraus nicht geworden. Die Jugend ist ein Hoffnungsträger, der stets enttäuscht, und an den doch immer wieder geglaubt werden wird.

Bleibt noch der Schulstreik, zu dem Greta Thunberg aufrief. Es handelt sich hier selbstredend um eine symbolische Geste. Aber was besagt diese? Junge Menschen können zwar nicht in einem arbeitsrechtlichen Sinn streiken, sehr wohl aber Bildung verweigern und Bildungsangebote zurückweisen. Die Freitagsdemonstranten tun dies, weil ihnen die Zukunft am Herzen liegt. Bildung allerdings sollte nach maßgeblicher Meinung doch der eigentliche Schlüssel zur Zukunft sein. Auf den Punkt gebracht: Wer freitags fröhlich demonstriert, anstatt die Schule zu besuchen, betreibt Zukunftsverachtung als Zukunftsrettung. Dass hier ein Widerspruch vorliegen könnte, mag vielleicht Erwachsene stören. Zu den unbedingten und beneidenswerten Vorteilen der Jugend aber gehört, dass sie auf eines unbeschwert verzichten darf: Logik.

Kleine Kinder

Das Himmelreich ist nahe. Da dieses nach einem gerne zitierten Wort Jesu nur den Kindern offenstehen soll, kann eigentlich nichts mehr schiefgehen. Zumindest mehren sich die Anzeichen, dass die Gesellschaft den Weg zu ihrer Infantilisierung eingeschlagen hat – der könnte allerdings auch in die Hölle führen.

So propagierte die österreichische Bundesregierung am Höhepunkt der Coronakrise den »Babyelefanten«, um erwachsenen Menschen die Abstandsregel zu verdeutlichen. Abgesehen davon, dass es zwar Elefantenbabys, jedoch keine Babyelefanten gibt, wird suggeriert, dass eine einfache Maßangabe eine intellektuelle Überforderung darstellt. Es scheint, als verhielte sich der moderne Staat wie ein neoabsolutistischer Fürst, der seine Untertanen euphemistisch Landeskinder nennt und dementsprechend behandelt, tatsächlich gehorcht er einem Zeitgeist, dem das Kind als Lebensentwurf heilig geworden ist.

Kindliches Denken und Verhalten werden nicht nur in der Politik, sondern generell zu einer Norm. Dass in Debatten nicht mehr debattiert wird, sondern jene von Podien ausgeschlossen werden, die unsere Gefühle verletzen, gehorcht der Logik des Sandkastens. Dass Menschen Freundschaften abbrechen, wenn sie erfahren, dass man nicht mehr derselben Meinungsblase angehört, erinnert an den trotzig-enttäuschten Ausruf von Kindern, denen am Spielgefährten etwas missfällt: »Jetzt mag ich dich nicht mehr!« Dass jedes Bedürfnis unmittelbar befriedigt werden muss und die Versagung eines Wunsches als Menschenrechtsverletzung gewertet wird, gleicht dem unerbittlichen »Ich will aber!« der Kleinen.

In dieses Bild passt die Verehrung des Kindes als Weltweiser und Weltenretter. Kinder sind die wahren Philosophen, an ihre tiefgründigen Fragen reicht keine Reflexion alter Männer heran. Das Wahlrecht für Frühpubertierende und die Forderung »Kinder an die Macht« empfinden viele Erwachsene nicht als Bedrohung, sondern als Erlösung. Dass die solcherart Ermächtigten weiterhin behütet, umsorgt und vor der Unbill der Welt bewahrt werden wollen, steht auf einem anderen Blatt.

Woher diese Verehrung kommt, erschließt sich nicht wirklich, war doch jeder Erwachsene einmal ein Kind, das die Welt hätte retten können. Warum nur, warum ist das bisher noch nie geschehen? War die segensreiche Kindheit zu kurz? Nun, dann verlängern wir diese doch bis ins hohe Alter. Das erklärt auch, warum sich seit geraumer Zeit läppische Spiele bei Fortbildungsseminaren größter Beliebtheit erfreuen und Lehrer stolz darauf sind, zu reden, zu denken und sich zu kleiden wie die ihnen anvertrauten Jugendlichen. Doch es regt sich Widerstand. Wollte die Philosophin Susan Neiman zum Erwachsenwerden noch sanft ermutigen, forderte ihr Kollege Robert Pfaller schon etwas forscher eine Rückkehr zur »Erwachsenensprache« und zu einem adäquaten Habitus. Und auch der Publizist Alexander Kissler legte eine polemische Abrechnung mit der »infantilen Gesellschaft« vor, die eine amüsante Indiziensammlung juveniler Verhaltensweisen enthält und in einem engagierten Plädoyer für den vom Aussterben bedrohten »reifen Menschen« mündet, der »weder die Welt für eine Ausformung des Ichs noch das Ich für einen bloßen Wurmfortsatz der Welt« hält.

Das ist wacker, fürwahr. Zu bedenken bleibt, dass der Hang zur Infantilisierung gute Gründe hat. Erwachsen werden bedeutet immer die Vertreibung aus einem Paradies. Und das tut weh. Deshalb hatte Jesus recht und unrecht zugleich: Wir wollen das Himmelreich. Aber wir wollen nach langen Mühen nicht erst wieder werden wie die Kinder, wir wollen einfach Kinder bleiben.

Szenen einer Jugend

Dass den jungen Menschen die Zukunft gehört, ist vorab einmal schlicht ein biologisches Faktum. Dass Pubertierende gegenüber den Fragen und Problemen unserer Zeit sensibler eingestellt wären als die meisten Erwachsenen und ihnen deshalb ein größerer politischer Einfluss zugesprochen werden sollte, ist eine beliebte, aber nicht unbedingt schlüssige These. Dass die Welt überhaupt friedlicher, klimafreundlicher und toleranter wäre, ließe man Kinder und Jugendliche an die Macht, ist Ausdruck einer romantischen Hoffnung, die in der Infantilisierung die Erlösung sehen will. Die Realität spricht allerdings eine andere Sprache.

Eine im Jahr 2021 publizierte Studie des Instituts für Jugendkulturforschung untersuchte das Zugehörigkeitsgefühl junger Menschen zu unterschiedlichen Szenen. In der Teilhabe an bestimmten Milieus, so wird suggeriert, spiegeln sich nicht nur Einstellungen, sondern auch Konsumtrends wider, sodass sich daraus erfolgreiche Marketingstrategien ablesen ließen. Im Gegensatz zu den beliebten Wertestudien, die jene Präferenzen abfragen, zu denen man sich leichthin bekennen kann, ohne sich in der Praxis daran orientieren zu müssen, trifft die Identifikation mit einer bestimmten Szene viel genauer die alltäglichen Lebensvollzüge und erlaubt triftigere Rückschlüsse auf das, was jungen

Menschen tatsächlich wichtig ist. Ein Blick auf die verblüffenden Ergebnisse dieser Umfrage zeigt, wie sehr das reale Lebensgefühl der Generation der 16- bis 29-Jährigen sich von jenem Bild unterscheidet, das die Medien gerne von dieser zeichnen.

Eine signifikante Zahl junger Menschen fühlt sich in erster Linie der Gaming-Szene verbunden. Der Schiller'sche Spieltrieb feiert im Zeitalter des Smartphones ungeahnte Triumphe. Vor allem bei Burschen ist Zocken zu einer Lebensform geworden. Mädchen und junge Frauen hingegen definieren sich eher über ihre Aktivitäten auf Instagram. Dass die intensive Nutzung digitaler Geräte die CO_2-Bilanz zusätzlich belastet, schlägt dabei wenig zu Buche, denn die Jugend ist nicht besonders klimabewusst. Bei jungen Männern hat – ganz gegen den grünen Zeitgeist – die Motorrad- und Autoszene deutlich an Attraktivität gewonnen, und wenn den Nachwuchs etwas bewegt, dann die Sorge um die Ästhetik des eigenen Körpers. Fitness und die dazugehörigen Lebensstilprodukte florieren auch in Zeiten der Pandemie.

Nur ein verschwindend kleiner Prozentsatz identifiziert sich mit *Fridays for Future,* noch geringer ist der Anteil derjenigen, die sich in der LGBTQ+-Community wiederfinden. Immerhin: In Deutschland gibt es wenigstens kleine Gruppen, die sich zu Fahrrad und Veganismus bekennen, in Österreich liegen diese Szenen unter der statistischen Wahrnehmungsschwelle. Die Fragen, die zu heftigen Debatten in den Feuilletons führen, spielen offenbar im Denken und Leben jener Generation, die diese angeblich aufgeworfen hat, kaum eine Rolle. Die Idealisierung der Jugend ist ein Projektionsprojekt akademischer Eliten.

Solch eine Studie muss nicht überbewertet werden. Aber sie korreliert mit Umfragen, die man auch in anderen Ländern wie der Schweiz gemacht hat. Diese zeigen, dass es falsch wäre, von der Jugend als einer einheitlichen sozialen Gruppe zu sprechen und dieser bestimmte Eigenschaften, Vorlieben und Anliegen generell zuzuschreiben. Jungsein ist kein Garant für Aufgeschlossenheit, Engagement, nachhaltiges Wirtschaften und weitsichtiges Denken. Das schließt die produktive Neugier und innovative Unbekümmertheit junger Menschen nicht aus. Besser, als sich auf die Jugend als Gewissen der Welt zu verlassen, ist es jedoch, die Dinge selbst in die Hand zu nehmen.

Furchtbare Freiheit

Die akademische Welt ist voller Überraschungen. So erreichte mich einmal die elektronische Nachricht eines Studenten, der ein etwas seltsames Anliegen vorbrachte. Er schreibe an einer Arbeit über die Vorschriften des »geschlechtsneutralen Sprachgebrauchs« an seiner Universität, und er habe gelesen, dass ich es den Studenten in meinen Seminaren freistelle, ob sie »gendern« oder nicht. Das habe ihn doch sehr gewundert, dass da jemand gegen den akademischen Common Sense verstoße. Da er sich aber auch für »konträre« Argumente interessiere, möchte er mir die Gelegenheit einräumen, meinen Standpunkt darzustellen.

Ich gestehe, ich war verwundert. Verteidigen muss sich heute also jemand, der jungen Erwachsenen, die an einer Universität studieren, also zur geistigen Elite des Landes gehören, die Freiheit zugesteht, in sprachpolitisch sensiblen Fragen selbst zu entscheiden, wie sie es damit halten wollen. Freiheit ist zu einem »konträren« Standpunkt geworden, der unter Rechtfertigungsdruck gesetzt wird. Das kann nur bedeuten, dass das Andere der Freiheit, der Zwang, die Unterwerfung, als beglückende Norm empfunden wird. Zum Störenfried des Common Sense wird, wer sich dieser Norm nicht einmal widersetzt, sondern darauf verweist, dass es in diesen und ähnlichen Fragen unterschiedliche

Zugangsweisen gibt, die jeder für sich entscheiden und verantworten könne.

Das Anliegen des Studenten passt ins Bild. Nur ein Beispiel: Im Jahr 2019 forderten selbsternannte Antirassisten, dass ein Symposion an der Universität Frankfurt, das von der renommierten Islamwissenschaftlerin Susanne Schröter organisiert worden war, abgesagt und die Professorin entlassen werden sollte, da unter anderem auch die Islamkritikerin Necla Kelek eingeladen war. Der Vorwurf des antiislamischen Rassismus war in diesem Zusammenhang zwar vollkommen unzutreffend, er zeigt aber, dass die Denunziation, die sich als Empörung tarnt, mittlerweile in bestimmen Kreisen zum Common Sense geworden ist.

Gerade an Universitäten, die die Freiheit von Forschung und Lehre noch irgendwo in ihren Satzungen verankert haben, macht sich ein Ungeist breit, der besorgniserregend ist. Der Ruf nach Vorschriften, nach Verboten, nach Regelungen des Sprachgebrauchs, nach Normierung von Leselisten, nach Verbannung aller Positionen und Meinungen, die einem vermeintlich unfehlbaren Zeitgeist widersprechen, wird dabei nicht von übergeordneten Instanzen autoritär vorgeschrieben, sondern er kommt von unten. Von der Basis. Von den Studenten. Von kleinen, aber lautstarken Gruppierungen.

Dass Universitätsleitungen auf solche Rufe, mit der Freiheit des Denkens, Sprechens und Schreibens doch endlich Schluss zu machen, nur sehr zögerlich reagieren, wenn sie sich diesen illiberalen Anliegen gegenüber nicht überhaupt als willfährig erweisen, kann durchaus als fatales Signal gewertet werden. Und dass jene, die ansonsten mit der Phrase »Wehret den Anfängen« schnell bei der Hand sind, hierzu schweigen und keine Anfänge sehen wollen oder können, stimmt auch nicht gerade zuversichtlich.

Immanuel Kant hat in seiner kleinen Schrift über die Aufklärung angemerkt, dass es vor allem Faulheit und Feigheit sind, die die Menschen daran hindern, ihrer selbstverschuldeten Unmündigkeit zu entkommen. Faulheit kommt heute dafür wohl nicht mehr in Frage. Gerade an Universitäten wird so viel publiziert, getalkt, evaluiert und dokumentiert wie nie zuvor, Leitbilder, Zielvereinbarungen, Kompetenzkataloge und grandiose Selbstdarstellungen werden am laufenden Band produziert. Dann bleibt wohl nur noch die Feigheit.

Dass jemand, aus welchen persönlichen Motiven auch immer, Freiheitszumutungen abwehrt, mag man ja noch akzeptieren. Aber woher diese Wut, woher diese Unduldsamkeit, woher dieser fanatische Hass auf jene, die für sich die Freiheit des Denkens noch in Anspruch nehmen wollen? Freiheit muss in der Tat etwas Furchtbares sein.

Vieles vergessen

Bei einer Utopie-Konferenz, die auf Initiative von Richard David Precht im Jahre 2018 an der Universität Lüneburg stattfand, wurde auch über Bildung gesprochen. Die Zukunft, so hörten wir, wird ganz andere Formen des Lernens verlangen. Vor allem wird es nicht mehr um einen Stoff gehen, dieses Wort sollte verboten werden, und auch nicht mehr um ein Lernen im rein kognitiven Sinn, denn alle Untersuchungen zeigten, dass das meiste, das Kinder und Jugendliche in Schulen lernen, wieder vergessen wird. Nur das, so die These, was mit starken emotionalen Erfahrungen und Erlebnissen verbunden ist, bleibt im Gedächtnis.

All das ist zwar keine Zukunftsmusik, sondern gehört seit langem zum rhetorischen Arsenal der Reformpädagogik, aber es klingt nichtsdestotrotz noch immer plausibel. Schaut man jedoch genauer hin, entdeckt man an dieser beliebten Kritik einer angeblich antiquierten Lernkultur selbst einige erschreckende Züge. Man stelle sich vor, es gelänge tatsächlich, Kinder und Jugendliche ununterbrochen so mit emotionalen Erfahrungen zu versorgen, dass sie diese nie mehr vergessen könnten: Solch eine Schule wäre zweifellos die Hölle. Dass Leerläufe und die Möglichkeit, sich innerlich zu dispensieren, essentiell zur Logik des Lernens gehören, hat eine erfahrungsversessene Pädagogik leider vergessen.

Vergessen hat sie aber auch, über das Vergessen selbst nachzudenken. Der Sinn des Lernens im Zuge von Bildungsprozessen besteht nämlich nicht darin, sich alles für alle Zeiten zu merken. Das Gedächtnis ist keine Festplatte, auf der etwas gespeichert und jederzeit wieder abgerufen werden kann, sondern es arbeitet prinzipiell selektiv. Leben selbst, nicht nur Lernen, ist ein Wechselspiel von Erinnern und Vergessen. Es kann sinnvoll sein, den Versuch zu unternehmen, etwas Gelerntes zu behalten, indem man ständig daran weiterarbeitet, es kann aber auch sinnvoll sein, etwas nur für eine bestimmte Situation zu lernen und dann wieder zu vergessen.

Das Vergessen hinterlässt Spuren. Wer etwas lernt und dann wieder vergisst, ist deshalb ein anderer als der, der nicht durch diesen Prozess gegangen ist. Gelesene Bücher, deren Inhalt man mehr oder weniger vergessen hat, sind etwas anderes als ungelesene Bücher. Und wenn Bildung etwas mit dem Kennenlernen unterschiedlicher Formen und Disziplinen des Wissens zu tun hat, mit der Auseinandersetzung mit verschiedenen Konzepten der Weltdeutung und Weltbegegnung, dann bedeutet dies immer auch, sich irgendwann auf einiges davon zu konzentrieren und anderes allmählich wieder zu vergessen. Aber hätte man nicht die Möglichkeit gehabt, vieles zu lernen, hätte man bestimmte Wege nicht einschlagen können. Unterricht auf das beschränken zu wollen, was später nützt, ist deshalb immer der falsche Ansatz. Niemand weiß, was später nützen wird.

Die alltagssprachliche Rede, dass man auch im Geistigen manches erst verdauen muss, weiß, wovon sie spricht. Natürlich soll man lernen, um etwas zu erfahren und zu wissen. Man muss dazu aber nicht nur viel aufnehmen, sondern vieles auch wieder ausscheiden, um das zu behalten, was letztlich die Bildung ausmacht. Lehrer sollten sich ruhig dazu bekennen, dass sie einen Stoff anbieten, von dem vieles früher oder später wieder vergessen werden wird. Aber jeder Schüler wird anders und anderes vergessen. Und genau darum geht es.

Folgt der Wissenschaft!

Das Beste wäre es, der Wissenschaft zu folgen. Dies ist ein Ratschlag, den sich Politiker aller Couleurs in letzter Zeit ziemlich oft anhören müssen. Ob es um den Klimawandel oder die Coronapandemie, um die Nutzung der Kernkraft oder die Reformen im Bildungswesen geht: Jede wissenschaftliche Expertise scheint eine Handlungsanleitung zu enthalten, der sich nur Ignoranten verweigern können. Die Qualität politischer Entscheidungen wird daran gemessen, wie sehr es gelingt, die Empfehlungen und Vorgaben der Experten umzusetzen.

Auf den ersten Blick ist dies auch vernünftig. Wissenschaft und Technik bestimmen in vielen Bereichen unser Leben. Für dabei auftretende Fehlentwicklungen und Schäden gilt der Satz aus Richard Wagners »Parsifal«: Die Wunde schließt der Speer nur, der sie schlug. Nur technische Innovationen sind imstande, die negativen Folgen des Fortschritts aufzufangen und zu korrigieren. Wer sich dem Imperativ, der Wissenschaft zu folgen, verweigern wollte, geriete schnell in den Geruch, ein Romantiker, Irrationalist oder Phantast zu sein.

Doch so einfach ist die Sache nicht. Und dies nicht deshalb, weil es sinnvolle Alternativen zur wissenschaftlichen Rationalität gäbe. Die gibt es nicht. Aber, und dies wird gerne übersehen, es liegt im Wesen der neuzeitlichen Wissenschaft, dass aus ihren Erkenntnissen tatsächlich keine unmittelbaren Handlungsanleitungen folgen. Wissenschaft beschreibt, erklärt, experimentiert, formuliert Hypothesen und entwickelt Modelle, die unterschiedliche mögliche Szenarien antizipieren. Was dann getan, wie im Ernstfall gehandelt werden soll, ist jedoch keine Frage der Wissenschaft. Die Forschung bestätigt einen statistisch relevanten Zusammenhang zwischen Tabakkonsum und Lungenkrebs. Ob Raucher diese Einsicht berücksichtigen oder nicht, bleibt ihnen überlassen. Beschließt eine Gesellschaft auf Basis der medizinischen Befunde, die Gesundheit ihrer Mitglieder durch Rauchverbote zu schützen, ist dies eine politische Maßnahme.

Die Aufgabe der Politik besteht in der Ordnung des Gemeinwesens. Sie wird dazu das Wissen über die Welt und die Menschen nicht ignorieren und vor allem die Grundlagenforschung fördern, um die Wissenschaft selbst nicht kurzfristigen Interessen auszuliefern. Die Politik kann ihre Entscheidungen durch Forschungsergebnisse stützen, sie kann sich diese aber nicht von Fachleuten abnehmen lassen.

Da Wissenschaft kein monolithisches, sondern ein dynamisches Unternehmen ist, das durch konkurrierende Theorien und offene Debatten gekennzeichnet ist, gibt es in ihr prinzipiell nicht jene Eindeutigkeit, die sich manche als Leitfaden ersehnen. An der aktuellen Kontroverse um den »grünen« Charakter der Kernenergie lässt sich dies ablesen. Wie und ob man die CO_2-Neutralität von Atomreaktoren gegen die ungelösten Probleme der Endlagerung und das Risiko von Verstrahlungen nach Unfällen aufrechnet, ist letztlich eine politische Frage. Sie wird durch die Machtverhältnisse, nicht durch Gutachten beantwortet.

Dass Experten die besseren Politiker wären, war immer schon ein Irrtum. Die Technokratie ist keine Lösung, weil diese selbst einen verengten Blick auf die Welt darstellt. Die atemberaubenden Erfolge der modernen Wissenschaften haben auch eine gewisse Distanz zur Gesellschaft zur Voraussetzung. Wir sollten deshalb die Gestaltung unseres Zusammenlebens ohne Erröten als politische Aufgabe begreifen. Das bedeutet weder Ignoranz noch Skepsis gegenüber der Wissenschaft, sondern verweist darauf, dass in einer Demokratie die Verantwortung bei den Bürgern liegt. Die Wissenschaft taugt weder als Ausrede noch als Feigenblatt für die Politik.

Billige Bildung

Jedes Mal, wenn sich ein Sommer seinem Ende zuneigt und die Schulen wieder ihre Pforten öffnen, hämmern auch die Bildungsrevolutionäre in die Tasten. Regelmäßig wird die ohnehin von Dauerreformen geplagte Schule der Gegenwart ihres Ungenügens überführt, und es werden Visionen entwickelt, von denen man nicht zu sagen wüsste, was schlimmer ist: deren intellektuelle Unbedarftheit oder die Vorstellung ihrer Realisierung.

Aktuell dominieren zwei Konzepte die Köpfe der Bildungsrevolutionäre. Das eine könnte man »Erlösung durch Technik« nennen. Alles wird besser, wenn endlich die Digitalisierung in den Klassenzimmern Einzug gehalten hat. Dass die kritische Begleitmusik, die seit geraumer Zeit dem Digitalisierungsdiskurs folgt, von den Bildungsexperten geflissentlich überhört wird, zeugt davon, dass es ihnen durchwegs an jenem kritischen Sensorium mangelt, das sie ansonsten unter dem Stichwort Medienkompetenz gerne einmahnen. Im blauäugigen Vertrauen in eine digitale Welt, in der niemand mehr etwas wissen muss, weil sich alles im Internet findet, drückt sich weniger eine didaktische Perspektive als vielmehr eine veritable Verachtung des Wissens aus, die umso paradoxer erscheint, als ja angesichts der Lügen und Halbwahrheiten in den sozialen Netzwerken gerne vor dem Verlust der Urteilskraft gewarnt wird.

Das andere Konzept ließe sich trefflich unter dem Titel »Erlösung durch Infantilisierung« zusammenfassen. Alles wird besser, wenn Lehrer und andere Erwachsene endlich damit aufhören, Kinder und Jugendliche zu belehren, und diese individuell, selbstbestimmt und ihren Interessen folgend tun und lassen können, was sie wollen. Herkömmliche Strukturen müssen deshalb aufgelöst, Schulen in Lernhäuser umgewandelt, die Fächer und Disziplinen abgeschafft und in Projekte transformiert werden. Dass der Erfolg einer wissensbasierten Kultur auch von einer Ökonomie des Lernens abhängt, die es erlaubt, sich etwas in kurzer Zeit – etwa durch einen spannenden Frontalunterricht – anzueignen, was andere in mühsamer Arbeit zusammengetragen haben, wird dabei vergessen.

Es lohnt sich, kurz bei dem Phantasma des interessengeleiteten Lernens zu verweilen. Dieses unterschlägt nämlich, dass die Herausbildung von Interessen selbst das Resultat eines Lernprozesses ist, der nicht zuletzt von den Fähigkeiten und dem Einsatz der Lehrpersonen abhängt, mit denen Kinder und Jugendliche konfrontiert werden. Man könnte Schule geradezu umgekehrt als jene Institution beschreiben, die die Aufgabe hat, junge Menschen mit Dingen bekanntzumachen, die sie nicht kennen und für die sie sich (noch) nicht interessieren. Dass dies auch mit den avancierten technischen und didaktischen Möglichkeiten versucht werden soll, versteht sich eigentlich von selbst.

Wer sich einmal in einige Gebiete der Kultur und des Wissens vertieft hat, weiß, dass es nahezu nichts gibt, was nicht interessant werden könnte. Keine Vorgaben zu machen, keine Leistungsanreize zu bieten, sondern auf die irgendwie zustande gekommenen Interessen und intrinsischen Motivationen der Schüler zu hoffen, schreibt auch deren von infantilen Regungen dominierten Bewusstseinszustand fest. Ähnlich unsinnig ist die Vorstellung, in Schulen nur noch das zu vermitteln, was später einmal gebraucht werden kann. Kultur bedeutet schlechthin, mehr zu wissen und auch anderes zu tun als das Notwendige.

Die großen Revolutionen im Bildungsbereich zu verkünden ist wohlfeil. Phrasen und hochtrabende Leerformeln kosten nichts. Diese billige Bildung, setzt sie sich in den Köpfen von Entscheidungsträgern und Lehrpersonen einmal fest, wird uns aber noch teuer zu stehen kommen.

Unanständiger Unterricht

Ist heute von Schule und Bildung die Rede, sind große Worte unvermeidlich. Immer geht es gleich um Exzellenz und Spitzenplätze, um das Beste für unsere Jugend, um flächendeckende Digitalisierung, um die großen Herausforderungen, um die Kompetenzen für das 21. Jahrhundert und das dritte Jahrtausend.

Apropos Kompetenzen: Der Erziehungswissenschaftler Roland Reichenbach hat einmal davon gesprochen, dass »Kompetenz« unter unseren zeitgeistigen Begriffen derjenige ist, der die größte »Anbandelungswut« entwickelt hat. Ungeniert und hemmungslos verbindet sich die Kompetenz mit allen nur denkbaren Substantiven, von der Sprachkompetenz bis zur Reflexionskompetenz, von der Lesekompetenz bis zur Medienkompetenz, von der Sozialkompetenz bis zur Kommunikationskompetenz, von der Teamkompetenz bis zur Selbstkompetenz, von der Bürgerkompetenz bis zur Zukunftskompetenz reicht dieser halbseidene Reigen. Solch verbale Promiskuität ist in der Tat obszön, und anständige Menschen sollten das Wort Kompetenz, in welcher Verbindung auch immer, nicht mehr in den Mund nehmen.

Die eigentliche Unanständigkeit aber lauert hinter diesen Phrasen. Sie besteht im Glauben, dass Schule, Unterricht und Bildung junge Menschen umfassend auf die Zukunft vorbereiten und ihnen alle Fähigkeiten vermitteln könnten, die gebraucht werden, um die kommenden Herausforderungen anzunehmen und zu bewältigen. Und deshalb werden neue Kulturtechniken propagiert – *Coding* –, missliebige Inhalte entsorgt – die Kunst der alten weißen Männer –, neue Fächer oder Fächerbündel eingeführt – Ernährung, Medien und Klima – und moderne Lernformen verordnet – interaktiv, digital und ohne lästige Lehrperson.

Hinter all dem Wortgetöse, dem die pädagogische Praxis zum Glück nur selten folgt, steckt ein grundsätzlicher Irrtum. Da kein Mensch weiß, was die Zukunft bringen wird, ist es schlechterdings verantwortungslos, dieses Unwissen zum Maßstab und zur Zielvorstellung für die Formen und Inhalte des Unterrichts zu machen. Das führt nur zu Scharlatanerie und falschen Propheten. Es geht nicht darum, herauszufinden, welche Bildung wir für das 21. Jahrhundert benötigen, sondern darum, jene Bildung zu vermitteln, die notwendig ist, um zu verstehen, warum die Welt so geworden ist, wie sie nun einmal ist. Bilden bedeutet ganz wesentlich, Errungenschaften weitergeben zu können. In ihrem Zentrum stehen, und da hilft aller Zukunftsfuror nichts, die Leistungen der Vergangenheit.

Statt eine dubiose Zukunftsoffenheit zu propagieren, sollte man lieber darüber nachdenken, was von dem, was Menschen bisher an Wissen und Erkenntnis, an Kunst und Kultur, an Ethos und Moral, an Methoden und Technologien entwickelt haben, aus guten Gründen erhalten, bearbeitet, vermittelt und unterrichtet werden kann. Das hat nichts mit Traditionspflege oder starrem Festhalten an Überholtem zu tun, sondern mit den notwendigen Voraussetzungen für ein bewusstes und mündiges Leben in einer nicht gerade einfachen Welt. Die Vergangenheit ist ein Fundament, aber keine Norm.

Vielleicht aber sollte man das Verhältnis von Zukunft und Bildung zumindest versuchsweise überhaupt einmal radikal umdrehen. Wie wäre es, wenn man die Bildung nicht an der Zukunft, sondern die Zukunft an der Bildung misst? Immerhin gibt es großartige Entwürfe einer Erziehung zur Mündigkeit, zur moralischen und ästhetischen Sensibilisierung des Menschen, zur Humanisierung der Affekte, zu einem Streben nach Weisheit und Einsicht, die dafür herangezogen werden könnten. Man sollte auch einmal darüber nachdenken, wie eine Welt beschaffen sein müsste, die solchen Bildungsansprüchen genügte. Bildung benötigt keine Kompetenzen; sie benötigt Selbstbewusstsein.

Digitale Drogen

Viel ist in letzter Zeit von der Digitalisierung der Bildung die Rede, Jahre der »digitalen Bildung« werden ausgerufen, und ganz Zeitgeistige wie die renommierte Fraunhofer Academy sprechen gleich von Bildung 4.0 und dokumentieren damit, dass es keinen Unsinn gibt, der sich nicht sagen lässt. Überall werden Offensiven gestartet, um Schulen mit digitalen Endgeräten zu versorgen, den Unterricht auf digitale Lehrmittel und Methoden umzustellen und so die angeblich notwendige »digitale Kompetenz« zu vermitteln, ohne die ja die Zukunft nicht bewältigt werden kann. Das Geld, das in manchen Ländern im Bildungsbereich an allen Ecken und Enden fehlt, ist plötzlich da, wenn es darum geht, Großaufträge an die entsprechenden Industrien und Konzerne zu vergeben, die ja nicht nur die Geräte, sondern gleich auch die Programme dazu liefern – auch eine Form der Privatisierung des Wissens.

Es gibt allerdings keine empirische Untersuchung, die zeigen könnte, dass der frühzeitige Einsatz digitaler Medien irgendwelche positiven Effekte hätte. Weder wird mehr noch besser, noch nachhaltiger, noch umfassender gelernt, und auch die vielbeschworene Medienkompetenz, die man sich davon gerne erhofft, will sich nicht einstellen. Und besser vorbereitet auf eine Zukunft, die niemand kennt, ist dadurch auch niemand. Denn wenn es stimmt, dass die technisierte Arbeitswelt bald keine Menschen mehr benötigt, hat derjenige die besten Aussichten, der etwas zu bieten hat, das weder digitalisiert noch automatisiert werden kann.

Hier wiederholt sich ein grundlegendes Missverständnis, das schon seit Jahrzehnten sein Unwesen treibt. Wie oft sind im Bereich der Bildung alle Hoffnungen in technische Innovationen gesetzt worden: in den Videorecorder, in den programmierten Unterricht, in Sprachlabors, in den Overhead-Projektor, in PowerPoint und Whiteboards und nun in die umfassende Digitalisierung. Und wie immer werden nach kurzer Zeit die Geräte veraltet und nicht gewartet sein, die Ergebnisse bescheiden bis alarmierend, aber die sozial und kulturell Benachteiligten und Zurückgebliebenen werden sich mit ihren gesponserten Tablets wenigstens spielerisch trösten und dies als Bildungserfolg verbuchen können.

Man kann sich des Eindrucks nicht erwehren, dass es manchen nicht schnell genug gehen kann, bis die jungen Menschen jede Form des Denkens, Fühlens und Handelns, die nicht von den Algorithmen der Internetkonzerne bestimmt ist, nicht nur ver-, sondern erst gar nicht gelernt haben und dadurch in jeder Hinsicht von ihren Geräten abhängig werden: digitale Drogen, nun auch staatlich verordnet.

Von der Seite der Pädagogen ist kaum Protest zu erwarten, wer möchte schon als technik- oder fortschrittsfeindlich gelten. Dass der vielbeschworene kritische Umgang mit den digitalen Medien eine Distanz zu diesen zur Voraussetzung hat, die sich aus Kenntnissen und Fähigkeiten speisen muss, die sich nicht der digitalisierten Welt verdanken, ist eine Einsicht, die ausgeblendet wird, obwohl gerade darin eine der zentralen Aufgabe von Schulen läge. Immerhin: Für das unmündige Leben in einer postdemokratischen Gesellschaft, deren digitalisierte Kommunikation zunehmend totalitäre Züge annimmt, werden diese jungen Menschen bestens vorbereitet sein. Und nach der Katastrophe und dem Ende jeder Freiheit wird es wieder einmal niemand gewesen sein.

Naive Natives

Der romantische Mythos vom edlen Wilden kennt viele Varianten. In letzter Zeit erfreute sich vor allem die technoide Version großer Beliebtheit. Die *Digital Natives* durchstreiften angeblich das Netz mit derselben Sicherheit wie indigene Völker den Dschungel oder die Prärie, sie verwendeten ihre Laptops, Smartphones und Tablets ähnlich souverän wie die naturverbundenen Eingeborenen ihre Lanzen, Pfeile und Bögen. Entsprang die Vorstellung vom edlen Wilden der Phantasie romantischer Zivilisationskritiker, so die von den Digital Natives dem Wunschdenken technikaffiner Pädagogen. Beide einte aber eine Haltung: Sie sahen im Objekt ihrer Begierde das, was sie selbst nicht waren.

Aufmerksamen Beobachtern war die euphorische Rede von den Digital Natives immer schon verdächtig vorgekommen. Nur weil ein Kind in einer von digitalen Geräten geprägten Umwelt aufwächst, beherrscht es diese nicht besser als jene *Digital Immigrants,* die sich erst später mit neuen Technologien anfreunden. Wer sich ein wenig mit Technikgeschichte beschäftigt hatte, wusste zudem, dass ein reflektierter Umgang mit neuen Technologien ohnehin eher dort stattfindet, wo die Erinnerung an die antiquierten und nun angeblich überholten Techniken noch wach ist. Dass solche Vermutungen nicht unbegründet waren, bestätigen internationale Studien, die zeigen, dass junge Menschen, die in digitalisierten Umgebungen aufwachsen, keinerlei bemerkenswerte zusätzliche digitale Kompetenzen aufweisen, und dass sie im kritischen Umgang mit neuen Medien genauso geschult werden müssen wie alle anderen auch.

Dieser Befund könnte nicht nur die Vorstellung, es genüge, Klassenzimmer mit Whiteboards und Kinder mit Tablets auszustatten, um Bildungsrevolutionen auszulösen, einigermaßen erschüttern, er könnte auch Anlass geben, einmal prinzipiell über die Sehnsucht von Erwachsenen, Kinder und Jugendliche mit Wunschprojektionen aller Art zu überschütten, nachzudenken. Was steckt eigentlich hinter der von manchen Didaktikern mit Inbrunst vorgetragenen These, dass sich in der digitalen Welt die Rollen von Lehrern und Schülern vertauschen, und sich nun die Lehrer bei den ihnen anvertrauten Kindern den Umgang mit dem Computer abschauen sollten? Was bewegt Soziologen und Pädagogen, Jugendlichen angeborene Kenntnisse für eine Welt zuzuschreiben, die ja nicht Kinder, sondern Erwachsene geschaffen haben?

Im Wesentlichen können zwei Motive für dieses überzogene

Adorieren juveniler Kompetenzen angenommen werden: Zum einen handelt es sich um den Versuch, die Lösung der Probleme, die man selbst verursacht hat, auf die kommenden Generationen zu schieben. Damit das plausibel ist, müssen diese mit Fähigkeiten ausgestattet werden, deren man selbst entbehrt. Und zum anderen spürt man eine fundamentale Unsicherheit, die schon den Anspruch, dass Erwachsene jungen Menschen etwas geben und beibringen könnten, als illegitim erscheinen lässt. Lehrern, denen ständig gesagt wird, dass sie nichts mehr zu lehren hätten, muss die Kunde von Kindern, die ohnehin alles schon besser können, wie eine frohe und erlösende Botschaft erscheinen.

Gut also, dass es empirische Studien gibt. Jetzt kann man wieder mit ruhigem Gewissen darüber nachdenken, welche Kenntnisse und Fähigkeiten man in Schulen und Universitäten vermitteln sollte, damit sich die Menschen in der digitalen Welt nicht wie junge Wilde, sondern wie zivilisierte und souveräne Bürger bewegen können.

Traum und Albtraum

Das Coronavirus befeuerte nicht nur Ängste, sondern schürte auch so manche Hoffnung. Zu den aus dem Geiste der Epidemiologie geborenen Verhaltenslehren gehörte das Lernen auf Distanz. Die Erfahrungen mit Bildungseinrichtungen, deren Akteure sich nur noch virtuell begegnen können, führten notgedrungen zu Debatten über den Stellenwert des Digitalen für jede Form von Lern- und Lehrprozessen. Die rasante Geschwindigkeit, mit der die Pandemie Schulen und Universitäten in die digitale Zukunft katapultierte, ließ anfangs die Klage darüber, wie schlecht wir doch auf diese vorbereitet seien, laut anschwellen. Die Prediger der Digitalisierung sahen sich bestätigt, die Internetunternehmen witterten das große Geschäft, und die *Digital Natives* fühlten sich in ihrem Element. Die Lehrer hinkten wie üblich nach, machten aber gute Miene zum bösen Spiel. Alles war plötzlich online. Ein Traum war in Erfüllung gegangen. Nach einigen Wochen entpuppte sich dieser als Albtraum.

An der Diskussion der Frage, ob überhaupt und wenn ja, wie lange Schulen im Zuge der Maßnahmen gegen die Pandemie geschlossen werden dürfen, zeigte sich ein selten thematisierter Aspekt der Digitalisierung: Diese funktioniert nur als blauäugige Utopie, nicht in einer Lebenswirklichkeit, in der ganz andere Parameter entscheidend sind als schnelles WLAN und schicke Tablets. Kaum mussten Schulen schließen, erschien dies als Gewaltakt, der eine Generation von Kindern und Jugendlichen um ihre Bildungschancen und ein hohes Lebenseinkommen bringen würde. Die Gegner der Schulschließungen beschworen gerne die Bedeutung der Bildung, die dabei auf der Strecke bleiben muss. Interessant immerhin, dass die Bildungsverluste, die in den Jahren vor Corona durch unsinnige Lehrplanreformen, didaktische Moden, unnötige Testinflationen, hysterischen Pisa-Aktivismus und überbordende Kontrollsysteme zu verzeichnen waren, so wenig bekümmerten wie der kontinuierliche Anstieg an funktionalen Analphabeten. Die Vermutung liegt nahe, dass das Entsetzen über geschlossene Schultore weniger drohenden Bildungsdefiziten als vielmehr der Tatsache galt, dass Kinder und Jugendliche nun zu Hause bleiben mussten und dort lernen sollten. Was vor der Industrialisierung eine Selbstverständlichkeit war, erwies sich in der modernen Lebenswelt als Zumutung: auf engem Raum mit seiner Familie zu leben, zu arbeiten und zu lernen. Moderne Gesellschaften, auch das konnten wir anhand der Pandemie lernen, sind so beschaffen, dass wir Nähe nur dann aushalten, wenn öffentliche Einrichtungen wie Schulen, Theater, Sportstätten und Clubs dafür sorgen, dass diese immer wieder durch geregelte und betreute Abwesenheiten entschärft wird.

Die während der Pandemie oft formulierte Sehnsucht nach der Schule als Ort physischer Präsenz geriet dann auch in einen selten eingestandenen Widerspruch zu den modischen Strömungen progressiver Bildungstheorie. So hörten wir die Klage, dass wegen Corona der Stoff nicht durchgebracht werden konnte. Stoff? Das erstaunt. Ist uns nicht dauernd vorgeschwärmt worden, dass der moderne Unterricht keinen Stoff, kein Wissen und keine Inhalte, sondern nur noch *Kompetenzen* zu vermitteln hat, die am besten nicht in der Schule, sondern in der Lebenswelt erworben werden können? Gilt diese didaktische Innovation nicht mehr, nur weil ein Virus das den Bildungsexperten ohnehin verhasste Klassenzimmer kontaminiert? Vor Corona war der *Flipped Classroom* doch der letzte Schrei der Schulpädagogik gewesen. Die Schüler recherchieren zu Hause im Internet, der Lehrer gibt als Lernbegleiter dazu nur noch ein sanftes Feedback. Und war deshalb nicht ständig von einer Autonomisierung des Lernens die Rede, die dem einzelnen Schüler Thema, Methode, Tempo und Niveau seines Unterrichts überlassen wollte – und nun brach angeblich die Welt zusammen, weil die Schultore ein paar Tage geschlossen waren?

Das ist doch seltsam. Kaum bietet die Wirklichkeit den rastlosen Bildungsreformern die Chance auf Realisierung ihrer Konzepte, werden sie verzagt. Das ist nicht verwunderlich. Die euphemistischen Vorstellungen vom selbstbestimmten digitalen Lernen waren immer schon naiv. Sie übersahen, dass sozial benachteiligte Kinder darunter noch einmal leiden; sie ignorierten, dass es ohne fachliche Grundkenntnisse auch kein sinnvolles Lernen im Netz gibt; sie überschätzten die Fähigkeit junger Menschen zur Selbstdisziplin; sie vernachlässigten die Funktion der Schule als Ort der Kontaktpflege, Betreuung und Aufbewahrung; sie leugneten die eminente Bedeutung einer fachlich qualifizierten Lehrperson für den Unterricht; und sie verkannten die Bedeutung digitaler Technik: Diese ist ein Werkzeug, aber kein Wundermittel.

Allerdings – und damit wird es vollends paradox: Diese Erfahrungen während der Pandemie hindern weder Bildungstheoretiker noch Didaktiker und Schulbehörden, hartnäckig am Kurs der Digitalisierung festzuhalten. Die Pandemie kam für sie einfach zu früh. Schulen und wohl auch Universitäten waren noch zu wenig vorbereitet, technisch nicht auf dem letzten Stand der Dinge, innerlich nicht bereit, sich der Virtualität anzuvertrauen. Ohne dass jemandem der Widerspruch auffiele, geht der protestierende Aufschrei angesichts geschlossener Schultore in den Ruf nach Intensivierung der Digitalisierung des Bildungswesens über. Warum ohne den Druck eines Virus das Lernen im und mit dem Netz sozial weniger problematisch sein soll, erschließt sich kaum. Umgekehrt sind auch die Befürworter der Digitalisierung vorsichtig geworden, geht es um die vor der Pandemie immer wieder geforderte Transformation, ja Auflösung von Bildungsinstitutionen. Dass das digitale Lernen während der Pandemie gezeigt habe, dass Schulen und vielleicht sogar Lehrer überflüssig seien, wird kaum noch behauptet. Vor Corona las es sich anders.

Die Frage, wie digital das Bildungssystem sein sollte, muss also jenseits zufälliger Ereignisse, zu denen eine Pandemie trotz ihres Schreckens zählt, gestellt werden. Und sie lässt sich einigermaßen klar beantworten: so wenig wie möglich. Und dies einfach deshalb, weil Bildung – ihrem Begriff nach – die Digitalisierung weder in einem besonderen Maße erfordert, noch kategorisch ausschließt. Solange Bildung mit dem Beherrschen grundlegender Kulturtechniken, der sprachlichen Ausdrucksfähigkeit, dem Erwerb von wissenschaftlich gesichertem Wissen, dem Verständnis von Zusammenhängen, den Kenntnissen der bedeutenden Dokumente der Künste und Literaturen, der Formung der eigenen Persönlichkeit in Hinblick auf Mündigkeit und Autonomie sowie der Schulung moralischer Sensibilität zu tun hat, ist für diesen Prozess die Frage der Digitalisierung einfach sekundär. Neugier und die Lust am Wissen, die Freude am Lesen, das Verständnis für die Methoden und Ergebnisse der Wissenschaften, die Beherrschung von Fremdsprachen, der Sinn für historische Zusammenhänge, die Schulung des ästhetischen Geschmacks, die Bildung einer politischen und moralische Haltung gegenüber der Welt – all das kann erworben, geübt, verfeinert und weiterentwickelt werden ganz ohne Digitalisierung.

Das heißt nicht, dass man auf digitale Techniken nicht auch zurückgreifen kann, manches mag dadurch rascher und leichter gehen, und die bürokratischen Prozesse in Bildungssystemen, von der Organisation des Unterrichts bis zur Verwaltung der an- und abfallenden Daten, werden auf die Segnungen der Digitalisierung nicht verzichten. Ebenso steht außer Streit, dass die neuen technischen Möglichkeiten auch didaktische Innovationen befördern. Anschauungsmaterial kann rasch zur Verfügung gestellt werden, Recherchieren erfordert keinen technischen, nur noch einen geistigen Aufwand, Kommunikationsprozesse können vereinfacht und soziale Beziehungen zeitsparend virtualisiert werden. Und dennoch: Mit Bildung in einem emphatischen Sinn hat das alles nur am Rande zu tun. Bisher zumindest gibt es keine stichhaltigen Untersuchungen oder Beobachtungen, die zeigen könnten, dass die Digitalisierung des Unterrichts Lernprozesse wesentlich beschleunigt oder verbessert. In manchen Ländern verschwinden die Laptop-Klassen so schnell, wie sie gekommen sind, denn die negativen Auswirkungen eines zu frühen oder falschen Einsatzes digitaler Technik im Unterricht zeigen sich rasch. Nicht zuletzt die Erfahrungen der Pandemie bestätigen dies. Das Ablenkungspotential ist groß, die Konzentrationsfähigkeit nimmt ab, Flüchtigkeit wird zur dominanten Aneignungsform, Phantasie und Kreativität werden stranguliert, die Gedächtnisleistungen leiden ebenso darunter wie der Sinn für einen langen Atem, ohne den Bildung nicht gelingen kann.

Die Tendenz aller Digitalisierung besteht darin, Menschenwerk zu automatisieren. Das gilt auch für die Bildung, sofern diese als Prozess der Arbeit an der Welt und an sich selbst gedeutet wird. Das aber bedeutet: Die Applikationen und Algorithmen helfen nicht, uns zu bilden, sondern sie nehmen uns die Bildung ab. Unsere digitalen Assistenten lesen für uns und lesen uns das, was sie uns zumuten wollen, vor; wohl könnten wir ihnen befehlen und diktieren, aber wir überlassen die Entscheidung, was uns interessiert, gerne den Algorithmen der Anbieter von Lernsoftware. Wir müssen weder selbst lesen noch schreiben können, um informiert und kommunikationsfähig zu sein. In den Clouds lagert alles Wissen dieser Welt, physikalisch weit weg und doch nur eine Wischbewegung entfernt. Wir könnten, wenn wir wollten, jederzeit darauf zugreifen – aber wer will schon? Früher wäre es wohl niemandem eingefallen, einen Menschen, der neben einer Bibliothek wohnt und diese jederzeit betreten könnte, es aber nie tut, als gebildet zu bezeichnen. Wir hingegen verwechseln regelmäßig die Möglichkeit des Zugriffs auf Wissen mit dem Wissen selbst. Der gerne geäußerte Satz, dass es nicht mehr darum geht, etwas zu wissen, sondern darum, zu wissen, wo und wie man im Netz das Wissen findet, drückt diese verhängnisvolle Verwechslung prägnant aus.

Natürlich wird die Digitalisierung unser Leben bestimmen. Bildung aber bestünde im Anspruch, diesem Prozess souverän, gestaltend und selbstbewusst begegnen zu können, und nicht darin, sich diesem blind zu unterwerfen. Wer junge Menschen zu einer reflektierten und kritischen Haltung gegenüber sozialen Medien, Filterblasen, automatisierten ideologischen Botschaften und den Verführungen einer digitalen Zerstreuungsindustrie erziehen möchte, wer ihre Sensibilität angesichts der sozialen und ethischen Fragen, die der Einsatz künstlicher Intelligenz aufwerfen wird, wecken möchte, kann sich nicht darauf beschränken, das Programmieren als neue Kulturtechnik zu propagieren. Wichtiger wird es sein, jene Formen des Denkens, Kommunizierens, Wissens und Fühlens zu schulen, die sich auch anderen Quellen, Methoden und Erfahrungen verdanken und deshalb einen anderen, auch distanzierteren Zugang zur digitalisierten Welt erlauben. Da es ohnehin nicht zu verhindern ist und auch nicht verhindert werden soll, dass junge Menschen in eine digitale Welt hineinwachsen, wird es zu einer entscheidenden Aufgabe von Bildungseinrichtungen, zu zeigen, was es sonst noch an Wissenswertem, an Schönem, an Erfahrungsmöglichkeiten, an Denkwürdigem gibt. Auch hier hat die Pandemie gezeigt, dass die Begegnung mit leibhaftigen Menschen, die für eine Sache begeistern können, weil sie selbst davon begeistert sind und deshalb – horribile dictu – ein Vorbild sein können, für Bildungsprozesse nach wie vor prägend sein wird.

Nur eine Bildung, die sich ihrer nichtdigitalen Dimension und Verantwortung bewusst ist, wird die Chancen der jungen Menschen auf die digitalisierte Arbeitswelt der Zukunft wahren. Das klingt paradoxer, als es ist. Denn in dieser Welt werden nur jene reüssieren, deren Kenntnisse und Fähigkeiten nicht automatisiert werden können und die imstande sind, mit Automaten zu leben und zu arbeiten, ohne sich in deren Abhängigkeit begeben zu müssen. Dazu wird viel Kraft, Phantasie und ein Ideenreichtum notwendig sein, den nur eine Bildung vermitteln kann, die sich nicht selbst an ein Konzept von Digitalisierung verraten hat, durch das sie nicht befördert, sondern sabotiert wird. Wilhelm von Humboldt hat einmal angemerkt – und niemand Geringerer als John Stuart Mill, der große Denker des Liberalismus, hat dies unterstrichen –, dass zur Bildung eines Menschen nur zwei Dinge nötig sind: Freiheit und Mannigfaltigkeit der Situationen. Die Digitalisierung der Bildungssysteme verhindert beides. Sie macht abhängig, etabliert rigide Kontrollsysteme, stilisiert Ahnungslosigkeit zu einer Form des Wissens und vereinheitlicht alles unter einer Oberfläche. Je mehr in dieser schönen neuen Welt von Vielfalt und Diversität die Rede ist, desto einfältiger und monotoner wird sie. Damit aus dem Traum einer digitalisierten Bildung nicht jener Albtraum wird, den die Pandemie erahnen ließ, benötigt die Digitalisierung selbst ein Außen, das sie begrenzt, aber genau deshalb verstehen und sinnvoll benützen lässt. Dieses Außen muss tatsächlich von woanders kommen, es kann keine wiederum virtuell erzeugte Pseudowirklichkeit sein. Dazu gehören Erfahrungen und Begegnungen mit Menschen und Dingen, mit Ideen und Formen, die keinen technischen Apparat benötigen, der sie aufwendig zur Erscheinung bringt. Wohl stimmt es: Niemand möchte ausschließlich in einer prädigitalen Welt leben. Das wäre auch unsinnig. Doch wer sich nur im Digitalen bewegt, hat auch aufgehört zu leben.

Im Notstand

Zwischen Pandemie und
Klimawandel

Auf Abstand

Wir schreiben das Jahr 2020, Frühsommer. Die schaurig-schönen Tage der Pandemie gehen nun zu Ende. Die leeren Straßen und Plätze füllen sich, die Geschäfte öffnen, der Verkehr und der Lärm nehmen zu, die Luft wird schlechter, unsere Ruh ist hin. Das Herz bleibt schwer. Von Solidarität spricht niemand mehr, die großspurigen Ankündigungen moderner Auguren, dass nach dieser Krise alles anders sein werde und eine neue Gesellschaft sich ankündigt, haben sich ebenso in nichts aufgelöst wie die Befürchtungen, dass das Virus als Vorwand diene, die Freiheit der Bürger über alle Gebühr einzuschränken. Diese dürfen sich, wenn auch in gehörigem Abstand voneinander, sogar wieder versammeln, um dagegen zu protestieren, dass sie sich nicht versammeln dürfen.

Über all diesen Lockerungen hängt das Damoklesschwert weiterer Wellen und gefährlicher Mutationen. Dass es nicht noch einmal gelingen kann, das wirtschaftliche und soziale Leben auf ein Minimum zu reduzieren, ist zwischen allen Zeilen zu lesen. Entweder schaffen wir es, die Gefahren eines neuerlichen Ansteigens der Infektionen zu minimieren, oder wir werden doch mehr Tote in Kauf nehmen müssen, als wir wollten. Um dies zu verhindern, gilt bis auf weiteres: bei Bedarf in geschlossenen Räumen Schutzmasken tragen und Abstand halten.

An Masken mag man sich gewöhnen. Die Abstandsforderung allerdings rührt an einige Nervenpunkte unserer Gesellschaft. Die Schwierigkeit, ja Unmöglichkeit, in Konzertsälen, Fußballstadien, Bierhallen, Flugzeugen, Eisenbahnwaggons, Klassenzimmern, Restaurants, Bars und Hotels einigermaßen rentabel solche Distanzregeln zu befolgen, zeigt, dass uns bisher viele Menschen ziemlich nahe standen, die nicht zu den uns Nahestehenden zählen. Die Überlegungen, wie man es doch schafft, mit raffinierten Sitzplänen, Einlassregeln, Verteilungsschlüsseln und Zugangscodes die hygienisch notwendigen Zwischenräume zu wahren und dennoch den Betrieb nicht weiter lahmzulegen, muten mitunter einigermaßen skurril an. Aber es muss sein. Jetzt. Denn wir haben das Warten verlernt.

Noch in ihren Luxussegmenten versteht sich die moderne Gesellschaft als permanente Massenveranstaltung, alles wirkt gedrängt, eng bestuhlt, bis ins Äußerste verdichtet, streng kalkuliert, jeder Quadratzentimeter muss optimal und effizient ausgenützt werden, es ist einfach kein Platz für mehr Platz. Zu den Hauptaufgaben solch einer Sozietät gehört die Lenkung und Verwaltung von Menschenströmen unter den Bedingungen von Knappheit. Über den dadurch erzeugten Mangel an Bewegungsfreiheit hat sich übrigens noch kaum jemand beklagt. Großzügigkeit, in welchen Bereichen auch immer, ist jedenfalls nicht mehr vorgesehen. An der Bemerkung von Theodor W. Adorno und Max Horkheimer, dass die Kulturindustrie den Orgien des Marquis de Sade gleicht, bei denen kein Augenblick ungenützt, keine Körperöffnung vernachlässigt, keine Funktion untätig bleibt, ist nichts wahr als ihre Übertreibung.

Der Abstand erzeugt eine Ferne, die uns auch befreien könnte: von Enge, allzu großer Nähe, unwillkommenen Berührungen, Aufdringlichkeiten aller Art. Distanz ist immer schon eine Voraussetzung für Selbstermächtigung und Reflexion gewesen. Im Gedränge und Geschiebe verlieren wir unsere Würde und den klaren Blick. Natürlich wäre es besser gewesen, wir hätten aus freien Stücken etwas von dieser Souveränität über den physischen und sozialen Raum zurückgewinnen können. Da dies nicht möglich war, gehorchten wir wenigstens für einen Moment der viralen Not und blieben auf Abstand. Respektvolle Distanz allerdings wäre auch – jenseits einer Gefahr für die Gesundheit – eine Haltung, die unter Umständen mehr Humanität ausstrahlen kann als so manche Umarmung.

Die Ohnmacht der Regierungen

Seit Beginn der Coronapandemie existiert der Verdacht, dass diese für die Staaten und deren Regierungen ein willkommener Vorwand ist, die eigene Macht auszubauen und den Zugriff auf die Körper der Menschen zu beschleunigen. Der autoritäre Kontrollstaat werde am Ende dieser Entwicklung stehen, die nun errichtete Gesundheitsdiktatur sei das Vorspiel zu einer tiefgreifenden Entdemokratisierung der Gesellschaft. Solche und ähnliche Bedenken äußerten namhafte Intellektuelle wie der Philosoph Giorgio Agamben ebenso wie die Organisatoren und Teilnehmer der verschiedenen Anti-Corona-Demonstrationen.

Nun ist es keine Frage, dass die Maßnahmen, die zur Eindämmung einer in dieser Form bisher unbekannten Pandemie getroffen wurden, die Menschen in vielen Belangen einschränkten, und die Sinnhaftigkeit mancher Verordnungen und Gesetze lässt sich mit guten Argumenten bezweifeln. Die grundsätzliche Diagnose allerdings, die von einem raffinierten biopolitischen Ermächtigungskalkül der Regierungen ausgeht, entspricht einer Deutung der Ereignisse, die auch ganz anders wahrgenommen werden könnten. Einem unbefangenen Beobachter fiele doch weniger ein Machtrausch als vielmehr eine geradezu verblüffende Hilflosigkeit auf, die das politische Handeln europaweit kennzeichnet.

Getrieben von den Warnungen der Epidemiologen einerseits

und dem Drängen der Bevölkerung andererseits, hin- und hergerissen zwischen der Hoffnung auf langfristig wirksame Impfstoffe und der Irritation über Mutationen, die sich diesen entziehen, geblendet vom Licht am Ende des Tunnels in die nächste Welle taumelnd, ständig in der Gefahr, dass die Verordnungen und Erlässe von Verfassungsgerichten revidiert und ausgehebelt werden, hinterlassen die vermeintlich Mächtigen zunehmend den Eindruck von Orientierungslosigkeit, Ohnmacht und Verzweiflung.

Dass man nichts richtig und es nicht allen recht machen kann, ist eine Lehre dieser Pandemie, die unser Verständnis von Politik nachhaltig prägen wird. Dazu kommen eklatante Fehler und Mängel bei der Organisation von Tests, Kontrollen oder Impfungen. Dadurch entsteht ein Misstrauen gegenüber staatlichen Einrichtungen, weniger aus Angst vor deren Übergriffen, sondern aus Ärger über ihre Unzulänglichkeit. Hinter dieser Schwäche offenbart sich ein prinzipielles Dilemma. Der moderne Staat hat sich etabliert, um seinen Bürgern vor allem zwei Grundpfeiler des Lebens zu garantieren: Freiheit und Sicherheit. Wer Thomas Hobbes gelesen hat, weiß, dass im Ernstfall Sicherheit immer vor Freiheit rangieren wird. Der Staat schützt den Bürger nicht vor seinem Tod, sehr wohl aber vor anderen Menschen. Das ist eine seiner zentralen Aufgaben.

In seiner Gesundheit und leiblichen Integrität nicht von anderen mutwillig beeinträchtigt zu werden, stellt einen veritablen Rechtsanspruch dar. Deshalb akzeptieren wir Freiheitseinschränkungen im Straßenverkehr und im Kampf gegen Gewalt und Terror, deshalb verbieten wir das Rauchen und den Hass im Netz. Wie weit der Staat gehen darf, ist jedoch nie ein für alle Mal festgelegt. Es handelt sich dabei in der Regel um Gratwanderungen zwischen ähnlich legitimen Forderungen. Das gilt auch für den Umgang mit der Pandemie. Doch hier ist aus einem besonnenen Balanceakt ein besorgniserregendes Stolpern geworden, vor dem übrigens auch die Oppositionsparteien nicht gefeit sind. Es liegt anscheinend in der Natur dieses Infektionsgeschehens, dass nicht nur die zuständigen Ministerien einigermaßen überfordert sind. Sich dies einzugestehen, könnte ein erster Schritt sein, um manches wieder etwas nüchterner zu sehen.

Die Zumutungen der Demokratie

Das Coronavirus, so sagte die amtierende deutsche Bundeskanzlerin Angela Merkel im Sommer 2020, sei eine demokratische Zumutung. Dieser Satz wurde, wie die meisten Sätze der Kanzlerin, akklamiert und gerne zitiert. Dass er falsch war und ist, störte niemanden. Das Virus ist vorab eine Zumutung für die Gesundheit der Menschen, dann für die Gesundheitssysteme einer Gesellschaft. Die temporären Maßnahmen, die getroffen werden, um die Pandemie einzudämmen, mögen angemessen oder überzogen, inkonsistent oder epidemiologisch fragwürdig, notwendig oder verfehlt sein, aber dadurch wurden weder die Rahmenbedingungen des Parlamentarismus noch die des Rechtsstaates, noch die Grundrechte ausgehebelt oder in Frage gestellt.

Was im Fall einer Krankheit für jeden Einzelnen gilt und fraglos akzeptiert wird, gilt in einer Pandemie allerdings für die Gemeinschaft schlechthin: Gewohnte Lebensvollzüge werden unterbrochen, das Konsum- und Freizeitverhalten kann nicht bruchlos fortgesetzt werden, die Produktivität sinkt, die negativen sozialen und psychischen Folgen können gravierender sein als die Auswirkungen der Krankheit selbst. Doch all diese Effekte und die Frage nach Regeln, die unterschiedliche Interessen berücksichtigen, stellen für die Demokratie keine Zumutung dar. Wäre dies der

Fall, unterstellte man, dass diese nur bei Schönwetter funktionieren kann. Nein, die demokratisch legitimierten Institutionen sind sehr wohl in der Lage, die Rahmenbedingungen für ein gesundheitspolitisches Krisenmanagement zu definieren und zu kontrollieren.

Die Verwechslung von zweifellos höchst unangenehmen und ökonomisch prekären Restriktionen mit der Einschränkung politischer Rechte war ein Denkfehler, der diese Krise von Anfang an begleitete. Dass viele Verordnungen und Gesetze wegen juristischer Bedenken wieder aufgehoben werden mussten, dokumentiert das Funktionieren des Rechtsstaates gerade in einer dramatischen Situation. Durch Ausgangsbeschränkungen wird niemandem das Wahlrecht entzogen, und das höchste Gut einer liberalen Gesellschaft, die Freiheit der Meinung, ist durch Corona nicht in Frage gestellt worden.

Nicht die Viren, sehr wohl aber die Terrorakte, die etwa im Herbst 2020 Europa erschütterten und erstmals auch in Wien mehrere Todesopfer forderten, stellen eine demokratische Zumutung dar. Im Gegensatz zum Virus, das politischen Verfasstheiten gegenüber gleichgültig ist, zielt die islamistische Gewalt direkt auf das Herz einer säkularen und liberalen Gesellschaftsordnung. Für die Demokratie bedeutet dies eine doppelte Zumutung: Die Methoden im Kampf gegen terroristische Aktivitäten berühren einerseits tatsächlich grundlegende Prinzipien des Rechtsstaates, andererseits erheben sich immer wieder Stimmen, die eine vorauseilende Selbstzensur fordern, um den radikalen Islamismus zu besänftigen. Wer darüber nachdenkt, ob es nicht besser wäre, die Freiheit der Kunst zu beschneiden, um religiöse Gefühle nicht zu beleidigen, wer aus Angst, als islamophob zu gelten, die Augen vor den autokratischen Machtansprüchen des politischen Islam verschließt, rührt tatsächlich an den Fundamenten der offenen Gesellschaft.

liegt im Wesen einer Pandemie, dass sie nur durch rasches und koordiniertes Verhalten bekämpft werden kann. Darin gründet die viel beklagte Zunahme staatlicher Macht. Die dagegen ins Spiel gebrachte Selbstverantwortung war allerdings immer schon eine Ausrede für politische Unentschlossenheit. Das gilt in besonderer Weise für die Europäische Union, die weder willens noch in der Lage war, eine gemeinsame Strategie zu entwickeln.

Die gekränkte Gesellschaft ist eine dogmatische Gesellschaft. Das Virus erschütterte unser Verhältnis zu Experten. Zu gerne hätte man wenigstens bei diesen Einhelligkeit gesehen. Dass eine empirische Wissenschaft wie die Virologie konkurrierende Theorien, Hypothesen und Vermutungswissen, Modelle und ihre Revisionen kennt, musste offenbar erst gelernt werden. Dass sich aus solchen, mitunter widersprüchlichen Konzepten keine eindeutigen Regularien ableiten lassen, zumal die rein medizinischen Überlegungen immer mit ökonomischen und sozialpolitischen Erwägungen abgestimmt werden müssen, führt uns ein veritables Dilemma vor Augen: Politisches Handeln bedeutet immer, Komplexität zu reduzieren – auch in einer Demokratie. Wer dies tut, egal, in welcher Weise, macht sich angreifbar. Das Wesen der Reduktion besteht darin, Aspekte zu vernachlässigen, die dann locker als Gegenargument starkgemacht werden können. Dogmatiker haben es einfacher. Sie verkünden Wahrheiten, die keine sind. Doch man kann daran glauben.

Die gekränkte Gesellschaft ist eine ungeduldige Gesellschaft. Sie kann nicht warten. Und sie hat schon lange auf den Verzicht verzichtet. Vorübergehende Einschränkungen werden deshalb nicht als Unannehmlichkeiten wahrgenommen, sondern als dramatische Einschnitte. Bei der ersten Gelegenheit macht man dort weiter, wo man aufgehört hat, und verlängert damit genau jene Misere, der man entkommen möchte. Von der gerühmten Resilienz, die vor Corona als neue Modetugend propagiert worden war, ist kaum etwas zu spüren. Eher macht sich Wehleidigkeit breit. Während die Tausenden Toten, die das Virus in nahezu jedem Land forderte, lediglich in der Statistik aufscheinen, ohne dass die damit verbundenen Leidensgeschichten spürbar würden, häufen sich die Berichte über Jugendliche, die schweren seelischen Schaden nehmen, weil sie ein paar Monate auf Präsenzunterricht und Partys verzichten mussten. Dabei gibt es ohnehin die stillschweigende Übereinkunft, eine gewisse Zahl an Erkrankungen mit ungewissem Ausgang in Kauf zu nehmen, um den Konsum und das Vergnügen nicht ganz zu ersticken. Mit der Dauer der Pandemie hat sich die Toleranz gegenüber dieser Zahl merklich erhöht. Rigidere Maßnahmen hätten wohl mehr Menschenleben retten können, aber das war es dann doch nicht wert. Die Leichtigkeit, mit der bisweilen die Lebenserwartung älterer Menschen gegen das Recht auf eine Urlaubsreise aufgerechnet wurde, lässt noch einiges erwarten. Dahinter verbirgt sich entgegen einer gerne vertretenen Auffassung kein Generationenkonflikt, sondern die Frage nach dem Wert eines menschlichen Lebens. Unter bestimmten Umständen kann dieser durchaus unabhängig vom Lebensalter ziemlich gering eingeschätzt werden.

Die gekränkte Gesellschaft ist eine widerborstige Gesellschaft. Niemand lässt sich gerne bevormunden. Dem Imperativ zum gemeinsamen Handeln, den uns das Virus oktroyiert, kann nur entgehen, wer die Gefahr einer Infektion zu einer Quantité négligeable oder überhaupt zu einer Fiktion erklärt. Die Attraktivität solcher Konzepte für Freigeister, Staatskritiker und anarchische Individualisten liegt auf der Hand. Es gehört zu den Pointen dieser Pandemie, dass sich neben liberalen vor allem rechte und populistische Parteien, denen laut konventioneller Zuschreibung die Gesundheit des Volkskörpers heilig sein sollte, zu den Fürsprechern dieser rebellischen Position gemacht haben. Zumindest in der politischen Theorie müsste man daraus den Schluss ziehen, dass man es sich mit dem schlichten Links-rechts-Schema wieder einmal etwas zu leicht gemacht hatte.

Die gekränkte Gesellschaft ist eine gespaltene Gesellschaft. Die Bruch- und Konfliktlinien orientieren sich nicht entlang der traditionellen sozialen Schichtungen, sondern bilden sich durch neue Betroffenheiten, die entsprechende Allianzen generieren. Unversöhnlich stehen sich die virologischen Lager gegenüber, jeder wittert im anderen den Hysteriker, Leugner oder Idioten. Doch die These von der gespaltenen Gesellschaft ist selbst Ausdruck einer medial verzerrten Wahrnehmung. Tatsächlich öffnen sich die spektakulärsten Gräben an den Rändern der Gesellschaft, nicht in deren Mitte, wie gerne behauptet wird. Die Lautstärke, mit der sich Minderheiten dank der sozialen Medien bemerkbar machen können, nützt jenen, die als *Querdenker* die Kraft einer Opposition simulieren, der in der Realität wenig entspricht. Nebenbei: Angehöriger einer Minderheit zu sein, stellt noch keine moralische oder intellektuelle Qualifikation dar. Vielleicht wäre es an der Zeit, ein Loblied auf jene Mehrheit anzustimmen, die sich nur dadurch bemerkbar macht, dass sie das tut, was nach dem derzeitigen Stand des Wissens getan werden kann, um nicht alles preiszugeben.

Die Kränkung der gekränkten Gesellschaft sitzt so tief, dass manche auch die Impfungen als Zumutung und weiteren Angriff auf ihre Freiheit interpretieren – so, als wollte man der Forschung und der Pharmaindustrie diesen Triumph einfach nicht gönnen. Zwar werden die Vakzine nicht alle Probleme lösen, doch manches ließe sich endlich wieder unter einer anderen Perspektive sehen. Aber auch hier gilt: Es kommt nicht darauf an, was die Dinge mit uns, sondern was wir mit den Dingen machen.

Üble Übertreibungen

Nahezu alles, was das Leben und Denken der Menschen heute zu bestimmen scheint, wirkt übertrieben. Das trifft die Hoffnungen und Erwartungen ebenso wie die Ängste und Befürchtungen. Nach Corona, so lasen wir vor noch nicht allzu langer Zeit, wird alles anders werden. Oder nichts wird mehr so sein wie zuvor. Unter diesen apodiktischen Urteilen machen wir es nicht mehr. Die Polizei, so hören wir, ist rassistisch unterwandert und systemisch so verdorben, dass man sie am besten auf der Müllhalde entsorgte; der bescheidene Hinweis, dass man aus Einzelfällen nicht vorschnell verallgemeinernde Schlüsse ziehen sollte, gilt bereits als Kollaboration mit dem Feind. Wer differenziert, abwägt, nach Angemessenheit strebt, gilt als Verharmloser, Verräter oder Vertreter des Bösen in der Gesellschaft.

Wer übertreibt, kennt nur seine Sache. Das führt dazu, dass jede Saison ihr Thema hat, bei dem es um Sein oder Nichtsein geht. War es vor wenigen Jahren noch klar, dass das Wohl und Wehe aller davon abhängt, wie wir es mit Greta Thunberg und dem Klimawandel halten, entscheidet sich seit einiger Zeit das Schicksal der Gesellschaft offenbar an der Frage, wie sie mit den Gespenstern der Kolonialgeschichte fertigwird. Wenn es um alles geht, ist auch alles erlaubt. Auf das Fehlverhalten von Staatsorganen mit rechtsstaatlichen Mitteln zu reagieren, gilt mittlerweile als anrüchig. Krawalle, Ausschreitungen, Attacken und Plünderungen müssen es schon sein, um auf vermeintliches Unrecht aufmerksam zu machen.

Natürlich können Übertreibungen sinnvoll und legitim sein. Um etwas zu erkennen, müssen Begriffe geschärft, Gedanken zugespitzt, Konturen durch Überzeichnung verdeutlicht werden. Als kunstvoll eingesetzte rhetorische Figur mag die Übertreibung manches Vergnügen bereiten, und nicht zuletzt kommen die Satire und die Karikatur nicht ohne sie aus. Das Unangenehme an den Übertreibungen der aktuellen Diskurse liegt in dem Anspruch, damit eine politische Wahrheit zu verkünden. Das Hypertrophe wird mit der Wirklichkeit, die eigene Befindlichkeit mit dem Weltganzen verwechselt. Jede individuelle oder kollektive Besonderheit, jede gefühlte Benachteiligung, jede Idiosynkrasie kann mittlerweile zu einer zentralen Frage der Gesellschaft stilisiert werden.

Warum ist das so? Warum werden alle Debatten, ob über den Rassismus oder das Klima, über das Virus oder den politischen Auftrag der Kunst, sofort hysterisch zu einem Entweder-oder stilisiert, das keine Zwischentöne mehr kennen darf. Je mehr von Diversität die Rede ist, desto einförmiger wird das Denken. Ist dies lediglich den getwitterten Erregungskurven geschuldet, der Logik einer Kommunikationstechnologie, die nur mehr zwischen Verehrung und Verachtung unterscheiden kann? Mag sein. Womöglich drückt sich in dieser Übertreibungssucht aber eine Krise unseres Selbstverständnisses aus.

Der moderne Mensch ist mit der desillusionierenden Erkenntnis seiner Zufälligkeit und seiner Bedeutungslosigkeit konfrontiert. Der Philosoph Günther Anders bezeichnete dies als Kontingenzschock. Naheliegend, diese Erschütterung durch den Versuch, sein Ich in der Zeit und im Raum auszudehnen, abzumildern. Wir müssen die Vergangenheit ebenso beherrschen wie die Gegenwart, wir müssen omnipräsent werden, überall unsere Spuren hinterlassen. Die lautstark inszenierte, maßlose und mitunter üble Übertreibung ist dafür ein probates Mittel: Das kleine Ich muss sich, seine Befindlichkeiten und seine moralischen Attitüden so lange aufpumpen, bis es mit der Welt deckungsgleich geworden ist. Die Blase ist die falsche Metapher für unsere mediale Befindlichkeit. Wir leiden unter Blähungen.

Es wird wärmer

Es wird wärmer. Hunderte Unternehmer, Manager, Politiker und statusbewusste Bürokraten reisen deshalb mit Privatjets zu den alljährlich an unterschiedlichen Orten stattfindenden Klimagipfeln, Tausende andere Teilnehmer kommen mit den Linienflügen. Jenseits der vollmundigen Verkündigungen und halbherzigen Beschlüsse, die dann verlautbart werden, ist der Auftakt solch einer Konferenz vorab eine CO_2-Orgie. Natürlich, in Hinblick auf die weltweit ausgestoßenen Treibhausgase fällt das kaum ins Gewicht. Aber hören wir nicht ununterbrochen, dass es auf jeden Einzelnen ankommt und auch noch der kleinste Verzicht einen Beitrag zum Klimaschutz darstellt? In einer Zeit, in der Symbolpolitik in vielen Bereichen wichtiger geworden ist als die Gestaltung der Realität, mutet es einigermaßen zynisch an, wenn die selbsternannten Retter der Welt sich ebenjener Mittel bedienen, an denen die Erde angeblich so leidet.

Man muss den Staatenlenkern und Wirtschaftsführern für ihre Ehrlichkeit dankbar sein. Offenbar wollen sie mit ihrem Verhalten demonstrieren, dass nicht der Luxus der wenigen, sondern die banale Bequemlichkeit der vielen die Ursache für jene Klimaveränderung ist, der man so gerne Einhalt geböte. Und in der Tat: Wären Autofahren, Fliegen und Smartphones ein teures Vergnügen für die Reichen geblieben, könnten wir uns die Klimagipfel sparen. Der politische Skandal an der Erderwärmung besteht darin, dass sie der Preis für jenen ungeheuren, allgemeinen Wohlstandszugewinn ist, der bislang der entscheidende Indikator für den sozialen und zivilisatorischen Fortschritt war. Diesen zu stoppen, wird nicht ohne Härten möglich sein. Immerhin: Für eine ältere Generation von Gesellschaftskritikern war das Auto noch jenes Vehikel, mit dem die Arbeiterschaft bestochen und ihres revolutionären Stachels beraubt worden war. Zwingen nun die negativen Folgen der Massenmobilität den wachstumsorientierten Kapitalismus in die Knie, wäre dies eine schöne Ironie der Weltgeschichte.

Entgegen den apokalyptischen Tönen der Klimawarner steht das Ende der Menschheit jedoch nicht unmittelbar bevor. Dieses drohte tatsächlich vor einem halben Jahrhundert, als sich im Kalten Krieg Supermächte gegenüberstanden, deren atomare Arsenale ausgereicht hätten, alles Leben mit einem Schlag gleich mehrfach zu vernichten. Dass wir lange so tun konnten, als gäbe es diese Massenvernichtungswaffen nicht mehr, gehört übrigens zu den erstaunlichsten Verdrängungsleistungen der jüngeren Geschichte. Der Klimawandel wird sich hingegen schleichend bemerkbar machen und im schlimmsten Fall zu Konflikten führen, die aus der Vergangenheit bekannt sind: erbitterte Kämpfe um Ressourcen, Wanderungsbewegungen in Richtung lebenswerter Zonen, asketische Übungen, die man den Schwächeren so lange auferlegt, bis diese sich zu wehren beginnen, Machtkämpfe um Privilegien und Ausgleichszahlungen, Kriege und Bürgerkriege. Möglich, dass es unter verschärften klimatischen Bedingungen weniger Menschen geben wird, aber es wird Menschen geben.

Anstatt den Kampf um die Biosphäre religiös zu verklären, aktionistisch zu instrumentalisieren und moralisch zu kontaminieren, sollte man sich nüchtern auf solche Szenarien einstellen und seine Chancen abwägen. Gerade wenn man barbarische Zustände vermeiden will, muss man angesichts der weiteren Entwicklung auf vieles vorbereitet sein. Alles zu unternehmen, um die globale Erwärmung zu verlangsamen, ist das eine; alles zu tun, um die sozialen Folgekosten dieser Anstrengungen abzufedern, das andere; alles zu versuchen, um die nicht mehr abzuwehrenden Folgen des Klimawandels durch Technologie, Innovationskraft und Verhaltensänderungen gering zu halten, ein Drittes.

Gemessen an diesen Vorhaben ist die Quadratur des Kreises eine Fingerübung. Trost kommt, wie so oft, von Karl Marx: »Die Menschheit stellt sich immer nur Aufgaben, die sie lösen kann.«

Im Notstand

Im Frühsommer 2019 hat nach Städten wie Konstanz, Kiel, Olten, Bern oder Basel das kleine idyllische steirische Dorf Michaelerberg-Pruggern auf Initiative eines Hoteliers als erste österreichische Gemeinde den Klimanotstand ausgerufen. Das Tausend-Seelen-Dorf wird zwar weder von Unwettern noch von großer Hitze bedroht, aber man möchte, so der Bürgermeister, mit diesem symbolischen Akt ein Zeichen setzen. Das verbindet das Dorf mit zahlreichen europäischen Städten, die sich ebenfalls im Klimanotstand wähnen.

Natürlich kann man solche Aktionen gut finden, geht es doch darum, die Gefahren des Klimawandels ins öffentliche Bewusstsein zu rücken und Akzeptanz für notwendige, vielleicht auch radikale Gegenmaßnahmen zu finden. Und trotzdem fragt man sich, ob die Proklamation eines Notstandes ohne unmittelbare Not in einem politischen Sinn nicht an Fahrlässigkeit grenzt. Unter rechtsstaatlichen Verhältnissen stellt ein Notstand für ein Gemeinwesen eine punktuelle, unvorhergesehene und höchst bedrohliche Ausnahmesituation dar, deren Bekämpfung die Verletzung von Bürgerrechten und die Schädigung von Menschen zugunsten der Abwehr einer größeren Gefahr in Kauf nimmt und legitimiert. Der Notstand, seine inhaltliche Bestimmung und die damit verbundenen Maßnahmen sind demokratiepolitisch deshalb höchst umstritten. Als in der BRD in den späten sechziger Jahren die »Notstandsgesetze« beschlossen wurden, gingen nicht nur Linke aus guten Gründen dagegen auf die Straße. Ein Notstand, der sich einer strengen Definition, einer engen Zeitbegrenzung und klaren Vorgaben, wie in der Ausnahmesituation zu verfahren sei, entzieht, birgt immer das Potential in sich, demokratische Legitimationen auszuhebeln und partikulare Machtinteressen zu bedienen.

Gerade weil der Notstand für eine Demokratie einen Grenzbegriff darstellt, sollte man damit äußerst vorsichtig umgehen. Als Aufhänger für symbolische Aktionen taugt er wenig. Angesichts des langfristigen Klimawandels und seiner unterschiedlichen Folgen verliert der Notstand als proklamierter Ausnahmezustand zudem jede unmittelbare Relevanz. Dies wird sich nicht zuletzt in der Paradoxie äußern, dass auf Menschen, die vor ökologischen Katastrophen nach Europa fliehen werden, dort ja der permanente Klimanotstand wartete. Da sie es besser wissen, werden sie sich davon kaum abschrecken lassen.

Wenn die symbolische Ausrufung eines Klimanotstandes mehr sein soll als ein ökologischer Moralausweis, wird es bedenklich. Denn die Rhetorik des Notstandes signalisiert ja, dass man es bei dem, was gegen eine Krise unternommen werden sollte, mit Verfassungen und Bürgerrechten nicht mehr so genau nehmen muss. Während man auf der einen Seite unverdrossen vor der Aushöhlung der Demokratie durch rechtspopulistische Tendenzen warnt, bereitet man auf der anderen Seite schon einmal mentalitätsmäßig den Boden für einen Autoritarismus der anderen Art.

Wer für die notwendigen industrie- und verkehrspolitischen Maßnahmen zum Schutz des Klimas gute Argumente hat, sollte diese dem politischen Diskurs anvertrauen. Gerade die Klimafrage könnte zeigen, dass auch Demokratien imstande sind, auf ökologische Gefahren rasch und effizient zu reagieren. Dazu bedarf es keiner Notstandsklausel.

Der leichtfertige Umgang mit Notstandsszenarien ist fragwürdig. Als plakative Geste mag uns das als sympathischer Aktionismus erscheinen, passend zu den jugendbewegten Klimastreiks. Als Ausdruck eines politischen Bewusstseins aber offenbart sich darin eine fatale Unbedarftheit, die selbst zu einem Moment jener Katastrophe werden könnte, gegen die sie sich richtet.

Trotzige Touristen

Sommerzeit ist Reisezeit. Aus einem lang ersehnten Höhepunkt im Jahresablauf, aus einem zunehmend zu einem Menschenrecht stilisierten Anspruch auf Erholung am fernen Meeresstrand und auf die Visitation der schönsten Orte, Landschaften und Denkmäler der Erde wurde mittlerweile eine höchst heikle Angelegenheit. In einer Zeit, in der Tag für Tag Schreckensmeldungen aus der Klimazone verlautbart werden, in der über Gletscherschwund, Hitzerekorde, Straßensperren und Flugverbote diskutiert wird, in der sich immer mehr Menschen, die in den begehrten Reisezielen leben, wohnen und arbeiten, von den Touristenströmen belästigt und beeinträchtigt fühlen, gehört schon einiges an Unverfrorenheit, Unbekümmertheit, aber vielleicht auch Mut dazu, ein Billigticket zu lösen und dorthin zu fliegen, wohin alle fliegen, ins Auto zu steigen und dorthin zu fahren, wo sich schon alles staut, eine Kreuzfahrt zu buchen, und damit nicht nur die CO_2-Bilanz zu verschlechtern, sondern auch Venedig dem Untergang näher zu bringen.

Diesen Mut, so scheint es, bringen viele mit Leichtigkeit auf. Allen Anfeindungen, aller Kritik, aller moralisch vorgetragenen Klimabesorgnis zum Trotz verzeichnet die Tourismusbranche immer wieder beachtliche Zuwächse. Die ursprünglichen Intentionen des Reisens, das Kennenlernen fremder Welten, die Annäherung an die großen Werke der Kunst, die kontemplative Erfahrung erhabener Landschaften, werden durch die Universalisierung dieser Möglichkeiten jedoch einigermaßen getrübt. Wenn alle vor demselben Bild stehen, sieht niemand mehr etwas von diesem, wenn sich alle durch dieselben Altstadtgassen drängen, begegnet man nur seinesgleichen.

Und doch ist der Massentourist als Sozialcharakter schwer zu fassen. Denn er ist stets der andere. Wer etwas auf sich hält, betont dann auch, dass er individuell reist, keine Pauschalangebote nutzt, weiß, wo die letzten einsamen Strände und Berggipfel warten und wo man in Venedig noch authentisch essen kann. Der zwielichtige Status des Touristen wird nur den anderen zuerkannt, man selbst versteht sich, wo immer man sich auf der Welt auch gerade befindet, nie als ein solcher. Dass der Individualtourist als Scout fungiert, der dem Massentourismus den Weg bahnt, vergessen die Connaisseurs des alternativen Reisens meistens sehr schnell.

Der Massentourismus verdeutlicht so ein Paradoxon, das moderne Gesellschaften insgesamt kennzeichnet: Das, was für wenige gut sein mag, wird zu einer problematischen Angelegenheit, wenn alle es anstreben. Die Anwendung des in der Ethik Immanuel Kants so hoch geschätzten Prinzips der Universalisierung als Kriterium für das Gute führt angesichts solcher sozialen Bewegungen glatt zu dessen Gegenteil. Der Tourismus zeigt, dass eine Idee, die die Massen ergreift, nicht zu einer revolutionären Kraft werden muss, wie es noch Karl Marx erhoffte, sondern zu einer ästhetischen, ökologischen und kommunalpolitischen Katastrophe führen kann. Und dies auch deshalb, weil der Tourismus ein Geschäft selbst für diejenigen ist, die unter ihm leiden. Konzepte zu einer zumindest ökologisch sinnvollen Steuerung der Touristenströme lassen deshalb noch immer auf sich warten.

Die gerne geübte Kritik am Massentourismus kratzt am Prinzip der Egalität, das diesem zugrunde liegt. Der hartnäckige Tourist, der gegen alle Klimabesorgnis und ungerührt durch die finsteren und angewiderten Blicke der sogenannten Einheimischen tapfer an seinem Konzept kostengünstiger vorgefertigter Welterschließung festhält, erinnert uns auch daran, dass Gleichheit ihren Preis hat. Der kann mitunter ziemlich hoch sein. Zumindest für diese Einsicht sollte man den trotzigen Touristen dankbar sein.

Schöner Schrecken

Das 18. Jahrhundert kannte eine besondere Form der ästhetischen Empfindung, an die man sich angesichts mancher Entwicklungen in der Klimadebatte erinnert fühlt: das angenehme Grauen. Nichts ist furchtbarer als die Vorstellung des Weltuntergangs, aber da dieser nicht morgen bevorsteht, beschleichen einen wohlige Schauer. Natürlich: Die ungeduldigen, mit dem Pathos der Propheten getränkten Aufrufe zur Umkehr und die dramatischen Inszenierungen radikaler Klimaschützer wie *Extinction Rebellion* oder *Letzte Generation* wollen uns in Angst und Schrecken versetzen, um ein unmittelbares Handeln zu provozieren. Allerdings: Klimaschutz ist schon der falsche Begriff. Das Klima benötigt keinen Schutz. Wenn, dann geht es um den Schutz des Menschen vor den Auswirkungen des anthropogenen Klimawandels.

In manchem erinnern diese Beschwörungen der Angst an die apokalyptische Rhetorik des Kampfes gegen die atomare Bedrohung im vorigen Jahrhundert. Damals vertraten auch prominente Vordenker dieser Bewegung die These, dass jedes Mittel, auch der Einsatz von Gewalt rechtens sei, um diese Bedrohung aufzuhalten – ginge es doch um das Schicksal der Menschheit. Von der atomaren Bedrohung – die noch immer existiert – unterscheidet sich der Klimawandel allerdings in einem wesentlichen Punkt: Die nuklearen Vernichtungskapazitäten der in einem kalten Krieg verstrickten Supermächte hätten tatsächlich ausgereicht, um die Menschheit mit einem Schlag zu liquidieren. Solche Drastik wird auch für die Klimakrise insinuiert, und dies führt zu einer womöglich verhängnisvollen Fehleinschätzung.

Die apokalyptische Rhetorik der Klimaschützer muss einen Aspekt stets ausblenden: die Banalität dieser Katastrophe. Genau in dieser aber liegt der eigentliche Schrecken. Traut man den Worst-Case-Szenarien der Klimaforscher, droht nämlich kein plötzliches Ende intelligenten Lebens auf diesem Planeten, sondern eine sich zuspitzende Verschärfung von sozialen, politischen und militärischen Konflikten. Hungersnöte, Wassermangel, durch Umweltveränderungen bedingte Migrationsströme, Verteilungskämpfe. Kriege und Bürgerkriege sind aber nichts, was die Menschheit nicht kennte. Niemand wünscht sich das – aber es wäre nicht das erste Mal. Von solchen realpolitischen Konsequenzen lenkt die aufwühlende Predigt vom großen Ende ab.

Zwar wird gerne argumentiert, dass eine überzogene Rhetorik der Angst, dass eine aktivistische Zuspitzung der Lage notwendig sei, um überhaupt das taube Ohr der Entscheidungsträger zu erreichen. Diese Zuspitzungen kommen jedoch nicht ohne jene ästhetischen Figuren aus, die das Grauen zu einem besonderen Sinneskitzel in einer reizüberfluteten Welt machen. Lang lässt sich solches aber nicht durchhalten.

Abgesehen davon: Die immer radikaleren Aufrufe zum Handeln suggerieren, dass die Gefahr durch entschlossenes Auftreten rasch gebannt werden könnte. Offenbar hat man das Wesen des Klimas noch nicht ganz erfasst: Dieses nimmt sich Zeit – für alles. Klimapolitik ist eine Politik, die prinzipiell keine Aussicht auf raschen Erfolg hat. Und was geschieht eigentlich, wenn alle Klimaimperative hierzulande befolgt würden und man nach etlichen Jahren ernüchtert erkennen müsste, dass sich nichts verbessert, vieles womöglich verschlechtert hat, weil alle Anstrengungen durch eine demographische Entwicklung anderenorts zunichtegemacht wurden, die man nicht gewagt hatte zu thematisieren, als es dafür noch Zeit gewesen wäre? Auch das könnte dann ein schöner Schrecken sein.

Kleben für das Klima

Für einiges Aufsehen sorgen Klimaaktivisten, die sich spektakulär in Museen an berühmten Kunstwerke vergehen. So klebten sich im Sommer 2022 einige junge Menschen in den florentinischen Uffizien an Sandro Botticellis berühmtes Gemälde »Primavera«, um darauf aufmerksam zu machen, dass der hitzebedingte Weltuntergang nahe sei. Der Sinn dieser Aktion erschließt sich nicht wirklich. Der Klimaveränderung mangelt es wahrlich nicht an medialer Präsenz, dafür sorgen schon berstende Gletscher und extreme Wetterlagen. Das Argument der Demonstranten, dass sie verdeutlichen wollten, dass es solch einen schönen Frühling, wie ihn der Renaissance-Maler auf die Leinwand bannte, in Zukunft nicht mehr geben wird, wirkt unfreiwillig komisch. Hätten die umweltbesorgten Provokateure etwas genauer hingesehen, bevor sie in den Leimtopf griffen, hätte ihnen auffallen müssen, dass es ziemlich warm sein muss, um schon im Frühling derart zart bekleidet im Freien zu tanzen, wie es der sinnliche Reigen der Grazien bei Botticelli vorführt.

Von einer ähnlichen Gedankenlosigkeit war auch eine andere medienwirksame Intervention der Klima-Rebellen gekennzeichnet: die Blockade einer Etappe der Tour de France 2022. Ausgerechnet ein Radrennen zu stören, um gegen fossilen Energieverbrauch zu demonstrieren, entbehrt nicht einer gewissen Paradoxie. Anstatt die legendäre Tour zu nutzen, um das umweltfreundlichste Fortbewegungsmittel zu promoten, behandeln die engagierten Apokalyptiker die strampelnden Athleten so, als würden diese nicht in die Pedale treten, sondern auf einen Gashebel drücken. Symbolpolitik ist etwas Feines, nur muss sie auch eine sinnvolle Deutung erlauben. Das Argument, man wollte mit der Störung der Tour darauf hinweisen, dass es in den kommenden Zeiten keine sportlichen Großveranstaltungen mehr geben werde, wenn wir dem Klimawandel nicht Einhalt gebieten, verfängt wenig: Man könnte Radrennen auch im Sinne des Klimaschutzes propagieren, vielleicht mit weniger motorisierten Begleitfahrzeugen und mit einem Starttermin in den frühen, kühleren Morgenstunden, der jedem klarmachen kann, wie prekär die Lage ist – das würde mehr bewirken als bengalische Feuer nahe am Menschen.

Diese schrägen Beispiele verweisen allerdings auf ein tieferliegendes Problem. Radikale Klimaaktivisten fühlen sich zunehmend an keine legalen Schranken mehr gebunden. Wer davon überzeugt ist, dass die Rettung des Klimas den Einsatz aller Mittel rechtfertigt, begibt sich auf gefährliches Terrain. Die Vorstellung, dass es so schlimm um uns bestellt sei, dass bei Protesten auf Rechtsstaat und Demokratie, auf eine funktionierende Infrastruktur sowie auf die Bedürfnisse von Menschen keine Rücksicht mehr genommen werden muss, enthält ein totalitäres Moment. Auch eine Ökodiktatur bliebe eine Diktatur.

Es ist in einem politischen Sinn stets verhängnisvoll, ein Anliegen zu einer absoluten Größe zu stilisieren und damit alles andere, was Menschen bewegt, zu diskreditieren. Das spricht nicht dagegen, dass Prioritäten gesetzt werden müssen. Aber wenn wir lesen, dass angesichts der drohenden Klimakatastrophe der Krieg in der Ukraine, ja ein möglicher Krieg in ganz Europa letztlich sekundär seien, dann drückt sich darin nicht nur aufrichtige ökologische Besorgnis, sondern auch eine missionarische Überheblichkeit aus, vor der Weltretter aller Art nie gefeit sind.

Die neue Lust an der Apokalypse und das Beschwören endzeitlicher Katastrophen sind kontraproduktiv. Wir wissen, dass wir alles daransetzen müssen, um einerseits den anthropogenen Klimawandel zu verlangsamen und andererseits dessen spürbare Folgen wie Hitzewellen und Überflutungen abzufedern. Die politischen, ökonomischen, sozialen und technologischen Wege dazu sollten aber pragmatisch ausgehandelt werden, die Drohung mit dem Weltuntergang ist wenig hilfreich. Wichtiger sind offene Diskurse, vernünftige Rahmenbedingungen für Verhaltensänderungen und innovative Ideen. Das Vertrauen in demokratische Institutionen wäre deshalb zu stärken, nicht mutwillig zu demontieren. Dogmatismus und aggressive Störaktionen verärgern auch Sympathisanten der Bewegung. Sich festzukleben, offenbart unfreiwillig die eigentliche Botschaft solch eines blinden Aktionismus: Mit diesem kommen wir einfach nicht vom Fleck.

Misanthropie und Klimaschutz

Der Wind hat sich gedreht. Streiktage und Großdemonstrationen zum Schutz des Klimas bleiben aus, die Faszinationskraft von *Fridays for Future* scheint zu erlahmen, Greta Thunberg schreibt nun Bücher. Auch Klimaaktivisten ereilt das gewöhnliche Schicksal sozialer Bewegungen: Die Dynamik nimmt ab, es zeigen sich programmatische Risse und Konflikte, es bilden sich radikalisierte Splittergruppen. Einer von diesen gelang es im Herbst 2021 immerhin, für kurze Zeit die Parteizentrale der SPÖ in Wien zu besetzen, um gegen den Bau einer Stadtautobahn zu demonstrieren. Der Klimawandel ist zum Deckmantel geworden, unter dem sich die unterschiedlichsten Interessen, Anliegen und Aktivitäten bis hin zum Rechtsbruch versammeln können. Und paradoxerweise dient das Klima als wohlfeile Entschuldigung für so manches Versäumnis.

Überschwemmungen hat es immer gegeben. Jetzt werden solche sofort als Indiz für den anthropogenen Klimawandel identifiziert. Da dieser als Resultat eines Industrialisierungsprozesses begriffen werden muss, der seit zweihundert Jahren die Welt erfasst, verblassen vor solchen globalen Veränderungen die lokalen Fehler und Verantwortlichkeiten. Wenn alles dem Klima zugeschrieben werden kann, dann waren es eben nicht riskantes spekulationsgetriebenes Bauen, Flussbegradigungen, Bodenversiegelungen, Abholzungen und Monokulturen, die uns die sommerlichen Miseren bescheren. Die Bereitschaft, in jeder Naturkatastrophe den definitiven Beweis für den Klimawandel zu sehen, darf nicht die Einsicht blockieren, dass vieles aus unterschiedlichen Gründen falsch gemacht werden kann. Städte zu entgrünen und mit Betonklötzen zu möblieren, Einkaufszentren außerhalb der Ortskerne anzusiedeln und lokale engmaschige Infrastrukturen zu zerstören, ist auch dann dumm, wenn alle mit teuren Elektroautos herumfahren und stolz darauf sind, ihren CO_2-Ausstoß zu verringern. Abgesehen davon, ob es gelingen kann, den Temperaturanstieg in absehbarer Zeit tatsächlich zu verlangsamen oder gar zu stoppen, sollte man sich allmählich den Kopf über Strategien der regionalen Anpassung an veränderte klimatische Bedingungen zerbrechen.

Generell sollten wir uns allerdings nichts vormachen. Das Verhältnis des Menschen zu seiner Umwelt ist und bleibt nachhaltig gestört. Natur ist für uns lediglich eine Ressource für die Befriedigung unserer Bedürfnisse. Schon der Begriff »Klimaschutz« ist deshalb fragwürdig. Es geht nicht um das Klima, sondern um die Interessen von Menschen, die sich weiterhin rasant vermehren und noch die letzte Nische dieses Erdballs besetzen möchten. Der Energiehunger einer zunehmenden Weltbevölkerung ist der blinde Fleck der Klimadiskussionen. Keine Frage, dass weniger Menschen diesem Planeten weniger Probleme bereiteten. Aus unerfindlichen Gründen halten wir jedoch eine möglichst große Zahl von Menschen für einen Wert an sich – im Gegensatz zur Zahl anderer Lebewesen, die beliebig minimiert werden kann. Die alljährliche sinnlose rituelle Abschlachtung von Hunderten Delphinen in einer Bucht der Färöer-Inseln kann als Symbol dafür gewertet werden, dass wir noch weit davon entfernt sind, den vielfältigen Erscheinungsformen der Natur einen Eigenwert zuzugestehen. Wäre es anders, würden Umweltbewegte nicht die Rettung des Menschen vor den Folgen der Erwärmung, sondern die Rettung der Natur vor den Ansprüchen des Menschen fordern. Solch eine Ethik der Natur wäre ohne Misanthropie nicht zu haben. Doch dafür sind wir uns zu gut.

Teufel und Beelzebub

Wenn wir keine andere Möglichkeit mehr sehen, als das Schlimme mit etwas noch Schlimmerem zu bekämpfen, dann steht es schlimm um uns. Die Entscheidung der EU-Kommission, die Kernenergie als »grün« einzustufen und so Investoren zu motivieren, erinnert an solch eine fatale Situation. Dass parallel dazu im fernen Japan eine Debatte darüber ausgebrochen ist, ob das radioaktive Kühlwasser der geschmolzenen Kerne von Fukushima nicht doch einfach ins Meer geleitet werden könnte, gibt uns einen Vorgeschmack auf eine Zukunft, in der wir die Wahl zwischen einer aufgeheizten oder einer kontaminierten Umwelt haben könnten.

Neben vordergründigen ökonomischen Interessen, denen die Sorge um das Klima ein willkommenes Deckmäntelchen bietet, verweist die neue Etikettierung des Atomstroms auf ein veritables Paradoxon: Tatsächlich ist keine Form der Energiegewinnung »nachhaltiger« als die Kernspaltung. Deren klimaneutrale Nutzung bemisst sich in Jahrzehnten, ihre Abfälle jedoch müssen über Jahrtausende gelagert, gesichert, beobachtet und kontrolliert werden. Der aufrichtige Wunsch, den kommenden Generationen eine lebenswerte Welt zu hinterlassen, hält uns nicht davon ab, diese für unvorstellbare Zeiträume mit den Rückständen unseres Strombedarfs zu belasten. Dass auch Gift- und Plastikmüll aus den ökologischen Kreisläufen nicht wegzubringen sind, ist nur ein geringer Trost.

Das Argument, dass der Erfindungsreichtum der Menschen schon dafür sorgen werde, diese Probleme zu lösen, will nicht so recht beruhigen. Genauso könnte man darauf setzen, dass unsere unmittelbaren Nachkommen rasch Technologien entwickeln werden, um der Atmosphäre das von uns ausgestoßene CO_2 wieder zu entziehen. Nüchtern betrachtet, dürfte dies sogar realistischer sein als die Hoffnung, unter wechselnden und instabilen politischen Bedingungen das strahlende Erbe des Atomzeitalters zu entschärfen.

Im Jahr 2022 gedachten einige Menschen des 120. Geburts- und des 30. Todestages des Philosophen Günther Anders. Der streitbare Denker hatte sein halbes Leben dem Kampf gegen die »atomare Drohung« gewidmet. Es mag stimmen, dass diese im Kalten Krieg virulenter war als in den letzten Jahrzehnten. Der Krieg in der Ukraine führt uns aber vor Augen, dass sich nach wie vor atomar bewaffnete Mächte gegenüberstehen. Die friedliche Nutzung der Kernenergie ist bislang zumindest von ihren militärischen Anwendungen nicht zu trennen. Und bis die versprochenen kleineren und umweltfreundlichen Nuklearreaktoren einsatzfähig sein werden, wird mehr Zeit vergehen, als es den Klimaschützern recht sein kann.

Überhaupt: Zeit. Eine Grundthese von Anders besagt, dass Menschen in einer komplexen technologischen Zivilisation nicht fähig sind, die langfristigen Konsequenzen ihrer Innovationen zu antizipieren. Wir müssten uns das Unvorstellbare vorstellen können, doch es fehlt uns an »prognostischer Phantasie«. Das erklärt, warum viele die Vorteile der Kernenergie im Kampf gegen den Klimawandel höher einschätzen als ihre Nachteile. Die Auswirkungen der Treibhausgase sind unmittelbar sichtbar und spürbar; was es bedeutet, wenn Menschen in 30 000 Jahren auf Warnungen vor radioaktiven Lagerstätten stoßen werden, die sie nicht mehr entziffern können, übersteigt unsere Imaginationskraft. Einfache Lösungen kann es in Energie- und Klimafragen nicht geben. Der Stopp des Straßenausbaus und spektakuläre Aktionen mögen vielleicht punktuell wirken, am Energiehunger einer wachsenden Weltbevölkerung wird dies wenig ändern. Ob es allerdings klug ist, den CO_2-Teufel mit dem atomaren Beelzebub auszutreiben, scheint mehr als fraglich.

Nach der Natur

Natur: Wie das säuselt, wie das gurrt, wie das plätschert, atmet, lebt. Natur: Wie das tobt, wie das faucht, wie das knurrt, verwüstet, stirbt. Natur: Es gibt wenige Begriffe, die ein so weites und widersprüchliches Assoziationsfeld eröffnen wie dieses kleine, harmlos klingende Wort. Natur als Voraussetzung und Raum unseres Lebens kann ebenso damit gemeint sein wie die Summe der Gewalten, denen gegenüber sich der Mensch behaupten muss; Natur kann als ein Ideal gedacht werden, zu dem der Mensch zurückkehren möchte, oder als ein Verhängnis, aus dem er sich befreien sollte. »Natürlich« kann ein positives Attribut für Lebensmittel und Lebensweisen sein, und es kann als Ausdruck einer zivilisations- und technikfeindlichen Ideologie gewertet werden.

Wie man es dreht und wendet: Das Verhältnis des Menschen zur Natur, zur äußeren, ihn umgebenden ebenso wie zu seiner inneren, ist uneindeutig, ambivalent, gespalten und mitunter höchst belastet. Die Geschichte der Menschen ist auch gekennzeichnet von der stets von neuem auftauchenden Frage, ob denn die Natur für uns ein Vorbild, eine Leitlinie sein kann, oder ob es nicht in unserer Bestimmung liegt, Natur zu überwinden, hinter uns zu lassen und durch künstliche Stoffe und Gebilde aller Art zu ersetzen.

Lange galt die Natur als ein Vorbild, dem nachzueifern es sich lohnte. Künstler wurden dafür bewundert, dass sie *nach der Natur* arbeiten konnten. Etwas naturgetreu abzubilden, war Ausweis einer besonderen ästhetischen Qualität. Täuschend ähnlich hielten die niederländischen Stillleben halbgeschälte Früchte und aufgeschlitzte Fische im Bild fest. Spätestens seit der Romantik wurde die Natur dann selbst zu einer Quelle der Erfahrung des Schönen und Erhabenen. In der Phase der frühen Industrialisierung fühlte sich der Mensch zunehmend der Natur entfremdet und begann, diese zu verklären. Nun wurden die Alpen zu einem Sehnsuchtsort, die Zivilisationsflucht mit all ihren touristischen Begleiterscheinungen setzte ein, ländliche Idyllen wurden beschworen, und in der Musik zirpten die Vögel, grollte der Donner und hüpfte die launische Forelle. Zu erreichen war diese Naturnähe aber nur mit avancierter Technik und höchster Kunst.

Nach der Natur zu arbeiten, bedeutete stets, ausgesprochen oder unausgesprochen, diese zu überbieten. »Schön ist, Mutter Natur, deiner Erfindung Pracht / Auf die Fluren verstreut, schöner ein froh Gesicht, / Das den großen Gedanken / Deiner Schöpfung noch *einmal* denkt.« Die ersten Verse von Friedrich Gottlieb Klopstocks berühmter Ode »Der Zürchersee« (1750) markieren in eindringlichen, unüberbietbaren Worten ein Naturverhältnis, das in der einzigartigen Fähigkeit des Menschen, Natur zu denken, zu gestalten, nachzuahmen, zu wiederholen, den eigentlichen Reiz sieht. Natur wird zu einem Medium, in dem sich die Empfindungen des Menschen spiegeln, Natur wird zum Symbol für unsere Sehnsüchte und Ängste, Hoffnungen und Enttäuschungen. Die Beschwörungen der Natur dokumentieren nicht nur unsere Verbundenheit mit dieser, sondern auch und vor allem, dass wir über die Natur hinaus sind. Der Natur gegenüber lebt und denkt und fühlt der Mensch in einem *Danach:* Natur ist das, was wir hinter uns gelassen haben. Die Natur ist ein großes, fremdes Gegenüber, an dem wir nicht mehr partizipieren.

Dieses Danach, das den Menschen selbstbewusst über die Natur stellt, bleibt nicht unwidersprochen. Der Mensch, so lautet das neue Credo, ist selbst nur Teil der Natur, ein Tier unter Tieren. Die einst so klare Grenze zwischen Mensch und Tier ist durchlässiger geworden, die Ergebnisse der Wissenschaften, die sich mit dieser Grenze beschäftigen, sorgen laufend für Überraschungen.

Primatenforscher, Ethologen, Kognitionswissenschaftler und Biologen erkennen bei Menschenaffen, aber auch bei Vögeln, Ratten oder Delphinen Fähigkeiten, die früher ausschließlich dem Menschen zugeschrieben wurden: komplexe kognitive Leistungen, Werkzeuggebrauch, Einfühlungsvermögen, die Herausbildung von Traditionen, kulturelle Praktiken. Die Nähe zum Tier erfüllt uns kaum noch mit Unbehagen, und der Wunsch, kein Tier zu sein, sich von diesem abzugrenzen, gilt mittlerweile als höchst anstößig. Wer diesen Wunsch äußert, erweist sich als Speziesist, als Vertreter eines Rassismus der biologischen Arten. Aber, so könnte man mit Hegel fragen: Ist ein Tier, das weiß, dass es ein Tier ist, überhaupt noch ein Tier?

Tatsächlich gibt es, selbst wenn man grundlegende Differenzen akzeptiert, wenige Gründe, den Menschen gegenüber anderen Erscheinungsformen der Natur zu privilegieren. Allerdings muss diese Naturhaftigkeit des Menschen gerade heute so stark betont werden, weil der Mensch sich daranmacht, Natur im großen Stil umzugestalten. Der Begriff des Anthropozäns erklärt ja den Menschen zur ersten Art, der es – in durchaus zweifelhafter Weise – gelingt, auf dieser Erde irreversible Spuren zu hinterlassen und damit ein geologisches Zeitalter zu prägen. Wären diese Spuren nur Resultate von Naturereignissen, wäre alles nicht so dramatisch. Doch es gilt für alle Umweltaktivisten, dass ohne den Menschen die Erde anders aussähe und das Klima menschenfreundlicher wäre. Der Mensch ist ein Verhängnis für die Natur, kein Teil von ihr.

Umgestalten heißt sehr oft: vernichten. Wir können Natur nur mehr als verschwindende Größe festhalten. Naturerfahrung im Industriezeitalter kann nicht anders gedacht werden denn als eine Erfahrung des Verschwindens. Tier- und Pflanzenarten, Wälder und Wiesen, der bestirnte Himmel, Schneefelder und Gletscher, ganze Landstriche und Formationen, Korallenriffe und Küsten, Flüsse und Seen, ja selbst die Jahreszeiten: Alles verschwindet.

Unser Verhältnis zur Natur ist ambivalent. *Nach der Natur leben* markiert nicht nur eine Werbeschiene für Bio-Produkte, sondern ist Ausdruck eines authentischen Bedürfnisses nach einer Wiedergewinnung von Natur angesichts der Folgen unserer technologischen Zivilisation. Die Geister scheiden sich jedoch an der Frage, ob diese Fokussierung auf die Natur von den Überlebensperspektiven des Menschen geleitet sein darf, oder ob der Natur, der Tier- und Pflanzenwelt, ein Eigenwert zugeschrieben werden muss, der mit den Interessen der Menschen kollidieren kann. Mehr Lebensraum für bedrohte Tierarten bedeutet weniger Lebensraum für die expansionsgewohnte Menschheit.

Dass, um das Klima zu schützen, Naturräume durch Staudämme, Windparks und Solarpaneele großflächig umgestaltet und durch radioaktiven Abfall für Jahrtausende belastet werden müssen, wird über kurz oder lang zu veritablen Konflikten zwischen Klima- und Naturschützern führen. Grünen Strom aus Wasserkraft zu propagieren und gleichzeitig Flüsse zu Rechtssubjekten zu erklären, in deren Integrität, das heißt Verlauf, nicht eingegriffen werden darf, stellt einen unauflöslichen Widerspruch dar.

Die Verklärung naturnaher Lebensformen und die großzügige Verleihung von Rechten an ausgewählte Erscheinungsformen der Natur darf nicht darüber hinwegtäuschen, dass Mensch sein von Anbeginn bedeutete, *nach der Natur* im Sinn eines post- und transnaturalen Zustands zu leben. »Künstlichkeit ist die Natur des Menschen und sein Wesen ist Unbeständigkeit.« Dieser großartige Satz von Günther Anders bringt das Dilemma des Menschen auf den Punkt. Sosehr wir auf der einen Seite die Natur romantisch illuminieren, so sehr fasziniert uns auf der anderen Seite jede Form von Künstlichkeit, von Stahlkonstruktionen bis zu Raumkapseln, von humanoiden Robotern bis zur Künstlichen Intelligenz, von der die einen hoffen und die anderen fürchten, dass sie den Menschen als Gattung ablösen wird. Und auch hier gilt, fast zu einer Fratze verzerrt, Klopstocks Gedanke: Mehr als den Geist des Menschen bewundern wir die raffinierte Technik, die diesen Geist nachbaut und die ihn einmal übertreffen wird.

Die in Zeiten der Klimaveränderung und Umweltzerstörung spürbar gewordene Hinwendung zur Natur korrespondiert so auf paradoxe Art mit dem Willen, am Menschen selbst nichts mehr der Natur zu überlassen. Weder die biologischen Gegebenheiten des Menschen wie Geschlecht, Hautfarbe, Körperbau noch seine Fähigkeiten wollen wir der Natur, das heißt dem Zufall verdanken. Dass am Sein des Menschen nichts natürlich sei, dass wir Wirklichkeit schlechthin als soziale Konstruktion auffassen sollten, ist ein Gedanke, in den wir geradezu verliebt sind. Naturwissenschaft begreifen wir deshalb nicht mehr als kontemplatives theoretisches Unternehmen, das die Zusammenhänge und Erscheinungsformen der Natur erkennen will, sondern als ein Verfahren, das einen technologischen Imperativ in sich trägt: erkennen, um zu verändern. Wissenschaft und Technik sind nahezu synonym geworden, Wissenschaft fällt für uns mit ihrer effizienten Anwendung zusammen: Sie soll uns von den Zumutungen der Natur befreien.

Dies gilt auch für die sogenannten weichen Wissenschaften, die mit Steuerungs-, Kontroll- und Verbesserungsverfahren für alle Belange des sozialen Zusammenlebens aufwarten müssen. Die empirische Sozial- und Bildungsforschung wird mit dem Zweck betrieben, politische Entscheidungen durch eine fachliche Expertise zu stützen. Vergessen wird dabei gerne, wie sehr politische Vorgaben schon in die Fragestellungen und Untersuchungsmethoden einschlägiger Projekte einfließen können.

In diesen Disziplinen gilt die Berufung auf Natur als höchst prekär. Wer etwa von natürlichen Begabungen oder natürlichen Formen des Zusammenlebens, gar der Sexualität spricht, macht sich sofort einer reaktionären Geisteshaltung verdächtig. Und dies nicht ganz zu Unrecht, denn für den Menschen gibt es keine natürlichen Maßstäbe, an denen er sich zu orientieren hätte. Immanuel Kants Beschreibung des künstlerischen Genies als eines »Günstlings der Natur« kann mit keiner Zustimmung mehr rechnen. Wir gehen davon aus, dass es keine natürlichen Formen der Ungleichheit gibt, die nicht durch soziale, technische oder politische Interventionen ausgeglichen werden könnten. Was an uns Natur ist, steht jederzeit zur Disposition. Je mehr wir uns besorgt der Natur um uns zuwenden, desto weniger wollen wir an uns selbst mit dieser zu tun haben.

Um es pointiert zu formulieren: Für den Menschen ist Natur nichts Natürliches. Wie wir Natur denken und gestalten, ist uns nicht vorgegeben. Ob wir Natur nur als Ressource für unsere maßlosen Bedürfnisse oder als ein Gegenüber sehen, das wir in seinem Eigenwert akzeptieren und in seiner Schönheit bewundern können, liegt an uns. Wie wichtig dafür die moderne Wissenschaft ist, steht außer Streit. Aber erst die Kunst klärt uns darüber auf, dass in der Natur eine Idee von Unmittelbarkeit liegt, die nur, um noch einmal Klopstock zu zitieren, ein »froh Gesicht« mit- und nachempfinden kann. Die Kunst stand von Anbeginn in einem besonders produktiven Spannungsverhältnis zur Natur. Schon Aristoteles sah in der Fähigkeit zur Nachahmung und in der Bereitschaft, diese lustvoll zu genießen, eine Wurzel unserer Kreativität.

Die Wiederholung der Natur durch die Kunst ermöglicht uns eine besondere Erfahrung: Freude am gelungenen Spiel, gepaart mit Erkenntnis. Dies setzt jedoch eine Distanz voraus, die ein unmittelbares Eingefügtsein in die Natur nicht erlaubt. Zu viel Wirklichkeit tut der Kunst nicht gut. Wenn Gustav Mahler für den Kopfsatz seiner ersten Symphonie die Anweisung »Wie ein Naturlaut« gibt, dann ist eben nicht gemeint, dass in dieser Musik das Rauschen der Wälder oder das Zwitschern von Vögeln imitiert und zu Gehör gebracht werden sollen, sondern die Musik, Resultat höchster menschlicher Kunstanstrengung, soll so selbstverständlich und stimmig erklingen, als wäre sie Natur. Dieser Gedanke findet sich bei Immanuel Kant und wird später von Theodor W. Adorno wiederholt: Das Kunstvolle an der Kunst besteht darin, die Tatsache, dass sie unter schwierigen Bedingungen von Menschen hergestellt werden muss, vergessen zu lassen.

Und noch in einem anderen, entscheidenden Punkt setzt sich Kunst in eine radikale Differenz zur Natur. Kein Fühlender, so formulierte es Adorno in seiner »Ästhetischen Theorie«, der nicht vom Gesang einer Amsel nach einem Regen zutiefst berührt würde; aber in diesem Gesang der Amsel lauert das Schreckliche, weil er einem Bann gehorcht: Der Vogel kann nicht anders. Es ist seine Natur. Genau dies unterscheidet seinen Gesang von der Kunst. Diese ist Resultat von Freiheit, ist nicht nur Unmittelbarkeit, Reflex oder Instinkt, sondern durchdrungen von Geist, gebrochen von Reflexion.

Gerade die musikalischen Anverwandlungen von Naturphänomenen verleihen diesen eine Emotionalität, die aller Naturhaftigkeit des Seins eingedenk ist und dennoch selbstbewusst am gestaltenden, souveränen, freien Charakter menschlicher Kreativität festhält. Die Musik zum Beispiel, die Natur zum Erklingen bringt, verleiht dieser damit eine Dimension, die ihr als solche nicht zukommt. Hegel hat einmal die saloppe Bemerkung gemacht, dass er an den vielgerühmten gletscherbedeckten Alpen nichts Bewundernswertes oder Erhabenes erkennen kann. Der Anblick dieser ewig toten Massen hinterließ bei dem nüchternen Philosophen nur die dürre Erkenntnis: Es ist so. In Richard Strauss' »Alpensymphonie« hingegen erfährt dieses stumme

Sein eine ästhetische Gestaltung, die die Frage, was denn die Berge für uns bedeuten können, in allen musikalischen Farben schillern lässt. Nur die Kunst erlaubt es uns, dieses doppelte *Nach der Natur* zu erfahren, ohne der Natur und uns selbst Gewalt antun zu müssen.

Wir Unglücklichen!

Der dänische Philosoph Søren Kierkegaard machte einmal die Bemerkung, dass derjenige Mensch am unglücklichsten sein müsse, der entweder nur in der Vergangenheit, also in der Erinnerung, oder nur in der Zukunft, also in der Erwartung lebe. Beide Haltungen entziehen der Gegenwart ihre Legitimität und sabotieren damit die Freude am Leben. Der Nostalgiker, der sich nach einer Vergangenheit sehnt, in der alles noch besser war, ist genauso unglücklich wie derjenige, der von dem Gedanken beherrscht wird, alles tun zu müssen, um die Schrecken der Vergangenheit zu bannen und ihre Wiederholung zu verhindern. Doch auch der Fortschrittsfreund, der sich die Lösung aller, oder doch zumindest der meisten Probleme durch die Errungenschaften der Zukunft erwartet, wird nicht weniger freudlos sein als der Schwarzseher, der angesichts der in Zukunft drohenden Apokalypsen nur noch bangt.

Lassen wir einmal die Vergangenheit, wie schön oder furchtbar sie auch gewesen sein mag, und wenden wir uns der Zukunft und ihrem Unglück zu. Sofern wir Zukunft mit Optimismus verbinden, scheint uns das Urteil des Dänen, wenn nicht überhaupt unsinnig, dann mindestens zu hart zu sein. Denn Zukunftsorientierung verheißt doch auch Offenheit, Lust am Neuen, sie verbindet sich mit dem Glauben an die Verbesserung der Welt und den Aufbruch in ungeahnte Räume und Möglichkeiten. Was wäre die Moderne ohne ihre Utopien, ohne das imaginäre Ausloten unbekannter Welten, ohne das Ausmalen der Zukunft, ohne das große Morgen! Unglücklich sind doch höchstens die Zukunftsverweigerer, die Verzagten, die Ängstlichen, die sich vor jeder Innovation, vor jeder Veränderung, vor jeder Herausforderung fürchten.

Abgesehen davon, dass man nach Kierkegaard natürlich auch unglücklich sein kann, ohne zu wissen, dass man unglücklich ist, lohnt sich ein Blick auf die Affirmation der Zukunft. Denn diese ist selbst von einer eigentümlichen Ambivalenz. Einerseits beherrscht sie unser Denken, die Zukunft verlangt von uns die Bereitschaft, für sie bereit zu sein, und so schöne Eigenschaften wie zukunftsfähig oder zukunftsfit zeugen von einem unbedingten Willen zur Zukunft. Andererseits könnte man in bestimmten Fragen geradezu von einer Zukunftsmüdigkeit sprechen. Zukunft wird weniger als etwas erfahren, das gestaltet werden kann, sondern mehr als eine Notwendigkeit, der man sich ohnehin nicht entziehen kann: Zukunft kommt! Der Wille zur Zukunft erweist sich so als Geste der Resignation. Auch diese macht nicht besonders fröhlich.

Dieser resignative Wille kann sich umso besser entfalten, als wir ziemlich genau zu wissen glauben, was die Zukunft bringen wird. Deshalb kann man sich ja der Zukunft auch unterwerfen, denn sie ist vorgezeichnet. Es vergeht kaum ein Tag, an dem uns nicht berichtet wird, was die nahe oder ferne Zukunft für uns bereithalten wird: selbstfahrende Automobile, Künstliche Intelligenzen, genetisch optimierte Lebewesen, potentiell unsterbliche Menschen, smarte Städte, bargeldlose Zahlung, digitale Bildung, virtuelle Welten, vernetzte Lebensformen, die Kolonisierung des Alls. Gleichzeitig häufen sich die Klagen über eine abnehmende, ja verschwundene Zukunftsbereitschaft. Es gäbe keine Utopien und Visionen mehr, die Zukunft inspiriert offenbar weder Philosophen noch Gesellschaftstheoretiker zu großen Entwürfen, eine Kleingeistigkeit und Sehnsucht nach dem Altbewährten – Nation, Autorität, Sicherheit – greife um sich, große Projekte wie die Europäische Union oder der Weltbürgerstaat versandeten in kleinlichen Streitereien oder würden gar nicht mehr ernst genommen.

Die Ambivalenz gegenüber der Zukunft hat ihre Gründe. Und diese liegen nicht zuletzt in der Zukunft selbst. Sie bleibt uns nämlich letztlich verborgen, allen Prognosen und Trends zum Trotz. Zukunft kann niemals beginnen, formulierte es einst Niklas Luhmann, denn die begonnene Zukunft wäre keine Zukunft mehr. Zukunft ist prinzipiell das, was vor uns liegt. Wenn wir über Zukunft sprechen, sprechen wir in der Regel deshalb über die Gegenwart: über uns, unsere aktuellen Erwartungen, Hoffnungen oder Ängste. Zukunftsdiskurse geben Auskunft über unsere Selbstbilder, nicht über das, was kommen wird. Am Diskurs über Zukunft lassen sich eher Charakterstudien unserer Befindlichkeiten ableiten als Auskünfte über die Zukunft. Dem forschen, geradezu zukunftsgeilen Trendforscher, der genau weiß, dass im Jahre 2030 der Tourismus vollständig virtualisiert sein wird, Nanobots unseren Körper durchfluten, Chips in unserem Hirn uns permanent online halten und Weltraumflüge für jeden zum Urlaubsprogramm gehören werden, stehen die Besorgten gegenüber, die hinter jeder Technologie die Bedrohung und den Verlust des Menschen wittern, was wieder durch jene befeuert wird, die die »Singularität«, den Tag, an dem die Maschinen die Menschen als Produkte der Evolution ablösen werden, kaum erwarten können. Glücklich möchten wir keine dieser Figuren nennen.

All diesen Verheißungen und Befürchtungen ist allerdings eines gemeinsam: Sie referieren nahezu ausschließlich auf Technik als den Motor der Zukunft, und sie stellen den Menschen radikal in Frage. Die zu Unrecht nie richtig wahrgenommene These von Günther Anders, dass die Technik unser Schicksal sei und der Mensch zu einer antiquierten Kategorie werde, wird durch jede Triumphmeldung aus dem Silicon Valley bestätigt. Im Grunde artikulieren viele Technoutopien jenen Überdruss und Ekel am Menschen, von dem schon Friedrich Nietzsche befallen war. Dass aus einem kulturkritischen Ressentiment des 19. Jahrhunderts nun eine handfeste technische Option geworden sei, gehört jedoch selbst zu jenen Behauptungen, deren Einlösung wir in eine Zukunft verlagern müssen, weil die Gegenwart nie hält, was die Zukunft verspricht.

Bei allem darf man nämlich die folgende Paradoxie nicht vergessen: Wir leben ja immer schon in einer Zukunft. Jede Gegenwart war für eine Vergangenheit doch eine gleichermaßen glänzende wie bedrohliche Zukunft. Viele der heute lebenden Menschen haben das Jahr 1984 erlebt, das paradigmatische Zukunftsjahr von George Orwells futurologischer Dystopie, und die Versprechungen, die in den sechziger Jahren für das Jahr 2000 gemacht wurden – unendliche Energievorräte durch Atomkraftwerke und Raketenrucksäcke für jedermann –, haben wir auch alle schon hinter uns. Die Gegenwärtigen leben stets in den Zukünften der Vergangenen – das sollte uns der Zukunft gegenüber doch vorsichtig stimmen, denn wir sind diese Zukunft, die sich andere erträumt haben. Einige dieser Träume konnten wir vielleicht sogar realisieren, viele nicht, einige Befürchtungen sind eingetreten, womöglich schlimmer als erwartet, andere haben sich als unnötig und überzogen erwiesen, wieder andere sind eingetreten, aber viel weniger schlimm als einst gedacht: Big Brother schreckt heute niemanden mehr.

Das Unglück der optimistisch ausgemalten Zukunft liegt daran, dass an ihr gemessen jede Gegenwart defizitär erscheinen muss. Gegenwart mutiert in der Moderne zu einem vorläufigen Zustand ohne Eigenwert, der so schnell wie möglich überwunden werden sollte, ein Noch-nicht-Sein, wie es Ernst Bloch, der große Denker der Utopie, formulierte. Keine Frage, dass unerträgliche oder auch nur unbequeme Zustände nach Veränderung rufen. Keine Frage aber auch, dass die ständige Entwertung dessen, was ist, die permanente fordernde Überbietung des Erreichten nicht unbedingt für Glücksgefühle sorgt. In einer Zeit, in der jeder um Likes bettelt, ist Anerkennung zu einem flüchtigen ephemeren Phänomen geworden. Die Lorbeeren, auf denen man sich ausruhen könnte, gibt es längst nicht mehr, aber es gibt auch keine Erlösung für den, der nun, getrieben von der Zukunft, immer strebend sich bemüht.

Das Unglück der fatal imaginierten Zukunft liegt in der Angst, durch diese Wesentliches zu verlieren. In dieser Lesart bedeutet Zukunft vor allem eines: festhalten, was es gibt – Freiheit, Demokratie, Wohlstand und ein erträgliches Klima. Man muss die Sprache der Klimakonferenzen auch einmal unter dem Aspekt betrachten, was diese Rede für unser Zukunftsverständnis bedeutet: Zur Norm und Richtschnur unseres Handelns wird der Zustand der Biosphäre vor der Industrialisierung. Am besten wäre es, wir könnten in der Zukunft in diese Vergangenheit zurückkehren, zumindest aber soll sich die Erde in der Zukunft nicht um mehr als 1,5 Grad Celsius gegenüber diesem Zustand erwärmen. Wir kämpfen heute nicht für etwas, das uns erstrebenswert erscheint, sondern gegen die Folgen dessen, was uns erstrebenswert erschienen war: Industrialisierung und Mobilität für alle.

Bewahren müssen, ja zurückzukehren zu vergangenen Zuständen: Das ist allerdings die größte Kränkung, die eine fortschrittsorientierte und zukunftsoffene Moderne erfahren kann. Diese ist deshalb kein guter Hüter des Klimas. In der Klimapolitik vereinigen sich präzise die Spielarten des Kierkegaard'schen Unglücks: Die Vergangenheit bestimmt unsere Zukunft, die Zukunft misst sich an dieser Vergangenheit. Kein Wunder, dass die Proklamation von Klimazielen nichts von der schäumenden Zukunftsrhetorik an sich hat, mit der ansonsten gerne der Aufbruch in neue Welten gefeiert wird – nicht einmal dort, wo auch in diesem Fall alles Heil in einer neuen riskanten Großtechnologie gesehen wird: Geoengineering.

Die Konzentration von Erwartung auf Technik und der Verlust der großen sozialen und politischen Utopien könnte aber auch einen Grund darin haben, dass zentrale Anliegen der politischen Entwürfe eines anderen, besseren Lebens, wenn schon nicht verwirklicht, dann doch gedanklich einfach nicht mehr überboten werden können. Francis Fukuyamas viel belächelte hegelianische These vom Ende der Geschichte hatte schon einen wahren Kern: Nach dem brutalen Scheitern der sozialistischen Großexperimente, den letzten Versuchen des Geistes, in Hinblick auf eine ganz andere soziale Zukunft den Horizont der bürgerlichen Gesellschaft zu überschreiten, bleiben wir in dieser gefangen. Kein Denken heute reicht über deren Bestimmungen – Marktwirtschaft gepaart mit Menschenrechten, sozialer Absicherung und Demokratie – hinaus. Mehr als Überlegungen, wie diese Bestimmungen verteidigt und hier und dort ein wenig ausgebaut oder nuanciert werden könnten, hat diese Zukunft nicht mehr zu bieten. Zeit, sich anderen Dingen zuzuwenden.

Werte im Wandel

Zur Flexibilisierung des Guten

Weniger Werte

Von Werten ist ständig die Rede. Kaum steigen die Flüchtlingsströme wieder an, liegt die Besinnung auf die europäischen Werte nahe. Worin diese Werte bestehen, wie sie vermittelt werden können, wie Asylsuchende und Migranten damit bekanntgemacht werden können – alles Fragen, die häufig gestellt und noch häufiger beantwortet wurden. So verteilte die österreichische Bundesregierung einmal eine mehrsprachige, comicartige Broschüre unter den Ankommenden, die auf die Werteordnung dieses Landes aufmerksam machen sollte.

Schön, dass uns die Werte so viel wert sind. Damit sind wir aber auch schon bei einem interessanten Punkt. Wonach richtet sich eigentlich der Wert der Werte? Gerne wird vergessen, dass der Begriff des Werts erst im 19. Jahrhundert aus der Ökonomie in die Moralphilosophie importiert worden war. Bei Thomas Hobbes hatte es noch sehr lakonisch und sehr realistisch geheißen: »Die Geltung oder Wert eines Menschen ist wie der aller anderen Dinge sein Preis.« Dieser Preis, so Hobbes, richtet sich danach, wie viel man für die Benützung der Fähigkeiten eines Menschen bereit wäre zu zahlen. Deshalb ist dieser Wert nicht absolut, sondern – wie jeder Wert – vom Bedarf und der subjektiven Einschätzung abhängig. Klingt hart, trifft aber den Kern der Sache.

Die Attraktivität der Werte für die Moral liegt gerade darin, dass Werte diese subjektive Dimension haben: Werte beschreiben Präferenzen und Vorlieben, die sich jederzeit ändern können. Friedrich Nietzsche war es, der den Wertbegriff starkmachte, weil er an einer Umwertung aller Werte arbeitete. Im Gegensatz zu Imperativen und Maximen, im Gegensatz auch zu Geboten und Verboten, vor allem im Gegensatz zu Rechtsordnungen und Gesetzen, sind Werte stets disponibel, richten sich nach Angebot und Nachfrage, steigen und fallen in ihrem Kurs, erleben rasche Konjunkturen und Depressionen, sind in hohem Maße von Stimmungen und kollektiven Erregungen abhängig.

Die unangenehme Wahrheit dieser These spüren wir täglich, wenn etwa davon gesprochen wird, dass Hilfe für Asylsuchende aus demographischen oder arbeitsmarktpolitischen Gründen geboten sei. Und, so könnte man fragen, wenn diese Gründe wegfallen – verlieren die Menschen dann ihre Ansprüche auf Hilfe? Genau aus diesem Grund ist es sehr wohl sinnvoll, zwischen Asyl und Wirtschaftsmigration zu unterscheiden. Wer verfolgt wird, hat nach geltendem Recht als Person – ungeachtet seiner Fähigkeiten – den Anspruch auf Hilfe; wer aus ökonomischen Gründen in ein Land immigrieren will, darf auch nach diesen Gründen bewertet werden.

Wer sich aber auf moralische Werte beruft und damit etwa die unverrückbaren Fundamente einer europäischen Gesellschaftsordnung meint, irrt sich. Nichts ist so schwankend wie ein Wert. Den Begriff der Wertegemeinschaft umgibt so eine eher zwielichtige Aura – im Grunde weiß man nie, woran man wirklich ist. Ein Vorschlag: Verzichten wir einfach auf Wertedebatten. Es genügt doch, Menschen, die nach Europa wollen, die Rechtsordnung der europäischen Gesellschaften klarzumachen und sie auf die damit verbundenen Ansprüche, aber auch auf die daraus resultierenden Pflichten zu verweisen. Im Namen von Werten, die heute so, morgen anders aussehen können, diese Rechtsordnung tendenziell außer Kraft zu setzen, ist leichtfertig. Solch eine Haltung verrät zudem mangelndes Verständnis für das, was geschützt werden muss, weil es allein imstande ist, Schutz zu gewähren.

Mächtige Moral

Wie viel Moral braucht eigentlich die Politik? Auf Anhieb wäre man versucht zu sagen, dass es gar nicht genug Moral in der Politik geben kann. Wenn möglichst viele Verantwortungsträger danach trachten, gut zu sein und das Gute zu tun, und möglichst viele Wähler ebenfalls das Gute im Sinn haben und jenen ihre Stimme geben, die glaubwürdig versichern können, dem Guten zum Sieg zu verhelfen, kann das für ein Gemeinwesen und seine Verfassung doch nur gut sein. Es wundert so wenig, dass moralische Fragen in aktuellen politischen Debatten nicht nur eine gewisse Rolle spielen, sondern dass zunehmend politische, aber auch ökonomische oder ökologische Fragen schlechthin als moralische Fragen wahrgenommen werden.

Erkennbar wird diese Moralisierung des Politischen immer dann, wenn anstelle von Interessen und Machtansprüchen moralische Bewertungen treten und die politische Auseinandersetzung durch die Kommunikation und Einforderung von moralischen Gefühlen wie Scham oder Schuldbewusstsein ersetzt oder verhindert wird. Zuletzt hat die Frage des Klimawandels und möglicher Gegenstrategien solch eine Transformation erlebt. Das Klima markiert die neue Gretchenfrage der Moral, die Produktion von CO_2 wurde zum neuen, leicht quantifizierbaren Maßstab für Gut und Böse, der ökologische Fußabdruck definiert den moralischen Status eines Menschen heute. Religiös angehauchte Begriffe wie Klimaschützer und Klimaretter, Klimaleugner und Klimasünder begleiten und verdeutlichen diese Entwicklung.

Die Moralisierung politischer Konflikte hat große Vorteile. Sie erspart die Auseinandersetzung. Moral ist schlechthin durch den Gegensatz von Gut und Böse gekennzeichnet, und mit dem Bösen diskutiert man nicht. Ist es einmal gelungen, die eigenen Interessen und Ansprüche als moralisch gut zu klassifizieren, geht es nur noch darum, das Böse, das sich in den Vorstellungen der anderen manifestiert, mit allen Mitteln zu bekämpfen. Dass das Eintreten für das Gute zudem auch ein ruhiges Gewissen und das wunderbare Gefühl der moralischen Überlegenheit verschafft, kann als willkommener Bonus dieser Strategie verbucht werden. Es wundert wenig, dass nicht nur die Moral zu einem Machtfaktor wurde, sondern dass Machtfragen, zumindest auf der symbolischen Ebene, durch ihre Moralisierung entschieden werden.

Für die Demokratie ist diese Moralisierung politischer Belange jedoch ein Verhängnis. Diese Regierungsform beruht auf einem Menschenbild, das davon ausgeht, dass die Mitglieder einer Gemeinschaft gerade wegen ihrer unterschiedlichen Absichten, Präferenzen, Interessen und Vorlieben das Gemeinsame ihres Zusammenlebens erst aushandeln und, wenn es nicht anders geht, darüber abstimmen müssen. Über das Gute aber lässt sich weder verhandeln noch abstimmen. Das macht zwar den Gedanken richtig, dass die moralischen, also etwa die menschenrechtlichen Grundlagen einer Verfassung nicht durch einen Mehrheitsbeschluss einfach ausgehebelt werden können; für alle anderen Entscheidungsprozesse ist es aber fatal, wenn diese dem demokratischen Diskurs durch Moralisierung entzogen werden.

Wer sich auf der Seite des Guten wähnt, muss nicht mehr argumentieren. Es genügt, sich über diejenigen zu entrüsten, die sich dem Guten widersetzen. Denen unterstellt man dann auch weniger andere Sichtweisen als vielmehr böse Absichten. Eine Kontroverse ist nicht mehr möglich. In dem Sinne, in dem für eine Demokratie aber genau die Möglichkeit solch einer Auseinandersetzung essentiell ist, stellt die Moralisierung der Politik eine eminente Gefahr dar. Die Verteidiger der Demokratie hüten sich deshalb nicht nur vor dem Bösen. Sie sind auch vorsichtig gegenüber den Verlockungen des und der Guten.

Schöner Schein

Nichts ist schön, nur der Mensch ist schön. Auf dieser Naivität beruhe, so Friedrich Nietzsche, all unsere Ästhetik. Und der böse Philosoph vergaß nicht, dieser Formel eine »komplementäre Wahrheit« zur Seite zu stellen: Nichts, nur der missratene Mensch sei hässlich. Seit Menschen sich als Objekte des Gefallens und Missfallens, des Begehrens und des Abwehrens wahrnehmen, tobt der Kampf um die Frage nach dem Zusammenhang zwischen Schönheit und Tugend, zwischen Hässlichkeit und Laster.

Solche schematischen Zuschreibungen sind einfältig. Da hatte Nietzsche recht. Und doch können wir weder im privaten Alltag noch in den sozialen Medien diesen Empfindungen entgehen. Das Ansehen bestimmt sich nicht selten durch das Aussehen. Die global akzeptierten Werbebotschaften, in denen es von normierten Schönheitsidealen nur so wimmelt, widersprechen dabei fröhlich der beruhigenden Behauptung, dass Schönheit etwas zutiefst Subjektives sei. Dass es Menschen, die als attraktiv gelten, im Leben leichter haben, weil sie von Lehrern, Arbeitgebern, Kunden, Richtern und Medien, wenn auch oft unbewusst, bevorzugt werden, ist nicht nur ein Vorurteil, sondern wurde von der Forschung bestätigt. Damit allerdings wird Schönheit zu einem gesellschaftspolitischen Problem.

Schönheit, wie immer man sie definieren mag, ist ungerecht verteilt. Und sie kann nicht einfach umverteilt werden. Aber man kann an sich arbeiten. Schönheit, das wusste schon Stendhal, ist zumindest ein Versprechen von Glück. Davon leben die Beauty-Industrien, die vom Make-up über den trainierten Körper bis zu den aufgespritzten Lippen und den korrigierten Brüsten alles anbieten, um uns an dieser Verheißung teilhaben zu lassen. Nicht immer gelingt dies. Kein Wunder, dass es Gegenbewegungen gibt: Der Vorwurf des *Lookismus* geißelt den Attraktivitätsbonus, den wir manchen Menschen zuerkennen, *Body-Positivity* hält uns dazu an, jede Physiognomie schön zu finden, wie immer sie beschaffen sein mag, und neuerdings möchte der Aufruf zur *Body-Neutrality* den Körper überhaupt zu einer Kategorie degradieren, der keinerlei Bedeutung beigemessen werden darf. Die Idee der Gerechtigkeit verlangt es, jede Form der Bevorzugung oder Benachteiligung durch das physische Erscheinungsbild zu vermeiden. Wenn es so einfach wäre. Natürlich kann man sich den Diktaten der Mode widersetzen und den grassierenden Körperkult kritisieren. Aber hilft es wirklich, die intensive und beglückende Wahrnehmung des Schönen in sich zu bekämpfen, nur um einem abstrakten Neutralitätspostulat zu gehorchen? Und kann die Konfrontation mit Hässlichkeit nicht zu einem Motiv werden, überhaupt erst Schönes zu schaffen? Verdankt sich die Kunst nicht in hohem Maße dem Versuch, die Flüchtigkeit und Hinfälligkeit des Menschen zu überbieten und seiner Schönheit zu einem Ausdruck, den wir auch noch nach Jahrhunderten bewundern können, zu verhelfen?

Nietzsche hatte recht: In der Beurteilung des Menschen nach seinem Äußeren gründet überhaupt unsere einzigartige Fähigkeit, Schönes von Hässlichem zu unterscheiden. Was dies moralisch oder politisch bedeuten kann, ist dann noch eine ganz andere Frage. Dass sich hinter der Schönheit die Lüge verbergen und durch die Hässlichkeit die Wahrheit offenbaren kann, ist ein Verdacht, den nicht nur Nietzsche hegte. Sich solche verstörenden Ambivalenzen im Namen der Gerechtigkeit zu versagen und der Einfachheit halber gleich alles schön zu nennen, wird die Welt nicht besser machen, sondern nur mit einem ideologisch grundierten, falschen Schein überblenden. Nicht nur der Schlaf der Vernunft, auch der Traum der Gerechtigkeit gebiert Ungeheuer. Diese sind in der Regel kein netter Anblick.

Neue Nomaden

Zu den schlimmsten Erfahrungen des modernen Menschen gehört die Nötigung zur Immobilität. Wenn wegen eines Vulkanausbruchs oder einer Pandemie die Flughäfen geschlossen werden und man nicht mehr vom Fleck kommt, fühlt man sich zutiefst in einem Menschenrecht verletzt. Gilt doch Beweglichkeit mittlerweile als Tugend an sich, die Teilung der Gesellschaft in Mobile und Immobile, *mover* und *stayer,* hat sich längst zu einer soziologischen These mit moralischen Implikationen verdichtet. Nur wer sich bewegt, bewegt etwas, und wer bleibt, sündigt – so lautet das Glaubensbekenntnis einer neuen Nomadenreligion. In dieser amalgamieren sich auf verquere Weise die privilegierten Lebensstile einer Globalisierungselite mit der Dynamik weltweiter Migrationsbewegungen.

Das Nomadentum wird als anthropologische Kategorie neu entdeckt. Menschen, so heißt es, waren immer schon in Bewegung, die Wanderung von Einzelnen, Gruppen und Völkern stellt nicht die Ausnahme, sondern die Regel dar, gesellschaftliche Dynamik entsteht nur durch Durchmischung im Zuge von Mobilität. Das bedeutet: Wohnsitze, soziale Zugehörigkeiten, Sprachen und Orientierungen aller Art können jederzeit verändert werden, wer darauf beharrt, zu bleiben, wo er ist, gilt rasch als »Alteingesessener«, und der pejorative Grundton, mit dem dieser Begriff in aktuellen politischen Diskursen verwendet wird, ist nicht zu überhören.

Über die produktive Kraft, die sich aus jeder Form der Bewegung entfalten kann, muss nicht viel diskutiert werden, auch wenn die Schattenseiten der Mobilität, vor allem die sozialen und ökologischen Folgekosten, gerne ausgeblendet werden. Einer vielleicht allzu euphemistischen Deutung des neuen Nomadentums sind allerdings zwei Überlegungen entgegenzuhalten.

Der Eindruck gesellschaftlicher Mobilität als neue Normalität wird von einer kleinen Gruppe forciert, die ihre Lebensform irrtümlicherweise für ein allgemeines Phänomen hält. Die meisten Menschen auf dieser Erde bewegen sich nämlich nicht, bleiben ein Leben lang in der Region, in der sie geboren wurden. Alles andere wäre übrigens undenkbar. Mobilität in jeder Form lebt von einem antikantischen Imperativ: Wir können uns bewegen, weil alle anderen bleiben. Die Staus auf den Autobahnen zu Urlaubszeiten geben ja nur eine Ahnung davon, was geschähe, setzten sich wirklich einmal alle in Bewegung.

Und dann ist da noch an die These des Philosophen Hans Blumenberg zu erinnern, nach der Kultur schlechthin immer die Sache der Immobilen, der Zurückgebliebenen war. Nur wer nicht wegkann, nur wer nicht mitmachen kann, ist auf seine Phantasie, auf den Entwurf imaginierter Welten angewiesen, weil ihm das hektische Durchstreifen der realen Welt verwehrt bleibt. Bei dieser Gelegenheit könnte man auch leise wieder einmal darauf verweisen, dass die großen Errungenschaften der Zivilisation – Recht, Technik, Handwerk, Kunst, Markt, Demokratie, Wissenschaft – ihre Ursprünge nicht bei vazierenden Nomaden, sondern in den Städten der sesshaft Gewordenen hatten. Bürger wird man, wenn man gezwungen ist, auf engem Raum mit jemandem zu leben, nicht wenn man jederzeit alles hinter sich lassen kann. Das soll jetzt kein apodiktisches Lob der Sesshaftigkeit sein, aber manchmal ist es vielleicht, getreu einem Wort von Blaise Pascal, wirklich besser, zu Hause zu bleiben – sofern man ein Zuhause hat.

Viele Rechte, keine Pflichten

Unter dem pathetischen Titel »Jeder Mensch« veröffentlichte der Schriftsteller und Jurist Ferdinand von Schirach im Frühjahr 2021 eine »Ergänzung« zur Allgemeinen Erklärung der Menschenrechte. Neue Zeiten erfordern neue, einklagbare Rechte. Dazu zählt Schirach das Recht jedes Menschen, in einer intakten Umwelt zu leben, das Recht auf digitale Selbstbestimmung, das Recht, von Amtsträgern stets nur die Wahrheit zu erfahren, und das Recht, nur solche Waren und Dienstleistungen angeboten zu bekommen, die unter Wahrung der universellen Menschenrechte hergestellt und erbracht werden.

Die Begeisterung ob dieses Katalogs ist groß. Durchdringt man den medialen Nebel der Euphorie, kommt etwas ganz anderes zum Vorschein: ein Zeitgeist, der auf prompte Wunscherfüllung drängt, für die andere zuständig sind. Die Lust an der inflationären Verkündigung zusätzlicher Rechte korrespondiert mit einem fatalen Hang zu einer neuen selbstverschuldeten Unmündigkeit. Die gelobte Proklamation neuer Menschenrechte ist Ausdruck einer ziemlich infantilen Haltung.

Seit den Formulierungen der Menschenrechte im späten 18. Jahrhundert, auf die sich Schirach nicht uneitel bezieht, da einer seiner Vorvorfahren involviert gewesen war, wurden diese ohnehin stets erweitert. Mittlerweile unterscheidet man mehrere Generationen von Menschenrechten, die ihren Charakter unter der Hand deutlich gewandelt haben. Aus fundamentalen Abwehrrechten gegenüber staatlicher Gewalt und Willkür wurden ausufernde Anspruchsrechte, für deren Einlösung ein paternalistisch gedachter Staat verantwortlich gemacht werden soll. Aus dem Recht der Bürger, nach ihrem Glück zu streben, wurde längst die Pflicht des Staates, für dieses Glück zu sorgen. Dass in einer Demokratie die Bürger diesen Staat ausmachen und deshalb solche Forderungen an sich selbst adressieren müssten, wird gerne vergessen.

Die Einsicht, dass es keine Rechte ohne Pflichten gibt, wird heute ziemlich einseitig interpretiert: Die Rechte des einen sind jedoch stets die Pflichten des anderen. Wenn ich das Recht habe, nur mit moralisch einwandfreien Produkten versorgt zu werden, haben andere die Pflicht, dies sicherzustellen. Hinter manchen Forderungen steht deshalb der unbewusste Wille, Verantwortung einfach abzuschieben. Warum hat Schirach seine Idee zu einem zeitgemäßen Umgang des Menschen mit sich und der Natur nicht als Pflichtenkatalog formuliert? Jeder Mensch hat die Pflicht, durch sein Verhalten einen Beitrag zu einer intakten Umwelt zu leisten. Jeder Mensch hat die Pflicht, Amtsträgern gegenüber ehrlich zu sein, etwa bei Einkommensteuererklärungen, um damit seinen Beitrag zum Gemeinwohl zu leisten. Der Erfolg solch einer Verlautbarung moderner Menschenpflichten wäre sehr überschaubar gewesen.

Wohlmeinend kann man dieser Proklamation Naivität aus Menschenfreundlichkeit unterstellen. Wer so unbekümmert mit Begriffen wie »Wahrheit« umgeht, hat entweder darüber noch nie nachgedacht oder streut den Menschen bewusst Sand in die Augen. Schon Immanuel Kant hat lakonisch darauf aufmerksam gemacht, dass man von niemandem verlangen kann, die »Wahrheit« zu sagen, da sich diese so leicht einfach nicht eruieren lässt. Bestenfalls kann man »Wahrhaftigkeit« einfordern. Amtsträger müssten dann sagen, was sie für wahr halten. An dieser Stelle könnte man anmerken, dass wir das manchmal lieber gar nicht wissen wollen. Doch Einwände kümmern die eifrigen Verkünder wenig. Wie wäre es mit einem Recht, von solch unausgegorenen Entwürfen verschont zu bleiben?

Unsere Liebe zum Hass

Woher, so fragten sich viele nach dem Angriff Russlands auf die Ukraine, woher rührt dieser mörderische Hass Putins auf das Nachbarland und seine Bewohner? Woher dieser jedem Nutzenkalkül hohnsprechende Wille zur Zerstörung, zur Grausamkeit, zur Schändung und Vernichtung? Woher dieser Hang, einzelne Menschen und Menschengruppen, Völker und Staaten mit dem schwärzesten und destruktivsten aller Gefühle zu überziehen?

Keine Frage: Der Hass ist auch jenseits des Krieges allgegenwärtig. Hassreden fluten das Netz, Hassprediger tummeln sich in den sozialen Medien. In der Ablehnung von Hass und Hetze sind sich alle einig. Doch sind wir Wohlmeinende vor dem Hass tatsächlich gefeit? Gibt es mitunter nicht gute Gründe für den Hass? In den ersten Wochen nach Beginn des Krieges bekundeten zahlreiche ukrainische Intellektuelle und Künstler wie die Schriftsteller Juri Andruchowytsch und Oksana Sabuschko oder die Geigerin Vira Zhuk ihren zunehmenden Hass nicht nur auf den Kreml und seine Gefolgschaft, sondern auf alles Russische, auf die für sie unlesbar gewordene Literatur von Tschechow und Dostojewski, auf die für sie unhörbar und unspielbar gewordene Musik von Tschaikowski und Prokofjew.

Aus der Perspektive der Opfer können wir das verstehen. Gleichzeitig ist dies ein Beispiel dafür, wie schnell die pädagogisch besorgte Rede, dass man nicht über Kollektive urteilen, dass man Vorurteile und Stereotype vermeiden soll und dass Differenzierung stets angebracht ist, im Ernstfall verstummt. Und manchmal hat man den Eindruck, dass es dem einen oder anderen Kommentator, der persönlich gar nicht betroffen ist, ganz gut gefällt, nun eine ganze Kultur mit Hass und Verachtung überziehen zu dürfen.

In der Regel machen wir es uns mit dem Hass zu einfach. Der

vergessene Philosoph Aurel Kolnai schrieb schon in den dreißiger Jahren des vorigen Jahrhunderts, dass wir die Tendenz haben, das zu hassen, was wir für böse halten. Der Hass ist die emotionale Erscheinungsform unserer moralischen Urteilskraft. Je klarer wir zwischen Gut und Böse unterscheiden können, desto offener werden wir für diesen Hass. Nicht der Hass ist schlimm, ein Laster, Ausdruck eines üblen Charakters oder einer defizitären Persönlichkeit, sondern das Objekt des Hasses wird zu etwas Verwerflichem erklärt, das die Entstehung und Artikulation dieses so heftigen wie negativen Affekts legitimiert. Deshalb gilt: Böse ist immer nur der Hass der anderen, der eigene Hass ist gut, denn er richtet sich gegen das Böse.

Werden wir selbst zum Ziel eines Hassgefühls, empfinden wir dies zu Recht als Angriff auf unsere persönliche Integrität; als Hassende jedoch beanspruchen wir, das von uns als »böse« Erkannte in die Schranken zu weisen, zu verfolgen, zum Schweigen zu bringen und, wenn es gar nicht anders geht, zu vernichten. Der Hass richtet sich dann gegen jeden Feind, gegen falsche Meinungen, irrende Ideologien, mächtige Politiker, sogar gegen Objekte wie Automobile, die wir für den desolaten Zustand der Welt verantwortlich machen.

Der Genuss des Apfels vom Baum der Erkenntnis hat auch den Hass mit sich gebracht. Zu wissen, wo das Böse lauert, und es nicht zu hassen, ist kaum möglich. Dem Hass könnten wir allenfalls entgehen, wenn wir unsere moralischen Überzeugungen immer wieder in Frage stellten. Wer ist allerdings dazu bereit in einer Zeit, in der es darum geht, sofort Position zu beziehen, um auf der richtigen Seite zu stehen? Frei von Hass wäre vielleicht der moralisch Indifferente. Dieser ist aktuell eher selbst zu einem Hassobjekt geworden. Den Hass zu neutralisieren wird nur gelingen, wenn uns klar wird, wie tief wir in dieses Gefühl gerade dann verstrickt sind, wenn wir uns frei davon wähnen.

Wehret den Anfängen

Wehret den Anfängen! Kaum eine Floskel wird – und dies nicht nur im Zusammenhang mit dem Gedenken an das Ende des Zweiten Weltkriegs – so gerne gebraucht wie diese. Um zu verhindern, dass sich Schlimmes wiederholt oder Verhängnisvolles unbemerkt zu wuchern beginnt, ist höchste Wachsamkeit geboten. Beim ersten Anzeichen, dass die Dinge in eine problematische Richtung laufen, muss eingegriffen werden. Dieses Mantra klingt gut und hat lediglich den Nachteil, von der Wirklichkeit stets aufs Neue widerlegt zu werden.

Während in Nordamerika und Europa mit Argusaugen darauf geachtet wurde, dass überall die Standards der politischen Korrektheit eingehalten werden, um Rassismus, Sexismus und Kolonialismus keine Chance mehr zu geben, konnte der Kreml relativ ungestört seinen Überfall auf die Ukraine vorbereiten. In dieser Form hatte das niemand kommen sehen, diesen Griff zu militärischer Gewalt gegen einen Nachbarstaat mitten in Europa hatte man dem Potentaten in Moskau letztlich doch nicht zugetraut. Jetzt wird der Westen, der sich zuvor in einer beispiellosen Selbstgeißelung für alle Übel dieser Welt verantwortlich gemacht hatte, plötzlich zum selbstbewussten, starken und stolzen Garanten für Freiheit und Demokratie. Auch das hat manche überrascht.

Man hätte, so werden wir nun belehrt, die Zeichen der Zeit durchaus erkennen können. Die nachträgliche Klugheit hat es leicht: Sie weiß schon, was geworden ist. Die vorausschauende Klugheit hat es schwer: Sie weiß nicht, was geschehen wird. Im Getriebe der Gegenwart ist kaum auszumachen, was wirklich zukunftsträchtig ist. Mit der Pandemie, so konnten wir es seinerzeit lesen, beginnt eine neue Epoche der modernen Zivilisation. Welch ein Irrtum! Hegel hat darauf aufmerksam gemacht, dass wir erst dann wissen, wann etwas begonnen hat, wenn dieses zu einem Ende gekommen ist. Umgekehrt rätseln wir oft genug, wann das, was wir mit Entsetzen beobachten müssen, eigentlich angefangen hatte. Begann das deutsche Verhängnis erst mit Hitler, oder bereits mit Bismarcks Kolonialpolitik oder Martin Luthers Antisemitismus?

Zeitgenossen können selten beurteilen, worauf sie sich langfristig einlassen. Wir sollten, so konnte man dieser Tage aus Expertenmund hören, im Sinne der Energiewende keine Scheu vor einer Koppelung unserer grünen Ambitionen an das Know-how und die Ressourcen Chinas haben. China? Eine kommunistische Diktatur? Wie war das doch gleich mit den Anfängen?

Da das Handeln von Menschen keiner naturgesetzlichen Determination unterliegt, lässt sich schwer abschätzen, welche unserer Entscheidungen im Nachhinein einmal als Anfang einer positiven oder negativen Entwicklung gesehen werden. Den Kampf der Ukraine mit allen Mitteln zu unterstützen – ist dies der Auftakt zu einer neuen, stabileren Sicherheitsarchitektur in Europa oder der Keim für einen atomar geführten dritten Weltkrieg? Wer wüsste es zu sagen? Und was bedeutete es in diesem Zusammenhang, den Anfängen wehren zu wollen?

Machen wir uns nichts vor: Wir haben keine Ahnung. Wir können bestenfalls das tun, was wir im Moment für richtig halten, und hoffen, dass wir dabei weder ideologisch verblendet noch gutgläubig oder befangen sind. Ob wir durch unsere Taten eine verhängnisvolle Eskalationsspirale der Gewalt gerade noch rechtzeitig gestoppt haben oder sehenden Auges in eine Katastrophe geschlittert sind, werden wir erst im Nachhinein erfahren. Wir sollten deshalb aufhören, so zu tun, als hätte man immer alles voraussehen können. Wehret den Anfängen: Diese Aufforderung übersteigt schlicht unsere Möglichkeiten, da wir den Ausgang der Geschichte nicht kennen. Wir sollten diesen Imperativ aus unserem politischen Vokabular streichen.

Die atomare Drohung

Nach dem Einmarsch russischer Truppen in die Ukraine ist die Welt eine andere. Der Krieg ist nach Europa zurückgekehrt, und nach dem ersten Entsetzen gehört er zu unserem Alltag. So furchtbar es ist: Man gewöhnt sich an die Berichte von gefallenen Soldaten, getöteten Zivilisten, zerstörten Städten und fliehenden Menschen. Mit abnehmender Aufmerksamkeit verfolgen wir die Schilderungen der Kriegsreporter, die Reden der Politiker, die Debatten der Intellektuellen. Mit Kennermiene lauschen wir den Ausführungen der Militärexperten und Strategen, die manchem Beobachter noch als letzte Stimmen der Vernunft in den auch ideologisch hochgerüsteten Auseinandersetzungen erscheinen. Und so erfahren wir, was es mit der Nukleardoktrin Russlands auf sich hat: Der Einsatz von Kernwaffen wird in Erwägung gezogen, wenn dieser Staat sich in seiner Existenz bedroht fühlt. Beruhigend ist das nicht.

Die atomare Drohung sorgt dafür, dass die Nato eine direkte Konfrontation mit Russland vermeidet. Die mit großem moralischen Nachdruck von Wolodymyr Selenskyj erhobene Forderung an das Bündnis, dem Aggressor auch militärisch entgegenzutreten, ist aus der Perspektive des überfallenen Landes verständlich. Es bedeutete aber im Ernstfall, für die Souveränität und Freiheit der Ukraine das Leben von Millionen Menschen, die den Massenvernichtungswaffen zum Opfer fallen könnten, in die Waagschale zu werfen. Dazu ist im Westen niemand bereit. Russland weiß das.

Diese Konstellation wird auch jenseits des aktuellen Krieges fatale Konsequenzen nach sich ziehen: Staaten, die sich zu Recht oder Unrecht bedroht fühlen und sich wirksam verteidigen wollen, werden nach dem Besitz der Bombe trachten. Die Rüstungsspirale beginnt sich wieder zu drehen. Nach dem Ende des Kalten Krieges tat man so, als könne man die Gefahr eines nuklearen Schlagabtausches in die Geschichtsbücher verbannen. Das war ein Irrtum.

Das Gleichgewicht des Schreckens, das bisher einen dritten Weltkrieg, wenn auch manchmal nur äußerst knapp, verhinderte, setzt voraus, dass bei allen Akteuren ein Minimum an Rationalität vorhanden ist, das es verbietet, alles Leben auf diesem Planeten zu vernichten. An die Vernunft des Menschen zu glauben und sich dieser auf Gedeih und Verderb auszuliefern, ist jedoch höchst riskant.

Von Günther Anders, der sich wie kein anderer Intellektueller des vergangenen Jahrhunderts mit dem monströsen Charakter von Nuklearwaffen beschäftigt hat, stammt die These, dass die Existenz von Kernwaffen schon ihren Einsatz bedeutet. Niemand kann sie übersehen, wer sie besitzt, droht damit, ob er es ausspricht oder nicht. Wer über die Bombe verfügt, ist ihr ausgeliefert. Er muss in letzter Konsequenz bereit sein, sie zu zünden. Die atomare Erpressung macht vor niemandem Halt. Der jetzt wieder vieldiskutierte Einsatz »taktischer Kernwaffen« kann diese Logik nicht suspendieren.

Erleben wir gerade eine historische Zäsur? Die eigentliche Zeitenwende vollzog sich nach Anders schon im August 1945, markiert durch den Abwurf der Atombomben über Hiroshima und Nagasaki. Seitdem ist der Menschheit nur noch eine »Frist« gewährt, da die Selbstvernichtung der Gattung eine militärtechnische und damit politische Option darstellt. Der Krieg in der Ukraine und die in ihm angelegte Eskalation der Gewalt zwingen uns dazu, diese Reflexionen in Erinnerung zu rufen. Günther Anders, der 1992 in Wien gestorbene und nahezu vergessene Warner vor der atomaren Apokalypse, könnte sich als jener Denker erweisen, der sich auf der Höhe unserer tief gefallenen Zeit bewegt.

Spielt Schostakowitsch!

Der Krieg in der Ukraine tötet Menschen, er zerstört Städte und Dörfer, Kraftwerke und Krankenhäuser. Und er richtet Verheerungen in den Köpfen der Menschen an. Jede militärische Aggression bringt es mit sich, dass sich die Verteidiger ebenfalls der Logik des Krieges zu unterwerfen haben. Dies gilt auch für jene Staaten und Organisationen, die den Angreifer mit Sanktionen belegen und dafür Sorge tragen, dass dieser in den westlichen Ländern keine Möglichkeiten vorfindet, seine Sache zu verfolgen und seine Geschäfte zu erledigen. In dieser Hinsicht ist es konsequent, dass bisher verehrte und umschwärmte russische Staatskünstler mit einem Bann belegt werden und die Freiheit der Meinung für die Propagandamedien des Kremls nicht mehr gelten kann. Es ist eine bittere Lektion dieses Krieges, dass die Werte des Westens, die ja verteidigt werden sollen, partiell außer Kraft gesetzt werden müssen. Das mag politisch opportun sein, Grund zum Jubeln ist es keiner.

Im Gegensatz zu staatlich kontrollierten Nachrichtenportalen und einer politischen Publizistik, die eine eindeutige Agenda verfolgen, verhält sich die Frage nach dem richtigen Umgang mit Künstlern in solch einer dramatischen Situation etwas anders. Von der Kunst Parteilichkeit zu erwarten und nicht die Werke oder Leistungen zu prämieren, sondern die richtige Gesinnung, ist ein falscher Ansatz. Die Qualität von Kunstwerken lässt sich nicht auf die Haltung ihrer Schöpfer oder Interpreten reduzieren, sie hängt auch nicht von Auftraggebern und Financiers ab. Umgekehrt wäre es sinnlos zu leugnen, dass sich Mächtige gerne der Kunst bedienen und dabei nicht immer auf heroischen Widerstand stoßen. Zu akzeptieren, dass es deshalb zu einem Widerspruch zwischen der Gesinnung eines Künstlers und der Ausdruckskraft seiner Arbeit kommen kann, fällt uns allerdings schwer. Wir träumen davon, dass Künstler kraft ihrer ästhetischen Sensibilität stets auf der richtigen Seite der Geschichte stehen.

In der aktuellen Debatte setzt sich überdies eine unselige Tendenz der letzten Jahre fort: Was nicht ins Bild passt, wird gecancelt. Das trifft neben putinnahen Pultstars und Operndiven zunehmend viele engagierte und untadelige Vertreter der russischen Kultur. Die vollmundige Rede von der völkerverbindenden Kraft der Musik erweist sich dieser Tage als schales Lippenbekenntnis. Im Ernstfall dominieren die politischen Kalküle die Kultur. Manche Übereifrige wollen gleich Tschaikowski aus den Konzertsälen und Dostojewski aus den Bibliotheken verbannen. Das befriedigt vielleicht das eigene Bedürfnis nach moralischer Überlegenheit, ist aber ziemlich unreflektiert und zeugt von einer fundamentalen Geringschätzung der Kunst. Denn nicht die spektakulären Ausladungen und flächendeckenden Boykottmaßnahmen, sondern die humanen Ansprüche der Werke, denen sie sich verpflichtet fühlen, kompromittieren letztlich die umstrittenen Künstler.

So problematisch es ist, wenn autoritäre Politik und Kunst eine innige Verbindung eingehen, so prekär ist die Tendenz, Kunst vorrangig nach politisch-moralischen Gesichtspunkten zu beurteilen. Charakterstärke ist so wenig ein Garant für ästhetische Dignität wie die richtige ideologische Position. Vor allem dürfen wir nicht vergessen, dass Kunst selbst dann widerständig sein kann, wenn sie vereinnahmt wird. Darin liegt ihre tragische Größe. Der Komponist der Stunde wäre eigentlich Dmitri Schostakowitsch, der unter Stalin litt und trotz allem das unmenschliche Sowjetsystem repräsentierte. An ihm ließe sich dieses fatale, nun wieder so virulente Ineinander von politischer Verstrickung und kreativem Eigensinn musikalisch beispielhaft erfahren. Aber wer will solche Töne heute noch hören?

Moral und Interesse

Über den völkerrechtswidrigen und verbrecherischen Charakter des russischen Angriffs auf die Ukraine herrscht Einigkeit. Dass sich das überfallene Land verteidigt und alles unternimmt, um den Aggressor aufzuhalten, versteht sich von selbst. Allerdings ist die Ukraine in ihrem Kampf um die Bewahrung ihrer Souveränität auf die tatkräftige Unterstützung anderer Staaten angewiesen. Da diese keine formellen Bündnisverpflichtungen eingegangen sind, müssen Wirtschaftssanktionen und Waffenlieferungen vorrangig moralisch argumentiert werden. Die Bedrängten mit jenen Mitteln auszustatten, die es ihnen erlauben, den Krieg fortzusetzen, erscheint als ein Gebot der Stunde. Angeblich, so lesen wir, verteidigen die ukrainischen Truppen nicht nur ihr Land, sondern auch unsere Demokratie und Freiheit. Zauderer, wie der deutsche Bundeskanzler, werden deshalb heftig kritisiert, liegt doch der Verdacht nahe, dass sie aus zweifelhaften Motiven nicht alles tun, was sie tun könnten.

Bei manchen Aktionen ukrainischer Institutionen, die den Druck erhöhen sollen, stellt sich dennoch eine gewisse Irritation ein. Dass über Konzertprogramme nun nicht mehr die dafür Verantwortlichen, sondern die ukrainischen Botschafter entscheiden, hinterlässt ebenso einen schalen Beigeschmack wie die Brüskierung des deutschen Bundespräsidenten, immerhin der oberste Repräsentant eines Landes, von dem man Panzer geliefert bekommen will. Und EU-Mitglieder, die aus der Perspektive der Ukraine zu wenig leisten, mit abwertenden Zensuren zu versehen, zeugt nicht gerade von diplomatischem Feingefühl. Für Höflichkeit und Subtilitäten ist in Zeiten wie diesen wohl kein Platz. Ad infinitum wird die Karte der moralischen Nötigung jedoch nicht stechen. Zu viel steht auf dem Spiel.

Politische Gemeinschaften haben – man hört es nicht gerne –

Interessen. Diese können in einen Widerspruch zu dem geraten, was die Ethik zu fordern scheint. Dabei gilt: Über Interessen kann man verhandeln; über Gut und Böse nicht. Klar ist: Kein Staat kann ein Interesse daran haben, dass seine Integrität massiv bedroht wird. Diese sollte übrigens unabhängig von der politischen Verfassung respektiert werden. Doch das ist nicht alles. Kein Staat kann zum Beispiel ein Interesse daran haben, von seiner Energieversorgung abgeschnitten zu werden; kein Staat kann ein Interesse daran haben, eine ökonomische Schwächung und damit Verarmung der Bevölkerung längerfristig hinzunehmen; kein Staat kann ein Interesse daran haben, in ein eskalierendes Kriegsgeschehen hineingezogen zu werden; kein Staat kann ein Interesse daran haben, zum Einsatzgebiet für nukleare Waffen zu werden. Bei all dem dürfen wir aber auch jene Lobbys nicht vergessen, die an jedem Krieg ein Interesse haben, weil sie zu den Profiteuren zählen werden.

Viel hängt davon ab, ob Putins Russland einen weltanschaulich geprägten Feldzug gegen den globalen Westen führt oder dem Phantasma einer *Renovatio imperii* verfallen ist. Im ersteren Fall kämpfen die ukrainischen Soldaten tatsächlich stellvertretend für uns, sie materiell und logistisch zu unterstützen, wäre das Mindeste, was diese erwarten können. Im anderen Fall bleibt es eine Frage der Gewichtung, wie viel an geopolitischer Unsicherheit und sozialer Destabilisierung man in Kauf nehmen möchte, um dem Kriegstreiber Einhalt zu gebieten. Man sollte deshalb die Ansicht, dass wir vor heiklen Güterabwägungen stehen, nicht sofort hämisch zurückweisen. Nicht jeder, der ein Für und Wider im Auge hat, handelt verwerflich. Aus der Perspektive der Ukraine mögen solche Überlegungen als Schwäche, Feigheit, vielleicht sogar Verrat gewertet werden. Das ist verständlich. Doch es gehört zum Ernst der Lage, dass es in dieser keine richtigen, sondern nur noch höchst riskante Entscheidungen geben kann.

Hinter den Kulissen

Die alte, seit der Antike gebräuchliche und vom Barock wunderbar ausformulierte Metapher vom Weltgeschehen als einer großen Theatervorstellung hat einiges für sich. Nicht nur in der Politik, auch in der Wirtschaft und Kultur gaukeln uns selbstverliebte Darsteller auf der Suche nach Beifall und Erfolg eine Welt vor, in der es von Helden und Schurken nur so wimmelt, und alle wollen uns glauben machen, sie stünden auf der richtigen Seite der Geschichte.

Auf jede ordentliche Bühne gehören stimmungsvolle Kulissen. Zwar sind diese im modernen Regietheater nicht mehr sonderlich beliebt, die Aufführungen der Wirklichkeit sind ohne sie jedoch nicht denkbar. In diesen bilden die durch alle Informationskanäle gejagten Bilder und Videos den Rahmen für die großen und kleinen Tragödien und Komödien unseres Daseins. Mitunter aber geschieht es, dass ein Unglück diese vorgetäuschten Szenerien verschiebt und einen Blick auf die Funktionsweise der Wirklichkeit erlaubt: Solch eine Situation nennen wir Krise. Diese ermöglicht Einsichten, die ansonsten von den Illusionsmaschinen überblendet werden. Überraschungen können da nicht ausbleiben.

Die Ereignisse der letzten Zeit haben einiges von dem offenbart, was sich hinter den Kulissen alles abspielt. Ein harmloser Unfall in einer stark befahrenen Schiffsstraße bringt die Logistik weltumspannender Handelsaktivitäten vollkommen zum Erliegen. Und wir merken: Nicht einmal das scheinbar Selbstverständlichste ist dann noch verfügbar – wer hätte das gedacht! Ein Virus versetzt die Welt in Angst und Schrecken, und plötzlich treten Forscher mit widersprüchlichen Expertisen in das Licht einer gereizten Öffentlichkeit, die zusehen muss, wie Wissenschaft tatsächlich funktioniert. Die Irritation war groß.

Neben allem Furchtbaren machte der Überfall Russlands auf die Ukraine erst auf das reflexionsbedürftige Phänomen aufmerksam, dass weite Teile Afrikas vom Import ukrainischen Getreides abhängig sind. Ebenso klärt uns dieser Krieg darüber auf, dass es wohl ziemlich leichtsinnig war, so zu tun, als könnten Kernkraftwerke nie ins Zentrum militärischer Auseinandersetzungen rücken. Eine Energiepolitik, die mit stabilen politischen Verhältnissen für die nächsten Jahrtausende rechnet, ist in einem ganz anderen Maß verantwortungslos als der Glaube an die Verlässlichkeit Russlands als Gaslieferant. Und nebenbei erfährt der digitalisierte Zeitgenosse durch die Reise einer amerikanischen Politikerin nach Taiwan, dass dieses Land quasi ein Monopol auf die Herstellung leistungsfähiger Mikrochips hat und ein Konflikt mit China unseren technologischen Fortschritt massiv in Frage stellte.

Überhaupt verblüfft die aktuelle Krise gerade in Bezug auf die gerne in grünen Kostümen verhandelten Versorgungsfragen. So sorgte in Österreich die Nachricht, dass elektrischer Strom auf Terminbörsen gehandelt wird und auch gemeindeeigene Unternehmen dabei riskante und hochspekulative Geschäfte eingehen, für große Verblüffung. Eine Pointe liegt dabei nicht zuletzt darin, dass nachhaltig gewonnene Energie verkauft und dafür solche aus eher unsauberen Quellen importiert wird. Dies wirft doch ein ziemlich schräges Licht auf die vollmundig verkündete Energiewende.

Es ist schon merkwürdig, was sich unter der Oberfläche alles ereignet und nur im Fall einer Verwerfung ans Licht kommt. Das Interessante daran: Es handelt sich dabei nicht um große Geheimnisse oder dunkle Machenschaften, sondern um Dinge, die bisher einfach nicht beachtet wurden. Fachleute erklären dann mit gefurchter Stirn, dass solche Vorgänge nicht ungewöhnlich, in diesen Dimensionen aber doch erstaunlich seien. Für die Philosophie ist das allerdings nichts Neues. Sie wusste schon immer, dass die Welt, wie sie uns erscheint, nicht identisch ist mit der Welt, wie sie ist. In diesem Sinne haben Krisen tatsächlich ihr Gutes: Man erfährt etwas über die Hintergründe des Stücks, das gerade zum Besten gegeben wird.

Werte im Wandel

Europa, so konnte man in der *Neuen Zürcher Zeitung* lesen, müsse sich angesichts der russischen Aggression zu einer »Werte-Supermacht« entwickeln. Diese Forderung wirkt einigermaßen erstaunlich, ist doch zu beobachten, wie die europäischen Werte in einem atemberaubenden Tempo erodieren. Friedenssicherung durch Dialogbereitschaft, Wandel durch Handel, die moralische Diskreditierung alles Militärischen, das Aufbrechen von geschlechtsspezifischen Rollenzuschreibungen, die Freiheit der Meinung, die Toleranz gegenüber Andersdenkenden und die Segnungen der Globalisierung: All diese Konzepte und Visionen sind in kürzester Zeit verdampft. Jetzt gelten Aufrüstung und militärische Abschreckung als Gebot der Stunde, ökonomische Verflechtungen haben ihre Unschuld verloren, Frauen fliehen, während Männer wieder kämpfen und sterben, Medien, die verdächtigt werden, der Propaganda des Feindes zu dienen, werden ruckzuck verboten, Vorsicht und Nachdenklichkeit gelten als Verrat an der guten Sache, und in der Wirtschaft mutiert die verachtete Autarkie zum neuen Ideal.

Diese Verschiebungen in unseren Werthaltungen sind durchaus bemerkenswert. Gewissheiten, die für unumstößlich galten, lösen sich auf – ohne große Diskussionen. Mitunter hat man den Eindruck, dass mit Erleichterung, ja Euphorie wieder von Tugenden gesprochen wird, die lange verpönt waren: Mut, Tapferkeit, Durchhaltevermögen, Opferbereitschaft, Nationalstolz. Und manch alter kalter Krieger sonnt sich im wohligen Gefühl, es immer schon gewusst zu haben. Kaum ein Satz wurde in den letzten Wochen so oft strapaziert wie die römische Sentenz »Si vis pacem para bellum« – Wenn du den Frieden willst, bereite den Krieg vor. Vor dem Einmarsch der Russen in die Ukraine galt diese Formel als Ausweis einer reaktionären, gar rechtsradikalen Gesinnung. Heute grundiert sie die Einsicht in eine vermeintliche Notwendigkeit.

Dass Werte sich wandeln, ist nichts Außergewöhnliches. Werte drücken vorrangig subjektive Präferenzen und Geschmacksvorlieben aus, und diese können sich je nach Umständen rasch ändern. Der Vorteil von Werten gegenüber anderen moralischen Ansprüchen, wie sie etwa in göttlichen Geboten oder kategorischen Imperativen zum Ausdruck kommen, liegt in dieser Flexibilität. Wo von Werten die Rede ist, geht es auch um Auf- und Abwertungen, um Ent- und Umwertungen. Friedrich Nietzsche hat deshalb den Begriff des Werts in der Philosophie starkgemacht. Der Verkünder des Willens zur Macht wollte damit die rigiden Ansprüche einer religiös geprägten Ethik oder einer kantianisch imprägnierten Sittenlehre aus den Angeln heben. Die Beschwörung der Werte macht uns in Fragen der Moral nicht unbestechlich, sondern elastisch und anpassungsfähig.

Werte sind keine Prinzipien. Was uns unsere Werte tatsächlich wert sind, zeigt sich in letzter Konsequenz dann, wenn ganz handfest die Rechnung präsentiert wird. Werte gibt es nicht umsonst. Ihre Proklamation ist zwar wohlfeil, ihre Durchsetzung aber teuer. Vielleicht haben wir das vergessen. Werte, so formulierte es der Kulturtheoretiker Wolfgang Ullrich, muss man sich erst einmal leisten können. Erhöhen sich die materiellen und immateriellen Kosten für das Festhalten an Werten, stellen wir diese ziemlich schnell in Frage. Eine politische Gemeinschaft, die sich auf solch fluide Werte stützt, gleicht einer Sandburg. Mit dem ersten Windhauch der Geschichte wird sie in sich zusammenfallen.

Wo der Feind steht

Der Krieg, so formulierte es der Schriftsteller Ilija Trojanow in seiner Rede zur Eröffnung der Salzburger Festspiele 2022, verwirrt das Denken. Er bezog dies auf die Meldung, dass in der Ukraine die Musik von Tschaikowski nicht mehr aufgeführt und Straßen, die diesem Komponisten gewidmet waren, umbenannt werden, da Tschaikowski vom Putin-Regime propagandistisch ausgenutzt werde. Diesen Befund der Verwirrung teilen nicht alle. Für viele Zeitgenossen bringt der Krieg eine ungeheure Klarheit in ihre Gedanken. Man weiß nun, wo der Feind steht. Und darüber gibt es keine Diskussionen.

Die Monate seit dem Einmarsch russischer Truppen in die Ukraine waren auch Monate des Erwachens aus dem tiefen Schlummer einer illusionären Weltdeutung. Zu dieser gehörte der Glaube an die friedliche Koexistenz von Staaten, zu dieser gehörte die Hoffnung, dass Europa neben der ökonomischen Integration nur das Label »Friedensprojekt« benötige, um eine transnationale Zukunft zu haben, zu dieser gehörte die Überzeugung, dass die wirtschaftlichen Verflechtungen in einer globalisierten Welt große Kriege zwischen Staaten unwahrscheinlich machten, zu dieser zählte die Annahme, dass militärische Aufrüstung und Abschreckung keine Lösung, sondern das Problem darstellten, zu dieser gehörte die Vorstellung, dass die Autorität des Staates durch gesellschaftliche Dynamik ersetzt und klassische

Grenzen obsolet geworden seien. Nach einem halben Jahr Krieg weiß man es besser. Aber das sagt sich so einfach.

Selten ist bisher danach gefragt worden, was es für eine Gesellschaft bedeuten muss, wenn die Grundlagen, auf die sie seit einem halben Jahrhundert baut, von heute auf morgen in sich zusammenstürzen. Die Hartnäckigkeit, mit der etwa der Philosoph Jürgen Habermas in seinem Essay zum Ukraine-Krieg an den Prinzipien des Dialogs festhalten wollte, hat Kritik und Häme ausgelöst. Mit Recht konnte man dem Denker vorwerfen, dass er vorschlägt, mit jemandem Verhandlungen zu führen, der nicht verhandeln will, und dabei zu ignorieren, dass die Ukrainer keinen Waffenstillstand, sondern Waffen wollen, um kämpfen zu können. Im Weltbild des letzten großen Vertreters der Frankfurter Schule, in seinem Konzept der kommunikativen Vernunft, war der Feind als bestimmende Kraft unseres Denkens und Handelns nicht mehr vorgesehen.

Der Feind. Zu den merkwürdigsten Konsequenzen der zahlreichen Sinneswandlungen, die wir in den vergangenen Monaten erlebten, gehört die Einsicht, dass wir gezwungen sind, Positionen zu vertreten, die wir längst in ein schmuddeliges geistesgeschichtliches Eck abgeschoben glaubten. Was geht, so könnte man fragen, in einem aufrechten Demokraten und liberalen Menschen vor, wenn er sich eingestehen muss, dass jemand wie Carl Schmitt, der verachtete Kronjurist des Dritten Reiches, zumindest in einigen wichtigen Punkten recht gehabt hatte? In seiner schmalen Schrift »Der Begriff des Politischen« aus dem Jahr 1932 hatte Schmitt im Freund-Feind-Verhältnis die zentrale Bestimmung allen politischen Handelns gesehen. Politik bedeutet, zwischen Freund und Feind zu unterscheiden, Krieg bedeutet, diese Unterscheidung unter bestimmten Voraussetzungen auf die Spitze zu treiben. Der Feind, und das machte Schmitt deutlich, ist dabei der öffentliche Feind, nicht der private Gegner oder eifersüchtige Konkurrent. Es sind die Konflikte zwischen Gruppen, Verbänden und Staaten, die Politik überhaupt erst möglich machen.

Das Politische auf die binäre Codierung Freund / Feind zu reduzieren, schien lange ein Unding. Politik war doch der Ausgleich von Interessen, das Pflegen von internationalen Partnerschaften, das Vorantreiben sozialer Fortschrittsprojekte, die Integration des Fremden, die Weitung des Horizonts, die Etablierung von Werten. Zu sagen, es ginge in der Politik darum, zu erkennen, wer der Feind sei, wäre als bedrohliches Anzeichen einer reaktionären Einstellung kritisiert worden. Allerdings hatte sich die Schmitt'sche Bestimmung schon vor dem Angriff der russischen Föderation auf die Ukraine in sublimer Weise bemerkbar gemacht. Soziale, moralische und, wie wir hinzufügen möchten, ökologische Belange werden erst dann zu einem Gegenstand der Politik, wenn ein Feind benannt werden kann. Erst der Klimaleugner, der bekämpft werden muss, führt zur Klimapolitik, erst der Ausländerfeind, der in die Schranken gewiesen werden muss, erlaubt eine anspruchsvolle Migrationspolitik, erst der Kampf gegen das emanzipationsfeindliche generische Maskulinum transformiert Stilfragen in Sprachpolitik. Und seit Putin wissen wir wieder, dass internationale Politik bedeutet, zu erkennen, welchen Staaten man nicht trauen darf. Der Vorwurf, dem sich viele, die mit Putins Russland Geschäfts- oder andere Beziehungen pflegten, aussetzen müssen, lautet ja im Klartext: Sie haben mit dem Feind kollaboriert. Dies gilt für Energiekonzerne so gut wie für Dirigenten. Mit dem Feind geht man jedoch keine innigen Verbindungen ein. Genau das definiert das Wesen von Feindschaft. Die Beschwörung der Werte ist demgegenüber nicht viel mehr als moralische Tünche.

Nicht zuletzt die Europäische Union macht die ernüchternde Erfahrung, dass die oft beklagte mangelnde politische Einheit nun durch einen Feind erzwungen wird. Wie selten zuvor erlebt sich die Gemeinschaft als politisches Subjekt. Das Beschwören von Tugenden wie Geschlossenheit, Härte und Konsequenz in Fragen der Sanktionen, die über Russland verhängt wurden, drückt dies aus. Das aber bedeutet: Nicht der Wille zum Frieden treibt das Einigungsprojekt voran, sondern der Wille, sich, wenn bislang auch nur indirekt, an einem Krieg zu beteiligen. Der Weg, den die deutsche Außenministerin Annalena Baerbock gehen musste, verdeutlicht dies. Von einer feministischen Außenpolitik, die sich um Rechte, Ressourcen und Repräsentationsmöglichkeiten von Frauen und Minoritäten sowie um Diversität kümmern wollte, blieb der Wunsch, Russland so zu schädigen, »dass es jahrelang nicht mehr auf die Beine kommt«. Nicht in Hilfsprojekten, in der Benennung und zumindest ökonomischen Strangulierung des Feindes zeigt sich der Anspruch der deutschen Außenpolitik.

Ähnliche Paradoxien sind auch an anderer Stelle zu beobachten. »Nationalismus führt zu Krieg. Unweigerlich.« Dieser gern akklamierte Satz findet sich ebenfalls in Trojanows Festspiel-Rede. Abgesehen davon, dass Menschen auch aus anderen Gründen, zum Beispiel wegen ihres religiösen Glaubens, Kriege führen: Wie kann man übersehen, dass ausschließlich der Wille, die nationale Souveränität zu verteidigen, die Ukraine heroisch Widerstand leisten lässt? Die Beobachtung, dass es gerade der Angriff der Russen war, der die ethnischen und sprachlichen Binnendifferenzen der Ukraine aufhebt und ein neues, mächtiges Nationalgefühl schafft, unterstreicht dies. Ja, es geht zusätzlich um Freiheit und Demokratie. Doch der Schlachtruf lautet: »Ruhm der Ukraine!« In diesem Zusammenhang gilt ein Satz von Carl Schmitt, den wohlmeinende Freunde der Ukraine nicht vergessen sollten: Ein Volk, das bereit ist, für seine Existenz und Unabhängigkeit zu kämpfen, bestimmt »kraft eigener Entscheidung, worin seine Unabhängigkeit und Freiheit besteht«. Europa kann seine transnationale Mission nur erfüllen, wenn es die Sache einer Nation zu seiner eigenen macht.

Natürlich kann man sich damit begnügen, über jene hämisch den Stab zu brechen, die sich allzu bereitwillig von Putin und dem Versprechen auf billiges Erdgas täuschen ließen. Doch es geht um mehr: um die Wiedergewinnung der Einsicht, dass es keine Politik, die diesen Namen verdient, gibt, ohne zwischen Freund und Feind zu unterscheiden. Bei all den internationalen Verflechtungen und neuen Abhängigkeiten, sei es gegenüber arabischen Staaten, sei es gegenüber China, wäre dies zu bedenken. Und vor allem: Seine Feinde kann man sich nicht aussuchen. Die alte lateinische Weisheit, dass zum Kriege rüsten muss, wer den Frieden will, wäre zu ergänzen durch die Maxime, dass ernsthaftes politisches Handeln erfordert, in potentiell tödlichen Gegnerschaften zu denken. Wie diese dennoch einigermaßen human gestaltet werden können, bleibt wohl bis auf weiteres eine ungelöste Aufgabe. Eine bittere Lektion.

Die gern geübte Moralisierung der Politik macht dabei die Sache noch schwieriger. Der Kontrahent, dem man noch verhandelbare Interessen zubilligen kann, wird zum Verbrecher, zum Verworfenen, zum Barbaren, zum »absoluten Feind«, der nicht besiegt, sondern vernichtet, zumindest für das Unrecht, das er getan hat, bestraft werden muss. Dies setzte nicht nur einen überlegenen moralischen Standpunkt voraus, sondern vor allem die Erringung eines Macht- und Gewaltmonopols, dem nichts mehr entgegengesetzt werden kann. Ob dies überhaupt ein erstrebenswerter Zustand wäre, bleibe einmal dahingestellt.

Mit einem Wort: Die Zeit nötigt uns zu einigen Einsichten in unangenehme Wahrheiten. Gewissheiten sind verlorengegangen, felsenfeste Überzeugungen verflogen wie ein Hauch im Wind. Wie es weitergeht, weiß niemand. Aber die allmählich erkennbaren Irrtümer werfen eine höchst unangenehme Frage auf: Wer garantiert uns eigentlich, dass sich die politischen Kräfte, die sich dem Fortschritt verpflichtet fühlten und sich plötzlich in Carl Schmitts reaktionärem Freund-Feind-Denken wiederfinden, nicht in anderen Fragen, in denen es eindeutig zu sein scheint, wo das Gute wohnt, nicht ebenso irren können? Angesichts dieser Ereignisse und Erfahrungen wären vielleicht etwas mehr Vorsicht und Zurückhaltung angebracht. Es könnte ja sein, dass wir uns in Genderfragen und in der Migrationspolitik, bei Bildungsreformen und wenn es um das Klima geht, womöglich ebenso täuschen, wie wir uns nicht nur in Putin, sondern insgesamt in einem Weltvertrauen getäuscht haben, das glaubte, die kalte Mechanik politischer Auseinandersetzung weichzeichnen zu können. Selbst wenn wir auf der richtigen Seite stünden: Auf triumphale Gesten sollten wir verzichten.

Die Brücke

Die Brücke ist eine Sache des Menschen. Die Natur kennt keine Brücken. Tiere folgen vielleicht ihren Bahnen, aber sie legen keine Wege an, noch weniger Brücken. In dem kleinen Essay »Brücke und Tür«, der im Jahr 1907 erschienen war, hat der große Soziologe Georg Simmel diesen Gedanken festgehalten: »Der Wegebau ist eine spezifisch menschliche Leistung; auch das Tier überwindet fortwährend und oft in der geschicktesten und schwierigsten Weise einen Abstand, aber dessen Anfang und Ende bleiben unverbunden, es bewirkt nicht das Wunder des Weges. Im Bau der Brücke gewinnt diese Leistung ihren Höhepunkt.« Einerseits also ist jede Brücke die Fortsetzung eines Weges, andererseits aber auch dessen Unterbrechung. Der Weg kann sich an den Verlaufsformen der Natur orientieren, einem Bach oder einer Lichtung entlang, Steigungen und Gefälle können durch Kehren überwunden, Hindernisse aus dem Weg geräumt werden. Die Brücke setzt aber dort an, wo der Weg endet und nicht einfach fortgesetzt werden kann. Wann und warum aber endet ein Weg? Die Brücke, so Georg Simmel, »symbolisiert die Ausbreitung unserer Willenssphäre über den Raum«. Denn nur für uns markiert das Ufer eines Flusses ein Ende des Weges, den wir uns jenseits des Flusses fortgesetzt vorstellen können – wenn der Fluss selbst diese Fortsetzung nicht verhinderte. Nur für den Menschen erscheinen die Ufer eines Flusses nicht bloß »auseinander«, sondern »getrennt«. Diese Trennung aber will überwunden werden. Das Getrennte jedoch kann, wenn nicht zusammengeführt, dann eben »überbrückt« werden.

Jede Brücke verbindet Getrenntes. Das Getrennte selbst ist getrennt nur aus der Perspektive des Menschen. Seinem Bewegungsdrang, seinem Willen, an einen bestimmten Ort zu gelangen, stellt sich ein Gewässer oder ein Abgrund entgegen. Die Brücke ist eine technische Konstruktion, die die Fortsetzung eines Weges erleichtert. Durch manche Flüsse kann man auch schwimmen, in manchen Abgrund kann man hinabsteigen, um auf der anderen Seite wieder emporzuklettern, aber die Brücke, in Urzeiten wohl nicht mehr als der über einen Bach gelegte Baumstamm, ist Ausdruck des Wunsches und des Willens, dass sich uns keine nur mühsam zu bewältigenden Hindernisse in den Weg stellen sollen. Die Brücke ist die Fortsetzung eines Weges, einer Straße, einer Bahnlinie, einer Autobahn mit anderen Mitteln. Nur allzu leicht vergisst der moderne Mensch, der an solche Fortsetzungen gewöhnt ist und ihnen kaum noch ein Augenmerk schenken kann, vor allem dann nicht, wenn er diese Brücken mit hoher Geschwindigkeit befährt, dass solche Brücken Getrenntes zwar überwinden, ohne aber das Getrennte selbst in seiner Distanz und Differenz in Frage zu stellen. Das andere Ufer bleibt das andere Ufer, es bereitet nur keine Mühe mehr, es über eine Brücke zu erreichen.

Georg Simmel konnte der Brücke noch einen eigenen ästhetischen, ja künstlerischen Wert zuschreiben, da sie die Verbindung des Getrennten nicht nur technisch-praktisch bewältigt, sondern im Wortsinn zur Anschauung bringt. Der Anblick jeder Brücke trägt in sich ein malerisches Moment. Dieser Gedanke enthält die Pointe, dass sich der eigentliche Sinn der Brücke nur demjenigen erschließt, der sich nicht auf dieser Brücke bewegt, sondern sie aus der Distanz in Augenschein nehmen kann. Die Architekten der bedeutenden Brücken dieser Welt waren sich dieses Aspekts stets bewusst, und wussten durch auffallende Konstruktionen, Bögen, Pfeiler und Figuren das Erscheinungsbild der Brücke und ihre Funktion zu unterstreichen. Erst die gesichtslose Architektur moderner Verkehrswege, die sich zum Verschwinden bringen will, indem so getan wird, als setzte der Weg sich einfach fort, hat damit sukzessive auch den symbolischen und ästhetischen Wert der Brücke eingezogen. Kein heiliger Nepomuk grüßt den Autofahrer, dem die Brücke den Weg über einen reißenden Strom ebnet, keine kühnen Brückengeländer, keine sinnreichen Skulpturen zieren jene Übergänge, die nur mehr den Paradigmen des ungetrübt fließenden Verkehrs, der Effizienz und der Statik gehorchen. Manch moderne Autobahnbrücke möchte man gar nicht als Brücke bezeichnen, stellt sie doch nicht mehr dar als eine Autobahn auf Pfeilern.

Die ästhetische und symbolische Bedeutung der Brücke zeigt sich auch in der unterschiedlichen Funktionalität und Gestalt dieser Übergänge. Brücken können ein kleinteiliges Element einer Stadtarchitektur sein, etwa dort, wo Städte von Gewässern und Kanälen durchzogen sind. Sie fügen sich dann ein in ein Ensemble von Häuserfronten, Umgrenzungen, Schutzmauern und

Uferverbauungen, wie wir es etwa von Venedig kennen; Brücken können aber auch an das Erhabene rühren, dort, wo sie kühn und trotzig hoch aufragend in einem weiten Bogen große Distanzen überwinden und jenes andere Ufer erreichbar machen, das dem Auge entzogen ist. Von der Golden Gate Bridge bis zu den Brücken, die Ufer miteinander verbinden, die durch ein Meer getrennt sind, reichen diese Konstruktionen, Wunderwerke der Technik, die der Sehnsucht des Menschen nach Verbindungen ebenso entsprechen wie seiner Hybris, die keine Trennungen, die die Natur vorzugeben scheint, mehr akzeptieren kann. Diese Hybris hat schon des Öfteren zu kritischen Einwürfen geführt. Der Einsturz einer Brücke, von der Wiener Reichsbrücke bis zur Autobahnbrücke in Genua, ist mehr als eine menschliche Katastrophe und ein technisches Ungenügen. Der Einsturz verweist auf das Fragile der Idee der Brücke überhaupt. Theodor Fontanes einstmals berühmte Ballade »Die Brück' am Tay«, die den Einsturz einer schottischen Eisenbahnbrücke im Jahre 1879 zum Gegenstand hat, endet mit einem Menetekel, das über alle Technik verhängt sein mag: »Tand, Tand / Ist das Gebilde von Menschenhand.« Jenseits der damit ausgedrückten Skepsis gegenüber der Technik bleiben Brücken Symbole der Größe und der Hybris, der Kraft und der Ohnmacht des Menschen.

In diesem Gestus der Verbindung des Getrennten liegt aber auch die Bedeutung, die die willentliche Zerstörung einer Brücke bedeutet. Wer den Fluss oder den Abgrund, den eine Brücke überwölbt, als Trennlinie betonen oder zurückgewinnen will, um sich etwa vor einem Feind zu schützen, wird die Brücke unbrauchbar machen, in letzter Konsequenz, auf einer Flucht etwa, alle Brücken hinter sich abbrechen. Der Kampf um eine Brücke, die einen Zugang ermöglicht, ist für Verteidiger wie Aggressoren dann auch ein Nährboden für mitunter höchst zweifelhafte Mythen und Heldensagen. Und auch die Not- und Behelfsbrücken, die als militärische Handlung gebaut werden, lassen das Verbindende der Brücke in einen Akt tödlichster Trennungen umschlagen. Niemand, der Bernhard Wickis Antikriegsfilm »Die Brücke« (1959) oder den Filmklassiker »Die Brücke am Kwai« (1957) von David Lean gesehen hat, wird von dieser Bedeutungsebene der Brücke unberührt bleiben.

Ihre Kraft entfaltet die Brücke nicht nur in der technisch-praktischen Überwindung natürlicher Klüfte und Hindernisse, sondern auch, vielleicht vor allem als Bild, als Metapher in unserem Denken. Immer wenn es darum geht, Gegensätze zu überwinden und Unterschiedliches einander näher zu bringen, drängt sich das Bild der Brücke geradezu auf. Dieses konfiguriert in der katholischen Tradition auch noch das Verhältnis des Menschen zur Transzendenz. *Pontifex maximus,* oberster Brückenbauer, war nicht nur in der römischen Antike die Bezeichnung für den Priester, der die Oberaufsicht über alle sakralen und kultischen Handlungen hatte, sondern wurde später auch ein Titel der römischen Päpste. Die Gegensätze, die durch die Aktivitäten solcher Brückenbauer überwunden werden sollten, könnten nicht größer gedacht werden: Es sind die zwischen den Sterblichen und Unsterblichen, zwischen dem Profanen und dem Heiligen, zwischen Gott und der Welt.

Wer das Bild der Brücke als Ausdruck der Verbindung des Gegensätzlichen ernst nimmt, stößt rasch auf einige Merkwürdigkeiten. Kein Brückenschlag, wie empathisch auch immer gedacht, kann Gegensätze zum Verschwinden bringen. Die beiden Ufer, die Formationen, die beiden Seiten eines Abgrundes ihre erschreckenden Konturen geben, bleiben, rücken nicht näher, werden nicht sanfter. Die Brücke ist der mitunter schwankende und schwindelerregende schmale Steg, der das einander Widersprechende verbindet, der Distanzen überwindet, Gegensätze versöhnt, ohne dass diese dadurch aufgehoben würden. Die eigentliche Bedeutung der Brücke liegt nicht darin, dass sie zwei Ufer miteinander verbindet, sondern darin, dass sie den Menschen den Schritt von einem zum anderen Ufer ermöglicht. Brücken sind so wie Leitern: Sie dienen als Hilfsmittel, und sie haben ihre Funktion erfüllt, wenn man sie hinter sich lassen kann. Brücken sind keine Orte des Verweilens, auch wenn man manchmal gerne und leise schaudernd lange vom sicheren Ort einer Brücke in einen reißenden Strom oder einen Abgrund blicken möchte. Die Brücke kann aber auch zu einem Ort der großen Verzweiflung werden, für diejenigen, die nicht über eine Brücke gehen können, sondern unter dieser eine Zuflucht vor Unbill suchen müssen, weil jeder andere Schutz ihnen im Leben verwehrt ist.

Niemand hat die metaphorische Bedeutung der Brücke so radikal und so rätselhaft ausgelotet wie Friedrich Nietzsche. Sie wird ihm zu einem Bild des Menschseins überhaupt. In der Vorrede zu »Also sprach Zarathustra« heißt es: »Was groß ist am Menschen, das ist, dass er eine *Brücke* und kein Zweck ist: was geliebt werden kann am Menschen, das ist, dass er ein Übergang und ein Untergang ist.« Der Mensch benützt nicht Brücken, sondern er selbst wird zur Brücke, auf der andere an ein anderes Ufer gelangen werden. Wenige Sätze später wird dies präzisiert: »Der *Mensch* ist ein Seil, geknüpft zwischen Tier und Übermensch, – ein Seil über einem Abgrunde.« Die Brücke, der Mensch, erweist sich als höchst fragil, nur ein Seil, gespannt über einem Abgrund, aber es verbindet wiederum größte Gegensätze: Tier und Übermensch. Und wie jede Brücke verknüpft auch dieses Seil, also der Mensch, den Ort des Herkommens mit dem Hinüber, dem anderen Ufer. Der Mensch ist so das Bindeglied zwischen dem Tierreich, dem er entstammt, und der Konzeption eines entfalteten, umgestalteten, sich selbst ermächtigenden Wesens, das dann die Brücke des herkömmlichen Menschseins hinter sich abbrechen kann.

Nietzsches Lehre vom Übermenschen kann fast nur missverstanden werden, so unklar bleibt bei ihm, was gemeint war. Aber die Vorstellung, dass der Mensch, wie wir ihn kennen, eine Brücke ist, die den Weg bereitet für neue Formen eines optimierten Menschseins, unter dem man sich Cyborgs, also hochgezüchtete Mensch-Maschine-Mischwesen ebenso denken kann wie menschenunabhängige, aber vom Menschen geschaffene Künstliche Intelligenzen, ist heute weit verbreitet. Die Rede von der Selbstoptimierung des Menschen, von *Enhancement* und Verbesserung mittels Genetik und Digitalisierung zeugt ebenso davon wie die Träume, dass der endliche, fehlerhafte, sterbliche und gebrechliche Mensch nur die Brücke für Superintelligenzen, die in der Zukunft die Erde und das Universum bewohnen werden, sein sollte. Was diese Träume der Trans- und Posthumanisten von Nietzsche unterscheidet, ist die Schärfe, mit der Nietzsche stets beide Ufer ins Auge fasste. Und im Gegensatz zu den Technikoptimisten unserer Tage wusste Nietzsche, was es bedeutete, auf solch ein schwankendes Wesen wie den Menschen als Brücke zu setzen: »Ein gefährliches Hinüber, ein gefährliches Auf-dem-Wege, ein gefährliches Zurückblicken, ein gefährliches Schaudern und Stehenbleiben.«

Mit diesen Worten hat Nietzsche eine, vielleicht die aufregendste Funktion von Brücken überhaupt erfasst. Gerade wenn Brücken echte Gegensätze, schroffe Antagonismen, unvereinbare Positionen verbinden sollen, dann wird das immer ein gefährliches Hinüber sein, und man wird schwanken angesichts des Abgrundes, der sich bei jedem aufrichtigen Blick in den Menschen auftut, und vielleicht sehnsuchtsvoll dorthin zurückblicken, wohin man nicht zurückkehren kann, und womöglich wird uns auch ein Schauder befallen angesichts dessen, was uns am anderen Ufer erwartet. Wer all das bedenken möchte, weiß auch, welche Last eine Brücke tatsächlich zu tragen hat. Und deshalb ist keine

Brücke gefeit davor, einzustürzen. Was es aber bedeuten mag, den Menschen selbst als Brücke zu nehmen, hat niemand so eindringlich in Worte gefasst wie Franz Kafka. Auch wenn es ungesichert ist, wie genau Kafka Nietzsches »Zarathustra« kannte, liest sich seine Parabel »Die Brücke« (1916) wie eine wörtliche Auslegung Nietzsches: Ein Mensch ist als Brücke über einen Abgrund gespannt, und als der erste Wanderer kommt, springt er brutal auf die Brücke, diese dreht sich schmerzverzerrt nach dem Wanderer um und stürzt dabei in die Tiefe: »... ich stürzte, und schon war ich zerrissen und aufgespießt von den zugespitzten Kieseln, die mich immer so friedlich aus dem rasenden Wasser angestarrt hatten.« Der Wanderer aber ging wohl seines Weges. Kafkas Parabel provoziert in der Tat die Frage, die uns zum tiefen, mythischen Urgrund des Brückenbaus zurückführt: Wie viel vom Menschen steckt in jeder Brücke? In alten Sagen wird gerne davon berichtet, dass die Baumeister einer Brücke, sei es, um die Wasserdämonen zu besänftigen oder um sich vom Vorwurf der Hybris freizusprechen, Menschen, meist die eigene Frau oder ein Kind, in die Brückenpfeiler einmauerten – ein Motiv, das noch Ivo Andrić in seinem berühmten Roman »Die Brücke über die Drina« aufgenommen hatte. Und diese Brücke wurde auch in der Realgeschichte zu einem Dokument des Wechselspiels von Aufbauen und Zerstören, das zeigt, wie fragil und doch wie notwendig, wie schwankend und doch wie unbeugsam der Wille des Menschen ist, an ein anderes Ufer zu gelangen und sich dadurch auch mit dem Anderen zu verbinden.

Drucknachweise

Die in diesem Band versammelten Essays, Kolumnen und Glossen erschienen zwischen 2016 und 2022 in verschiedenen Zeitungen, Magazinen und Sammelbänden. Sie wurden für diese Ausgabe durchgesehen, an manchen Stellen auch modifiziert und präzisiert. Die Kolumnen, die von Ende August 2019 bis September 2020 in der *Neuen Zürcher Zeitung* ihren Platz hatten, wurden in der *Kleinen Zeitung*, Graz, nachgedruckt, die Kommentare, die von Oktober 2020 bis Herbst 2022 in der *Kleinen Zeitung* veröffentlicht wurden, erschienen zeitgleich auch in der *Wiener Zeitung*.

Lauter Lügen

Die nackte Wahrheit. In: *Neue Zürcher Zeitung*, 2.8.2016
Feine Fakten. In: *Neue Zürcher Zeitung*, 13.10.2016
Lauter Lügen. In: *Neue Zürcher Zeitung*, 15.1.2019
Lob des Lügners. In: *Kleine Zeitung*, 21.5.2021
Hassen Hater? In: *Neue Zürcher Zeitung*, 1.3.2017
Vergnügliche Verschwörungen. In: *Neue Zürcher Zeitung*, 8.9.2020
Transparente Trennwände. In: *Neue Zürcher Zeitung*, 23.10.2018
Keine Werbung. In: *Neue Zürcher Zeitung*, 12.2.2019 (unter: Wahnwitzige Werbewelt)
Leere Rituale. In: *Neue Zürcher Zeitung*, 7.12.2016 (unter: Reine Rituale)
Der Gott der Atheisten. In: *Neue Zürcher Zeitung*, 14.1.2020 (unter: Ridiküle Religionen)
Auf Augenhöhe. In: *Neue Zürcher Zeitung*, 19.11.2019
Das menschliche Maß. In: *Kleine Zeitung*, 2.7.2021
Maschinenmenschen. In: *Neue Zürcher Zeitung*, 26.3.2019 (unter: Maschinenmensch)
Denkende Frösche. In: *Kleine Zeitung*, 19.6.2022
Glaubwürdigkeit und ihr Verlust. In: *Neue Zürcher Zeitung*, 24.7.2017

Saubere Säue

Unsere Unfehlbarkeit. In: *Neue Zürcher Zeitung*, 14.8.2018

Inkonsistente Identität. In: *Neue Zürcher Zeitung*, 6.11.2018

Die Angst des Menschen vor dem Wort. In: *Kleine Zeitung*, 16.7.2021

Kein Geschlecht, nirgends. In: *Neue Zürcher Zeitung*, 29.1.2019 (unter: Heiteres Hannover)

Das Schöne und die Biester. In: *Kleine Zeitung*, 8.5.2022

Shakespeare, gecancelt. In: *Kleine Zeitung*, 9.4.2021

Unter Geiern. In. *Kleine Zeitung*, 28.8.2022

Ohnmacht und Macht der Literatur. In: *Neue Zürcher Zeitung*, 26.6.2021

Saubere Säue. In: *Neue Zürcher Zeitung*, 21.6.2017

Alles ernst nehmen? In: *Neue Zürcher Zeitung*, 28.7.2020 (unter: Erbärmlicher Ernst)

Das Ende der Kunst. In: *Kleine Zeitung*, 25.9.2022

Der Mohr kann gehen. In: *Der Pragmaticus* 01 / 2022, S. 42–48 (unter: Tribunal der Moral)

In guter Gesellschaft

Aus der Zeit gefallen. In: *Neue Zürcher Zeitung*, 9.4.2022 (unter: Über das Unzeitgemäße)

Allerlei Angst. In: *Neue Zürcher Zeitung*, 6.6.2018

Grund zur Sorge. In: *Neue Zürcher Zeitung*, 29.3.2017 (unter: Sonstige Sorgen)

Bitte bewerten! In: *Neue Zürcher Zeitung*, 6.3.2018

Falsche Anrede. In: *Neue Zürcher Zeitung*, 25.2.2020 (unter: Verachtende Verdinglichung)

In guter Gesellschaft. In: *Neue Zürcher Zeitung*, 16.7.2019 (unter: Gute Gesellschaft)

Die große Spaltung. In: *Neue Zürcher Zeitung*, 17.7.2018 (unter: Gespaltene Gesellschaft)

Arme Arbeit. In: *Neue Zürcher Zeitung*, 27.4.2016

Magischer Mai. In: *Neue Zürcher Zeitung*, 22.5.2018

Platonische Politik. In: *Neue Zürcher Zeitung*, 25.9.2018

Überall Eisberge? In: *Neue Zürcher Zeitung*, 13.8.2019 (unter: Einsame Eisberge)

Das Unbehagen in der Demokratie. In: *Kleine Zeitung*, 25.2.2022

Mir nach! In: *Der Pragmaticus* 07 / 2022, S. 35–40 (unter: Was ist dran am starken Mann?)

Seichte Sprache

Lieber lesen. In: *Neue Zürcher Zeitung*, 24.5.2017
Eine entsetzliche Entdeckung. In: *Neue Zürcher Zeitung*, 2.7.2019 (unter: Entsetzliche Entdeckung)
Morsche Metaphern. In: *Neue Zürcher Zeitung*, 12.3.2019
Seichte Sprache. In: *Neue Zürcher Zeitung*, 20.7.2016
Fröhlicher Freitag. In: *Neue Zürcher Zeitung*, 26.2.2019
Kleine Kinder. In: *Neue Zürcher Zeitung*, 22.9.2020
Szenen einer Jugend. In: *Kleine Zeitung*, 29.8.2021
Furchtbare Freiheit. In: *Neue Zürcher Zeitung*, 30.4.2019
Vieles vergessen. In: *Neue Zürcher Zeitung*, 28.8.2018
Folgt der Wissenschaft! In: *Kleine Zeitung*, 14.1.2022
Billige Bildung. In: *Neue Zürcher Zeitung*, 27.8.2019
Unanständiger Unterricht. In: *Neue Zürcher Zeitung*, 14.5.2019
Digitale Drogen. In: *Neue Zürcher Zeitung*, 1.2.2017
Naive Natives. In: *Neue Zürcher Zeitung*, 16.8.2017
Traum und Albtraum. In: Philip Kovce / Birger P. Priddat (Hrsg.): Selbstverwandlung. Das Ende des Menschen und seine Zukunft. Marburg 2022, S. 275–280

Im Notstand

Auf Abstand. In: *Neue Zürcher Zeitung*, 5.5.2020 (unter: Distanz bewahren)
Die Ohnmacht der Regierungen. In: *Kleine Zeitung*, 12.3.2021
Die Zumutungen der Demokratie. In: *Kleine Zeitung*, 6.11.2020
Die gekränkte Gesellschaft. In: *Neue Zürcher Zeitung*, 31.12.2020
Üble Übertreibungen. In: *Neue Zürcher Zeitung*, 30.6.2020
Es wird wärmer. In: *Kleine Zeitung*, 5.11.2021
Im Notstand. In: *Neue Zürcher Zeitung*, 18.6.2019 (unter: Niedlicher Notstand)
Trotzige Touristen. In: *Neue Zürcher Zeitung*, 30.7.2019
Schöner Schrecken. In: *Neue Zürcher Zeitung*, 8.10.2019
Kleben für das Klima. In: *Kleine Zeitung*, 31.7.2022
Misanthropie und Klimaschutz. In: *Kleine Zeitung*, 24.9.2021
Teufel und Beelzebub. In: *Kleine Zeitung*, 11.2.2022
Nach der Natur. In: *Elbphilharmonie Magazin* 02 / 2022, S. 4–12 (unter: Künstlichkeit und Wankelmut. Das Leben des Menschen nach der Natur)
Wir Unglücklichen! In: *Neue Zürcher Zeitung*, 15.10.2018

Werte im Wandel

Weniger Werte. In: *Neue Zürcher Zeitung,* 6.1.2016

Mächtige Moral. In: *Neue Zürcher Zeitung,* 10.9.2019

Schöner Schein. In: *Neue Zürcher Zeitung,* 31.12.2019

Neue Nomaden. In: *Neue Zürcher Zeitung,* 19.7.2017 (unter: Moderne Nomaden)

Viele Rechte, keine Pflichten. In: *Kleine Zeitung,* 22.4.2021

Unsere Liebe zum Hass. In: *Kleine Zeitung,* 5.6.2022

Wehret den Anfängen. In: *Kleine Zeitung,* 22.5.2022

Die atomare Drohung. In: *Kleine Zeitung,* 27.3.2022

Spielt Schostakowitsch! In: *Kleine Zeitung,* 13.3.2022

Moral und Interesse. In: *Kleine Zeitung,* 24.4.2022

Hinter den Kulissen. In: *Kleine Zeitung,* 11.9.2022

Werte im Wandel. In: *Kleine Zeitung,* 10.4.2022

Wo der Feind steht. In: *Neue Zürcher Zeitung,* 20.8.2022 (unter: Wissen, wer Freund ist und wo der Feind steht)

Die Brücke. In: Silvia Höller (Hrsg.): 20 Jahre RLB Kunstbrücke. Innsbruck 2018, S. 6–11 (unter: Zum anderen Ufer. Versuch über die Brücke)